이슬람 현장 보고서

우리의 이웃인가?

이슬람 현장 보고서

우리의 이웃인가?

초판 1쇄 인쇄 2017. 11. 15.
초판 1쇄 발행 2017. 11. 20.

지은이 · 성남용 외 20명
　　　　김바울 김신숙 성남용 신현수 아스만 윤성환
　　　　이모세 이상석 이성욱 이승준 이재환 정바나바
　　　　정형남 정희찬 조용성 최종국 최하영 황종한
　　　　허명호 허요셉
펴낸이 · 지엠넷
펴낸곳 · GMS / 가리온

서울특별시 여의대방로 43라길 9
전화 · 02-892-7246 / 팩스 · 0505-116-9977
등록 · 제17-152호 1993.4.9.

ISBN 978-89-8012-071-0 93230
잘못된 책은 바꾸어 드립니다.

이슬람 현장 보고서

우리의 이웃인가?

성남용 외 지음

GMS / 가리온

격려사

이슬람 선교전략을
한 단계 발전시키는
계기가 되기를

김선규 목사
제101회 총회장

3차 GMS 이슬람권 선교 전략회의 및 포럼의 결과물로 "이슬람 현장 보고서" 『우리의 이웃인가?』 란 단행본 출판이 매우 반갑고 기쁘다.

금번에 중동지역을 비롯하여 비 아랍 중동, 중앙아시아, 유럽, 아프리카, 동남아시아, 서남아시아, 한국 등의 매우 방대한 이슬람 선교 지역별 연구를 시도한 점에서 더욱 값진 고뇌의 열매이다. 1400년이란 장구한 기간 동안 기독교 지역이 이슬람의 역풍을 맞으며 비기독교 지역에 더욱 확산되는 현장에서의 기도의 눈물과 사역의 비지땀에 대하여 "세상에서는 너희가 환난을 당하나 담대 하라. 내가 세상을 이기었노라"(요 16:33) 하신 주님의 격려를 먼저 전한다.

복음의 돌파가 어려운 중동 이슬람 지역에서 아랍의 봄 이후 튀니지와 이집트에서 이슬람 종교를 앞세웠던 정당들의 결과는 테러가 일상화 되어진 기형적 현실로 나타났다. IS 국가 출현, 시리아 내전의 장기화와 난민의 증가 등 이슬람 종교나 지도층에 대한 환멸과 염증으로 복음의 수용성이 확대된 때에 출간되는 이슬람 지역별 사역 보고 자료가 현장 사역자들에게나 후원 교회에 더욱 구체적인 기도의 제목이 될 것이며 무슬림 사역 지원자들에게도 좋은 정보가 될 것이다.

2016년 12월 출입국 정책 본부 통계 월보에 세계 196개 국가에서 한국에 진출한 2,049,441명의 외국인, 그 중 이슬람 협력기구(OIC)에 가입한 57개 국가 출신 176,004명에게 복음 전도가 더 구체적인 시발점이 되기를 기대한다.

 한국인과 142개 국가에서 국제결혼 한 150,605 커플 선교 사역도 우리의 기도 제목이다. 그 중에서 이슬람 국가 문명권에서 출생 성장한 OIC 소속 44국가인 5,724명의 커플 모두에게 구체적인 복음 전도 사역 전략이 수립 시행되어 우리 한국교회의 이슬람 선교 전략을 한 단계 발전시키는 "전략사역의 물꼬를 트는 역할이 될것을 기대하며 수고한 모든 분들께 감사와 격려를 드린다.

2017년 10월 10일
김선규 목사

발행사

새로운
선교생태계를 위한
전략

김찬곤 목사
GMS 이사장

천지 만물을 창조하신 하나님의 통치와 섭리 가운데 오늘을 살아가는 우리 주변에 많은 아픔과 안타까운 일들이 일어나고 있습니다. 특히 종교를 중심한 갈등과 폭력은 민족과 지역을 넘어서서 전 세계의 모든 사람들에게 혼란을 야기하고 있는 것이 사실입니다.

튀니지를 중심하여 시작되었던 '아랍의 봄' 소식이 우리의 소망을 일으키며 자리하기도 전에 다에쉬(Daesh 혹은 IS)와 같은 조직화된 테러와 내전 등으로 인해 상황은 더욱더 어렵게 되고 있습니다. 하지만 상황과 조건을 뛰어넘어 잃어버린 영혼을 찾으시는 우리 주님의 열정이 우리로 기대와 소망을 잃지 않게 합니다.

많은 위험과 혼란의 현장에 바로 우리 선교사들이 있어서 자랑스럽습니다. 98개국에 파송된 GMS의 2,512명의 선교사들 가운데서는 오늘 이 순간에도 테러와 갈등의 이슬람 지역에서 언제 불어 닥칠지 모르는 추방과 신변 위험의 파도에 당당히 대면하여 묵묵히 맡겨진 사명에 충성하는 선교사님들로 인하여 하나님께 감사를 드립니다.

오늘 한국교회는 이슬람에 대한 막연한 두려움이 있어, 선교적 접근으로 선뜻 나서지 못하는 주저함 가운데서 어디로 가야 하는지 주님의 인도하심을 구하고 있습니다. 교단차원에서도 GMS에서도 나름대로 대안마련과 바른 대응에 노력을 기울이고 있으나, 아직 많은 부분에서 부족하다고 느끼고 있습니다. 절실히 느끼는 것 중 하나가 그 동안 지역별 전문자료를 모으는 일에 소홀히 했다는 것입니다. 앞으로 각 지역별 사역연구를 통한 전문가 양성에 더욱 힘쓸 수 있기를 기대해 봅니다. 그리하여 선교현장의 이야기가 한국교회에 더 잘 전달되어 상호 협력과 전략의일치가 일어나 새로운 선교 생태계를 만들었으면 좋겠습니다.

이러한 시점에 우리 일선 선교사들이 포럼을 통해 이슬람 선교에 대한현장의 보고서를 내놓게 된 것을 기쁘게 생각합니다. 무슬림에게 복음을제시하며 저들에게 나아가려는 간절함으로 전략포럼을 올해로 3회째 가졌습니다. 전 세계 각 이슬람 지역에서 사역하는 GMS의 선임 선교사들이 모여서 각 지역에 대한 역사적 관찰, 현장의 상황 및 전망에 대한 이연구 보고서와 자료들을 모았습니다. 이를 한국교회와 이슬람 선교를 준비하는 후배 선교사들과 함께 공유하며 나누고자 하는 것입니다. 현장의소리를 들으며 우리가 이슬람에 대하여 취해야 할 바른 자세를 돌아볼수 있도록 이 자료집이 귀하게 사용이 되었으면 좋겠습니다.

이를 위하여 수고하신 분들에게 감사드리며, 오늘도 현장에서 믿음으로 달려가고 있는 사랑하는 선교사들을 격려합니다. 본 자료집이 GMS전략선교의 발판이 되어 앞으로도 계속해서 발전적으로 수정 보완되어지기를 바라며, 이슬람 선교를 향한 한국교회와 목회자들의 선교적 이해에 유익한 자료가 될 것을 기대합니다.

Contents 목차

목차 *Contents*

머리말

GMS
이슬람 네트워크
3차 포럼에 붙여

최종국 선교사
지엠넷 회장

GMS가 교단 선교부로서 이슬람 사역을 담당하는 바른 방향성과 사역의 실제적 전략 및 매뉴얼을 공유하고자 "GMS 이슬람권 네트워크"(약칭. 지엠넷)이 2014년 11월(초대회장 정형남) 구성되었습니다.

'아랍의 봄'과 '이슬람국가 출현' 등 거대한 물결과 같은 이슬람의 흐름에 대하여 다양한 이해와 접근이 일어나야만 했던 상황은 분명 우리가 만든 것이 아니었습니다. 그것은 역사의 흐름을 주관하시는 하나님의 섭리 안에서 일어나고 있는 것입니다.

현장의 선교사들이 고민해야 했던 것은 아버지께 돌아오는 개종자 무슬림들을 위한 교회의 필요성이었습니다. 오늘의 우리는 돌아오는 이들을 맞이할 준비된 교회로 있어야 함을 고백하며 1차 포럼에서 "새교회론"에 대한 고민을 나누었습니다. 그리고 2차 포럼에서는 한국교회의 필요를 따라서 이슬람 이해를 위해 "수쿠크 금융", "할랄 음식", "알라 용어" 등 우리 곁에 다가온 주제에 대한 이해를 돕고자 하였습니다.

금번 3차 포럼을 통하여 각 이슬람권 지역에 흩어져서 사역을 감당하고 있는 GMS 선교사들을 중심으로 각 지역에 대한 역사적 이해 및 사역 전략의 흐름에 대한 이해를 시도하였습니다. 이는 장차 저희 GMS 이슬람 선교뿐만이 아니라 한국교회가 나아가야 할 선교 전략에 대한 논의의 기초를 마련하고자 하는 것입니다.

때문에 저희는 기본적인 질문에서부터 시작하며 각 지역에 대한 보고서를 자료화함으로써 이슬람 선교에 조금이라도 도움이 되고자 하는 마음입니다.

우리의 전략적 논의는 다음과 같은 질문에서부터 답을 찾아가고자 하였습니다.

1. 우리에게 M(이슬람과 무슬림)은 누구인가?

"무함마드를 추종하여 하나님 아버지를 잃어버린 우리의 이웃이다."

2. 그러므로 우리는 ?

對 GMS : "신학적, 제도적, 실천적 이슬람 전략이 있어야 한다."

對 현장 선교사 : "사역의 전문화와 지역, 단체, 현지 교회와의 협력을 추구한다."

對 한국교회 : "한국교회는 이슬람의 확산을 경계하되, 무슬림은 복음이 필요한 우리의 가까운 이웃임을 인식해야 한다."

우리의 이웃 중에는 아버지를 알았음에도 떠난 자들도 있고, 아버지의 소식을 한 번도 들어보지 못한 이들도 있습니다. 우리는 아버지가 없는 자식으로 살아가는 이들의 아픔을 이해할 수 있는 민족적 정서를 갖고 있는 특별함 또한 사실입니다.

아버지가 있는 자식들이 자기 생각대로만 고집을 부리고 있다면 그 집에 어찌 탕자를 위한 기쁨의 잔치가 있을 것입니까?

- 그러므로 우리는 이들을 향한 신학적, 제도적, 실천적 전략이 있어야 한다는데 인식을 같이할 필요가 있습니다. 우리의 이웃을 바라보는 스펙트럼이 너무나 다른 한국교회의 현실적 모습에 대하여 인식할 필요도 있습니다.

오늘 우리의 현장에서는 :
- 거룩한 에클레시아 예배(교회)공동체를 세워가는 일에 함께 협력하여 참된 진리를 통한 하나님 아버지를 모시는 축복의 현장이 되게 함과 더불어 테러와 종교적 억압으로 메마르고 척박한 삶을 살아가는 저들의 변화와 개혁을 열망하는 필요에 함께 하는 이웃이 되어야 합니다.

또한 한국교회를 향한 바람이 있습니다.
한국교회가 다가오는 이슬람의 영향과 확장에 대하여 무조건 방관자적인 자세를 가질 수 없음도 사실입니다. 그러나 한국교회가 그동안 받은 축복과 진정한 성장의 모습을 보일 수 있기를 또한 기대하는 것입니다. 우리 집에 찾아온 손님들이며, 우리 곁에 와서 살게 된 이웃이 되었기에 그들에게 대한 성숙한 자세가 요청되고 있는 것입니다.

– 하나님 아버지의 마음을 갖고 우리의 이웃으로 볼 필요가 있습니다.

한국교회가 이들과 조화롭게 살기 위해서는, 기독교인답게 살아가는 이웃이 되어 다문화 사회 속에서 '다종교에 대한 효과적인 증인'으로써의 정체성을 바르게 세워 가는 선교적 자세 전환이 필요하기에 한국교회와 현장의 선교사들이 함께 힘을 모아서 오늘 우리의 책무와 사명 감당을 위한 전략을 도출하는 일을 해야만 할 것입니다.

이슬람 선교를 향한 우리의 실상은 매우 안타깝고 부족한 면이 많다는 것도 인식해야 합니다. 한국교회는 이슬람과 기독교가 서로 다른 점을 강조하고자 하는 면이 강하게 드러나고 있는 반면에 현장의 선교사들은 공통점에 더 주목할 수밖에 없다보니 '우리'라고 하는 존재 안에서도 서로 다름을 느끼며 긴장의 눈초리를 서로에게 보내고 있습니다.

"우리가 그들을 다르게만 본다면 우리는 그들을 변화시킬 수 없습니다."

'세계는 한 지붕'이라는 달콤한 꿈을 꾸던 시절의 향수는 그야말로 바람처럼 사라져 버리고 무언가 메스꺼운 '다원주의 사회' 속에서 우리는 갈피를 못 잡고 있습니다.

하나님 나라의 중요한 책무를 감당해야만 할 한국교회가 우리 곁에 온 무슬림들과 이주자들을 어떻게 바라봐야 정당한 것입니까?

한국 교회, 특히 우리 교단에서의 이슬람에 대한 시각과 논의는 이런 면에서 평가를 한다면 매우 저조하고 부정적임을 느끼게 됩니다. 무슨 이유인지 긍정적인 면에서 보려는 시각 자체가 매우 부족합니다. 열린 자세로 대화를 준비하거나 선교적 토양을 가꾸자는 논의 보다는 두려움에 호소하는 무조건적 방어에 급급한 것처럼 보입니다.

"다름이 반대만을 부르는 것이 아니라, 다름이 우리의 대화를 이끌어야 할 것입니다."

우리의 이웃들에게 어찌하든지 "예수, 그 이름의 복음"을 전하고픈 선교사들이 모였습니다.

아프리카와 중동 그리고 중앙아, 동남아, 서남아, 유럽 등 각 지역에서 사역하고 계시는 선임 선교사들이 해당 지역의 역사적 흐름과 사역적 모습을 발제하며 우리의 이웃에 대한 하나의 마음을 모아보려고 했습니다.

이분들의 수고와 희생을 인하여 작은 자료집 『이슬람 현장 보고서, 우리의 이웃인가?』)를 남기게 됨도 오직 주님의 은혜임을 고백합니다.

제1부

지역 선교학

1. 이슬람 선교에 대한 거시적 접근으로서의 '지역 선교학' 에 대한 연구

신 현수 교수
(Ph.D/선교신학)[1]

들어가는 말

한국교회의 선교는 짧은 시기에 '세계 선교 제2위' 라는 외형적 지표를 드러내는 위치에 까지 이르렀지만, 이제는 전략적인 단계로의 패러다임 전환이 요청되는 시기를 맞이하고 있다고 본다. 그 동안의 한국 선교는 독자적인 선교 신학과 전략에 의한 선교라기보다는 서구 선교의 종속적이고 하부구조적인 위치를 차지하며 실행되어 왔다는 '반성적 회고'를 통해 현 단계에서 개선점을 찾지 못하고 이제까지 해오던 대로의 방식을 답습한다면, 쇠퇴와 몰락의 시기를 겪고 있는 서구교회와 같은 상태를 벗어날 수 없다는 문제의식에서 본 연구의 의의를 찾고자 한다.

기독교의 중심이 북반부에서 남반부로 이동하고 있다는 거시적 차원의 분석을 내 놓은 앤드류 월스의 지적은 세계 복음화를 지리적 관점에서 접근한 것이라 할 수 있다.[2] 그는 미래의 기독교의 흐름은 아프리카, 태평양 연안, 그리고 아시아 일부 지역이 주도하는 양식이 될 것으로 내다봤다. 최근 선교사역의 개념이 "서구세계에서 나머지 세계로가 아니라, 모든 곳에서 모든 곳으로"[3]를 의미하는 쪽으로 변화하고 있는 시점

註 1) 신현수(계명대, 연세대 교육대학원, 총신대 선교신학 Ph.D, ACTS 외래교수, 총회선교회(GMS) GMTI 강사, 서울비전교회 담임목사, WAY Mission 대표, 저서 『선교적교회론』)

2) 월스는 오순절 이후 20세기에 이르기까지 기독교 역사를 유대시대, 그리스-로마시대, 이민족 시대, 서유럽 시대, 유럽의 팽창 및 기독교 쇠퇴의 시대, 타 문화전달 시대 이렇게 여섯 단계로 나누어 설명하고, 각 단계 마다 기독교는 당대 문화를 주도하였던 지역에서 그 문화를 재현하며 성장해왔다고 설명했다. Andrew F. Walls, 『기독교의 미래』, p.13.

3) Mark, A. Noll. From Every Tribe ans Nation, 『나는 왜 세계 기독교인이 되었는가』 p.224.

에서, 선교에 대한 지역적 접근은 중요한 과제라고 할 수 있을 것이다. 일반적인 사회 환경의 변화도 광속으로 변화하고 있는 현실 속에서4) 선교는 이제 전략이라는 단어를 피해갈 수 없는 시점에 와 있다고 본다.

본 연구는 이슬람 선교의 접근에 대한 거시적 도구로서 지역 신학에 대한 이론적인 면을 정리하고 그것을 바탕으로 이슬람 선교에 대한 전략적인 방안 수립을 제시하고자 하는 바이다.

1.지역 신학에 대한 이론적 접근

1) 지역이란 용어의 문제

'지역'에 해당되는 영어 단어로는 area와 region을 들 수 있다. 먼저 사전적 의미에서의 구분은 'area'는 "지면에 대한 범위(extent of a surface)를 나타내는 특별한 목적을 위한 공간(space for a specific purpose)을 의미하는 것으로 관념적 또는 인지적 개념으로 받아들여지는 것으로 관념주체 또는 인지 주체에 대한 이해의 관심에 따라 정해지는 '지역'"5)을 말하는 것이며, 'region'은 "어원 상 '왕국'이라는 용어에서 파생된 것으로서 '지배구역'을 의미한다고 볼 수 있다. 그러므로 이는 역(域), 경(境), 계(界) 등을 나타내는 정치적(행정적) 또는 지리적 개념으로 일정한 구획이 이루어진 이후 부르게 되는 '지역'"6)을 말한다.

註 4) Cynthia A. *Montgomery*. THE STRATEGIST, 『당신은 전략가입니까』 이현주 역, 서울:리더 북스, 2014.
　　 5) 박광섭, 「해외 지역연구의 이해」 p. 10.
　　 6) Ibid.

이런 측면에서 지역에 대한 용어의 사용은 "특정지역을 발굴하여 이 지역의 총체성과 독자성을 규명하고자 하는 목적을 추구한다는 점을 고려하여, region이라는 용어 보다는 area라는 용어를 사용하는 것이 좀 더 적절한 표현"[7]이라고 할 수 있다.

특히 일반 학문적인인 분야에서 '지역연구'에 대한 관점 자체가 서구 강대국들의 식민지 지배 확장과 종속의 역사 과정에서 도출된 것이라는 시각이 존재함으로, 선교신학적인 지역연구는 '순수한 의미'에서의 지역 연구라는 개념적 접근이 우선시됨을 밝히면서 시작한다.[8]

지역연구에서의 기본적인 주의점은 주관적 관점과 객관적 관점의 구별인데, "주관점 관점은 자기 자신의 관점을 중심으로 놓고 그 외의 관점과 생각을 모두 주변으로 여기는 자기중심적인 사고(思考)에서부터 시작"[9]인데 "인류역사에 있어서 자기중심적 사고는 항상 비극적인 지배와 피지배의 형태로 전락된 점"[10]을 기억하고, 지역연구를 접근하는 데는 객관적인 관점을 유지하는 것이 중요함을 기억해야 할 것이다.

2) 일반적 의미에서의 지역에 대한 이해

일반적 의미에서의 지역이란 "area"으로 이해할 수 있는데 이것은 지

註 7) Ibid.
  8) 이러한 시각은 특히 오리엔탈리즘의 저자 에드워드 사이드가 대표적인데, 사이드는 "동양연구는 학문적인 활동으로서보다도 도리어 식민지시대 이후에 새로이 독립한, 다루기 힘든 여러 나라에 대한 국가정책의 도구로서 생각되었다"는 주장으로 동양에 대한 서양의 시각이 역사적으로 심하게 왜곡되어져 왔음을 「오리엔탈리즘」에서 밝혔다. Edward W. Said, Orientalism, 「오리엔탈리즘」박홍규 역. p.446-475. '오리엔탈리즘'의 간략한 개념정리는 '서양이 동양을 침략하면서 조작한 동양에 관한 모든 편견, 관념, 담론, 가치, 이미지 등'을 의미한다고 할 수 있다. Ibid. p.14
  9) 김선호. 「지역학이란」부산: 부산외국어대학교 출판부,2014.
  10) Ibid.

리적 상황이란 말로 대치될 수 있다고 본다. 인간의 삶과 역사에 있어서 지리적 특성과 상황은 단순히 의식주를 포함하는 인간의 삶에 만 영향을 미치는 것이 아니라, 문화와 역사, 종교, 나아가서는 가치관 형성에 이르기까지 삶의 전 영역에 영향을 미치고 나아가서는 이 땅에서의 삶 뿐 만 아니라 사후세계에 대한 관념에 까지 영향을 끼치는 중대한 요소라고 할 수 있다. 한 선교사가 자신이 태어난 곳을 떠나서 타국으로 선교하러 나간다는 것은 자신의 삶을 형성한 모든 환경들을 벗어나, 마치 물속으로 들어가는 것과 같은 이질적인 일이라 할 수 있다.

만약 인간이 물속으로 들어간다면 물 속 환경을 알지 못하면 살아남기 힘들듯이 선교사가 타국의 환경에 대해 진지한 연구를 하지 않는 다는 것은 효과적인 선교사역을 하기가 힘든 상황에 처할 것이다. 이것은 서양 선교사들이 초기 한국 선교시기에 한국적 삶에 적극적으로 동화되지 못한 채 이질적인 요소들이 강조되어 복음 자체가 서양의 것이라는 오해를 낳게 한 점이 한국 교회사 전반에 오랫동안 흘러 내려와 진정한 한국적 신학 형성을 원활하게 하지 못하게 했던 원인으로 작용한 점으로 귀결된 점은 아쉬운 점이라 생각된다.

특히 초기 한국 선교시기였던 1906년, 충남 공주 지역에서 선교사역을 헌신적으로 펼쳤던 윌리엄선교사 부부가 논산 지역에서 사경회를 인도하고 돌아오던 도중 쏟아지는 비를 만나 근처 상여 집으로 피신했었는데, 공교롭게도 그 지역에 장티푸스가 발병되어 상여에 그 균이 묻어 있던 것에 선교사 부부가 감염되어 남편 윌리엄 선교사가 사망하게 된 것은 선교사 교육이 성경적인 내용이나 일반적인 내용을 넘어서 파송 지역의 문화와 종교, 관습, 식생활, 혼인 및 장례법 등에 대한 폭 넓고 깊이 있는 교육이 필요함을 말해주는 단적인 예라고 할 수 있다.

그러므로 선교사역 준비에 있어서 일반적인 의미에서의 지역과 지리 적 특성에 관한 연구가 선행되어야 함을 주장하고 싶고 나아가서 지역적 특성을 뛰어 넘는 정치적 상황이나 국제적 관계와 나라 간의 역학 구조 와 긴장관계에 까지 포함하는 전문적인 교육이 현장연구와 실습을 통해 행해져야 할 것이다.

3) 지역 이해와 지역 신학과의 상관관계

바울은 자신의 선교 사역의 현장에 대한 조언이나 교회 운영과 공동 체 형성 그리고 성도들의 신앙 형성과 성장 대한 교훈을 오늘 날의 선교 편지 형식으로 전한 것이 신약 성경으로 형성되었다. 이런 점에서 신약 성경은 선교현장에 대한 전문적인 〈선교전략 지침서〉라고 할 수 있을 것 이다.

바울은 각 여러 서신서를 서술함에 있어서, 동일한 언어적 형태나 형 식으로 하지 않고, 각 지역의 특성을 상세히 그리고 전문적으로 알고 서 신서를 기술한 것으로 사료된다. 예를 들면 빌립보서는 당시 빌립보 지 역이 구성원들은 로마 군대로부터 퇴역한 장교들로 구성된 것이 역사적 으로 알려지고 있는데, 바울은 빌립보서에서 로마 군대 용어들을 사용하 여 빌립보 교회 성도들에게 신앙적 교훈을 주고 있다. 한 예로 "한 마음 으로 서서(stand firm in one spirit)"란 당시 로마 군대의 전투형식에서

11) 실제로 사용된 용어로 빌립보 성도들은 이 용어의 의미를 잘 알고 익숙한 용어 때문에 바울이 말하려고 하는 의미를 쉽게 잘 알아 들었을 것으로 생각된다.

또 "시민권(citizenship)"이란 용어도 당시 빌립보 교회 구성원들이 비록 로마로부터 지역적으로는 멀리 떨어져 있었지만, 그들은 정치적 이유 때문에 로마와 동일한 시민권을 소유하고 살아가면서 로마 시민으로서의 특권과 긍지와 혜택을 동일하게 갖고 살아가고 있었음을 알고, 바울이 빌립보 교회 성도들이 비록 이 땅에 살고 있지만 하늘나라의 시민권을 갖고 살아가야 한다고 역설한 것은 바울이 이 지역의 지리적 역사적 배경에 대해 잘 알고 있었고 또 그것을 효과적으로 잘 이용한 것으로 볼 수 있는 점이다.

이와 마찬가지로 선교사들의 자신이 사역하는 교회의 성도들의 지리적, 문화적, 역사적 상황과 특성을 잘 파악하여 그 지역의 사람들에게 익숙하게 복음이 전달될 수 있도록 해야 효과적인 사역을 할 수 있다고 본다.

또 다른 예로는 요한의 서신을 보면 소아시아 일곱 교회에 대한 계시를 기술할 때, 일곱 교회가 위치해 있는 지역적 특성을 정확하게 사용하여 영적인 교훈을 전달하고 있다는 점이다. 예를 들면 "네가 차든지 뜨겁든지 하기를 원하노라"(계3:15)라는 라오디게아 교회에게 주신 명령은 지역적인 것과 관계없는 단순한 이론적인 명령이 아니라, 라오디게아지

___

註 11) 이것은 그리스 군대의 전투 대형이었던 "팔랑크스:"를 로마군대가 사용한 것으로 군인들이 횡대로 긴 창을 들고 밀집대형으로 전투하는 것을 말한다.

역이 히에라볼리스와 골로새 사이에 위치해 있었고 자체적로는 샘이 없어서, 히에라볼리로부터의 뜨거운 자연적인 온천물을 끌어 쓰던지, 아니면 골로새로부터 차가운 생수를 도관을 통하여 끌어 쓸 수 밖에 없는 지역이었다. 그러나 두 지역에서의 물이 라오디게아 지역에까지 도달하면 히에라볼리의 뜨거운 물이든지 골로새의 차가운 물이든지 이 지역에 이르면 미지근하게 되어 사용하기에 적당하지 않을 뿐 아니라, 오히려 버리고 싶은 마음이 들 정도였던 구체적인 지역적인 사실을 근거로 영적인 교훈을 주었다는 점은 오늘 날에도 지역 이해의 중요성을 말해 주는 것이라 할 수 있는 점이다.

이와 마찬가지로 오늘의 선교지도 동일한 상태에 놓인 고정된 지역이 아니라 다양한 역사적, 문화적, 경제적, 민족적, 정치적 상황이 상시로 변화하고 있고, 또 동일한 지역이라 하더라고 상이한 경제적 세대(世代)적, 신분적 차이점을 갖고 살아가고 있음을 고려해야 적실한 복음 사역을 수행할 수 있다고 본다. 이런 점에서 프리드먼의 "우리가 잠자는 동안에도 세상은 변한다"[12]는 외침은 선교에 있어서 끊임없는 지역 연구의 필요성과 당위성을 말해주는 적실한 표현이라 할 수 있다.

4) 선교 신학의 하부 구조로서의 〈지역 신학〉

종래의 선교 특히 서구 중심의 선교가 정체와 쇠퇴의 시기를 맞이하고 있는 현 시점에서. 한국 선교는 성경적인 가치를 근거로 한 선교신학 정립과 다양한 형태로 급변하고 있는 세계화의 흐름에 효과적으로 대응

註 12) Thomas L. *Friedman*. The World Is Flat. 『세계는 평평하다』 서울: 창해, 2005.

할 수 있는 사회 문화적인 접근 전략을 개발해야 할 시점에 와있다고 본다. 이러한 측면에서 선교신학의 하부구조로서의 '지역신학'에 대한 발전이 필요하다고 본다. 예수의 제자들과 바울을 중심으로 한 초기 교회의 선교가 지역적인 이해와 환경과 상황들을 정확하게 인식하고 수행되었음을 사도행전과 서신서들을 통해 알 수 있다. 다시 말하면 초기 교회의 선교는 역사적 진공 상태에서 복음의 원리가 천편일률적으로 전해진 것이 아니라, 지역적 상황과 사회, 경제, 종교, 문화적 상황 속에 적절한 표현 방식으로 다양하게 전해졌음을 인정할 때, 현 시대에도 각 나라와 민족의 지리적, 사회적, 문화적, 종교적, 경제적 상황을 총체적으로 인식할 수 있는 '지역 신학'의 정립이 필요하고, 그리하여 복음이 전해졌다가 단시간에 소멸하거나 쇠약해지는 것을 방지하고 장기적 과정에서 복음을 깊이 뿌리 내리게 하는데 유익한 방식이라고 본다.

이제 한국 선교도 단순히 '지역연구' 차원의 단계를 지나 '지역 선교'의 단계로 나아가야 할 때가 도래했다고 본다. 그 동안의 한국 선교사들은 척박한 환경을 무릅 쓰고 선교 현장에서 고귀한 헌신으로 장기간의 시간을 보냈다. 그간의 사역 현장의 축적된 경험과 지식들을 바탕으로 당대의 사역 뿐 만 아니라 후대의 사역을 위한 길잡이 역할까지 해야 하는 위치에 이르렀다고 본다. 이를 위해서 건전한 신학과 지역적 지식이 만나 '지역 신학'으로 자리매김해야 장기적인 안목에서의 선교가 가능하리라고 본다.

2.이슬람에 대한 지역적 이해

1) 지리적 배경으로 본 이슬람의 발생

이슬람의 발생의 지리적 배경을 살펴보면 "그리스도 탄생 후 처음 6세기 동안 중동의 지정학적 지형은 비교적 안정된 상태를 유지했고, 정치적 풍경은 거대한 두 제국이 지배하고 있었는데, 서쪽은 지중해 연안 지역(대략 오늘날의 이스라엘과 레바논, 시리아)의 로마 제국과 그 뒤를 이은 비잔티움 제국에 속해 있었다. 유프라테스 동쪽에 있는 땅은 3세기 초까지는 파르티아에 속해 있었다."[13] 이 두 제국의 변경 사이에 드넓게 펼쳐진 건조한 스텝 지역과 사막이 끼어 있었는데 바로 이 지역이 살고 있었던 사람들이 아랍 사람들이었고, 이들은 공통의 언어와 문화가 있었는데도 무함마드 전까지 한 번도 정치적으로 통일되지 않은 채 부족 간의 갈등과 전쟁으로 갈기 갈기 찢어져 있었다.

이렇게 혼돈과 무질서의 지리적 공간속에서 역사적으로 오랜 기간 동안 생존을 위한 가혹한 투쟁을 거치며 생존해온 아랍 민족의 특성을 알면 이들이 낯선 사람 특히 외부의 종교를 대하는 태도는 우리가 상상하는 이상으로 경계(警戒)적이고 배타(排他)적일 수밖에 없음을 이해하고 신중하고도 깊이 있는 연구와 분석을 통한 선교적 접근이 필요하다고 본다. 특히 기독교는 금세기에 이들에게 순수하게 등장한 종교가 아니라, 무수한 전쟁과 약탈을 통해 역사적인 트라우마까지 내재되어 있는 심층

註 13) Peter Turchin, 『제국의 탄생』 윤길순 역 지식하우스, 2006, p.131.

적인 상처의 상존(常存)을 이해하면서 접근해야 하지 않으면 우리가 이해하는 복음 전파의 어려움 이상으로 복음은 이들에게 전해지기 힘든 현실일 것이다.

먼저 '중동'이라는 용어에 관하여 살펴보면, 이 용어 자체가 유럽 제국주의적 시각에서 명명된 것으로 이해되는데, "중동이라는 말이 사용된 것은 2차 대전과 관련이 있는데, 영국을 비롯한 유럽제국주의가 이 지역에 관심을 갖기 시작한 당시는 '근동(Near East)' '중근동(Near and Middle East)'이라는 말이 주로 사용"[14]된 것으로, 영국을 중심으로 '가까운 동쪽'이라는 뜻에서 1차 대전 당시부터 영국인들이 사용하기 시작한 지리적 거리에 근거한 표현에 불과하며, 2차 대전 이후에는 역사의 변천과정에서 그 때 그 때의 정치 상황에 의해 변화되면서 사용된 용어이다.[15]

에드워드 사이드는 기존의 일반적인 분야에서 중동에 대한 연구가 "지금까지 유럽에서 발전되어 온 전통적 오리엔탈리즘의 사고방식을 그대로 답습하고 있다"[16]고 주장하고 있는데, 과연 신학적인 측면에서는 중동에 대한 연구를 어떠한 정치적이고 인종적인 차별적 시각 없이 다루고 접근할 수 있는가?하는 질문부터 해야 할 필요가 있다고 본다. 정치적인 측면에서의 중동 연구와는 달리 신학적 측면에서의 중동연구는 먼

註 14) 박광섭, 『국제 지역학 입문』. 대경, 2001. p. 358.
　　15) Ibid.
　　16) Edward W. *Said*. Orientalism, 『오리엔탈리즘』에 사이드는 극단적으로 "경향적인 이론화 없이 이슬람을 연구하고 조사하고 인식하는 것은 거의 불가능하다"고 주장하기 까지 한다. p.514.

저 창조주 하나님의 하나의 피조 된 세계의 동일한 인류라는 시각이 우선적으로 정립되어야 할 것이다. 그래야 선교신학적인 중동연구가 정치적인 시각의 편견으로부터 벗어나 복음을 전하는 효율적인 도구로서 사용될 수 있을 것이다. 이는 19-20세기의 서구 선교사들의 선교활동이 후대에 제국주의의 확장의 하나의 도구로서 평가되는 것과 더 극단적으로는 기독교 전파 자체가 제국주의적인 것이었다는 평가로부터 자유로울 수 있는 점일 것이다. 선교사 한 사람 한 사람 개별적으로는 그것이 복음적인 선교활동이었을 수 있으나, 전체적으로는 제국주의 확장에 연루되어 있었다는 시각을 역사적인 교훈으로 삼고, 순수한 복음 전파의 수행 도구로서 지리적, 사회적, 정치적, 경제적, 문화적 상황을 정확하게 연구하여 지혜롭게 선교사역을 수행해야 장기적인 관점에서의 오류를 시정할 수 있다고 본다.

또한 서구의 시각에서는 아랍이 그리 크지 않은 세력일지 모르지만, 세계사적 시각으로 본다면 아랍은 "유럽을 차단시킨 유일한 세력"[17]이었으며, "8세기부터 15세기 까지 세계에서 가장 큰 도서관은 모두 이슬람 영역에 있었다"는 시각으로도 아랍을 접근할 수 있어야 균형적인 아랍관을 형성할 수 있다고 본다.

2) 박해와 수난 지역으로서의 이슬람 지역 이해

이슬람 지역은 역사적으로 기독교와 오랜 충돌을 통하여 때로는 공격

註 17) Robert B. *Marks*, The Origins of the Modern World, 『어떻게 세계는 서양이 주도하게 되었는가』 윤영호 역. 서울: 사이, 2014.

으로 힘을 휘둘렀던 역사와 반대로 박해와 수난을 번갈아 경험한 지역이다. 이들 지역은 해묵은 적대감정이 켜켜이 쌓여 있는 지역이라 할 수 있다. 이러한 역사적 배경 하에서 기독교가 서구적 종교라는 등식이 성립되어 있는 현재적 사실은 복음 선교의 커다란 방해 거리로 상존하고 있는 실정이다. 이러한 상황 하에서 한국 선교가 서구 선교의 연장선상에 있다거나 혹은 서구 선교의 하부 구조라는 인식이 이슬람 선교의 외적인 장애로서 걸림돌이 되고 있다는 심층적인 이해가 필요하다. 이를 해결하기 위해 이슬람 지역이 역사적으로 박해와 수난의 흔적이 있다면 이 부분에 대한 이해와 용납의 자세를 취하는 것이 필요하다고 본다. 이런 거시적인 차원의 접근이 없다면 이슬람 선교는 어느 한계를 벗어나기 힘든 점이 있을 수 밖에 없다는 것을 염두에 둘 필요가 있다고 본다.

몰트만은 종래의 종교개혁의 신학이 가해자에게는 초점을 맞추어 왔지만 피해자에겐 관심을 적게 가져왔다고 주장하며, 피해자가 '영원한 피해자'로 남지 않도록 피해자의 회복에 세심한 주의를 기울여야 미완의 종교개혁을 벗어나 온전한 성경의 정의를 정립할 수 있음을 주장을 했다.18)

마찬가지로 이슬람 지역에서의 지역적인 피해를 이해하고, 그들의 마음 속 깊이 쌓여 있는 아픔을 헤아리는 접근을 할 필요가 있다는 것이다. 이 점은 서양 선교사들이 할 수 없는 부분이고, 바로 한국 선교사가 감당

註 18) Jurgen Moltmann. 『미완의 종교개혁』 종교개혁 500주년 기념세미나(2017.6.1.). p.19.
몰트만은 피해자가 '하나님을 향해 고개를 들 수 있도록' 도와주어 피해자가 진정으로 굴욕감을 벗 어나 기운을 차리고 회복을 할 수 있도록 해야 한다고 주장한다.

할 수 있는 역할일 수 있다. 동시에 이 점은 한국이 서구 특히 미국에 종속되어 있다는 국제 정치적인 역학관계에 대한 종래의 관점을 교정 할 수 있는 기술적인 부분이라 생각된다.

3. 한국 선교의 이슬람 전략적 접근

1) 서구 교회와의 동일시적 이해로부터의 탈피의 필요성

한국 교회는 이 시대의 초(超) 강대국의 하나인 미국으로부터 복음을 전해 받은 역사적 사실을 부인할 수 없는 사실을 복음 전래사로 간직하고 있는 나라이다. 동시에 거의 대부분의 이슬람 국가는 태생적으로 미국과 대립 각을 세우며 정치적 행보를 지속하고 있는 실정에서 한국교회는 복음을 이슬람에게 전해야 하는 위치에 서 있다.

또한 전 세계에서 미군이 주둔하고 있는 몇 안 되는 나라임도 이슬람을 종교적인 문제뿐만 아니라 정치적으로도 가까이 하는데 적잖은 숙제 거리임이 틀임이 없다. 그렇다고 한국이 더 범위를 좁혀서 한국교회가 미국의 영향으로부터 완전히 벗어나 있다고 주장할 만한 준비가 되어 있지 못한 것 또한 사실이다. 신학 분야 역시 서구와 미국의 영향을 벗어나 독특한 한국적 신학적 사유를 통한 성경적 진리와 주장들을 정립해 놓고 있지 못하고 있는 것 또한 인정해야 할 현실이다.

이제 종래의 서구교회 의존적이고 종속적인 방식과 준비로는 이슬람 선교를 더 이상 진전시키기에는 한계가 있다고 본다. 한국교회가 복음을 들고 이슬람의 심령들을 만날 수밖에 없는 '성경적 진리'를 분명하게 정립하는 것이 한국교회가 서구교회 와의 일시적인 영향을 받을 수 밖에 없었지만, 지금의 현실에서는 우리의 선교적 행위가 성경에 근거한 순수한 복음적 행위이라는 것을 증명 하는 길이라 생각된다. 이러한 작업이 '서구 교회와의 동일시'로부터 벗어나는 길이라 생각된다.

기독교는 그 출발을 동양적 환경에서 출발했음에도 역사적 굴절로 인해 서양의 종교로 인식될 수 있는 현실에 대해, 선교사들이 이 문제를 극복할 수 있는 준비를 소홀히 한다면 선교 현장에서의 기독교는 이질적인 존재로 남아 있을 수 있고, 이는 복음을 전하기도 전에 거부당하는 상황을 피할 수 없을 것이다. 이런 점에서 김대순 선교사의 "아시아 교회가 직면한 최대의 과제는 선교사와 지역교회 지도자들 모두 성육신의 원리(상황화)를 너무 심각하게 위반하고 있다는 점"이며, "상황화가 너무 이뤄지지 않아 지역 주민에게 기독교가 너무 이국적으로 보이고 말았다"는 지적은 선교전략적인 측면에서 중요한 점을 지적한 점이라 할 수 있다.[19]

가톨릭에서도 이러한 문제에 대해 아프리카의 어느 주교가 "우리 나미비아 사람들은 그리스도를 영접했다. 하지만 그들이 따르는 그리스도는 너무 자주 유럽의 옷을 입고 계신다"[20]고 평가한 것을 보면 성경적 진리가 서구의 영향을 받지 않고 그대로 전달되는 일은 결코 쉽지 않은 일임을 알 수 있다.

註 19) 『글로벌 기독교 이해와 선교적 대응』 세미나. 크리스찬 투데이. 2017.4.10. 일자.
   20) Philip Jenkins. The Next Christendom, (New York: *Oxford*,2007), p.134.

2) 수난과 박해의 근대사적 경험을 이용한 접근

한국 교회는 세계 선교 역사상 유래를 찾아보기 힘든 고난과 순교의 시기를 아픔으로 간직한 채 교회 역사를 이루어 왔다. 이점은 우리 한국 교회에게는 잊을 수 없는 아픔일 수 있지만 박해와 수난을 당한 지역에 복음을 전할 경우에만은 접촉점을 이룰 수 있는 하나의 도구로 작용할 수 있는 점이 있다. 그러므로 한국 선교사들은 한국 교회 수난사를 정확하게 이해하고 서구 열강의 침략과 정치적 욕망 속에서 격랑을 겪을 수밖에 없었던 약소국의 아픔을 복음의 접촉점으로 이용할 수 있는 준비를 갖추는 것이 선교에 도움이 될 것이다.

또한 한국 교회는 종교적 측면에서 뿐 만 아니라 한국의 문화, 교육, 경제 분야의 근대화에 지대한 공헌을 한 부분을 잘 이해하고 이것 또한 복음의 접촉점으로 사용하여 아직 교육과 경제적인 분야에 뒤처진 나라나 백성들에게 복음을 전할 수 있는 접촉점으로 이용할 수 있다는 것을 염두에 둘 수 있을 것이다. 특히 한글로 성경을 번역하여 보급한 것이 문맹 타파와 교육발전에 크게 기여한 부분을 역사적 경험으로 삼아 복음을 전해야 하는 지역에 교회의 역할이 단순한 종교적 필요뿐만 아니라 사회 문화적인 필요성을 부각시키는 것도 복음을 효율적으로 전하는데 기여할 수 있는 부분이라 생각된다.

또한 한국 근대역사에 있어서 아리랑을 처음으로 서양에 소개하고, 한글의 띄어쓰기를 최초로 주장하고. 대한제국 말기에 암울했던 열강의 침략시기의 혼란 속에서 한국의 입장을 세계로 알리는데 지대한 공헌을 하고 외국인으로서는 처음으로 건국훈장 독립장을 받은 호머 헐버트 (Homer B. Hulbert) 선교사처럼, 한국 선교사들도 선교지 국가와 국민들로부터 오랜 기간 동안 그들의 역사에 기억되고 깊은 존경을 받을 수 있는 장기적인 안목에서의 보다 성숙하고 차원이 높은 선교사역이 필요한 시점에 와 있다고 본다.

3) 한류 유행을 통한 문화적 접근의 선교적 이용

한류의 세계적인 유행은 상상을 초월할 정도로 문화적인 저변확대를 낳는 분야이다. 이것은 또한 복음을 전하기 전에 문화적인 접촉점이 필요한 지역에 뜻밖의 도구가 될 수 있는 분야라 할 수 있다. 이미 음식과 예술 분야 특히 음악 분야는 지역적 차이와 갈등을 뛰어넘어 전 세계가 하나의 문화권으로 연결될 수 있는 도구로 자리매김하고 있는 상황이다. 선교사들은 이러한 문화적 흐름에 민감성을 가지고 접근하여 비(非)복음적 요소를 선별할 수 있는 능력을 구비하고 복음의 접촉점으로 사용할 수 있는 분야와 적용 범위와 한계를 인식하여 선용할 수 있는 준비를 하는 것이 필요할 것이다. 실례로 이미 B 기업에서 음식을 통해 전통적인 기독교 선교사역이 접근하기 어려운 지역에 M 사역이란 이름으로 정식 비즈니스 형태의 식당 운영을 선교사들에게 펼치고 있는 것도 새로운 선교사역의 진로 개척에 좋은 예가 될 수 있을 것이다.

바울도 신앙의 복음적 사실을 기술함에 있어서 당시 유행했던 문화 특히 스포츠를 정확하게 이해하여 그것 속에 담겨 있는 영적인 정신을 추출하여 수신자들에게 전하였던 것을 참고하여 현 상황과 시대적 사실

속에서 역사하고 있는 하나님의 섭리적 운행을 지혜롭게 이용할 수 있는 것이 문턱이 높아져 가고 있는 이슬람 선교의 하나의 대안이라 할 수 있을 것이다.

4. 나가는 말

이 시대의 이슬람 선교는 하나의 거대한 산이라 여겨지며 다가오는 실체임이 분명하다. 인간적인 안목으로는 길이 보이지 않는 미로 같아 보이기도 하고, 또 우리의 힘과 방법에 한계를 완전하게 인정하게 하는 난제로 존재하고 있다고 본다. 그러나 역설적으로 이슬람 선교는 하나님의 역사하심에 전적으로 매달릴 수밖에 없는 과제일 수 있다. 매 순간 매 사건 마다 하나님의 하나님 되심을 인정 할 수 할 수밖에 없는 사역이라는 점은 우리를 믿음의 세계로 몰아 넣으시는 성령님의 방법이라 할 수 있을 것이다.

수많은 희생과 끝이 보이지 않는 소모전과 같아 보이는 현실에 회의하기 보다는 하나님 앞에 무릎 꿇음으로 시간을 보낼 수밖에 없는 현실을 인정하고, 일정한 성과도 있었지만 역사상 모순을 드러냈던 서구적 선교를 극복하고, 이슬람선교 만은 순수한 성경적 선교로 진행 할 수 있는 기회라고 여기는 긍정적 관점이 필요한 시점이라고 본다.

그러기 위해서는 한국교회의 이슬람 선교는 종래의 정치적인 힘의 우위나 경제적 강함의 혜택이나 문명적 발전의 우위를 통해 접근했던 인간적인 선교 방법들을 다 내려놓고 약함과 낮아짐의 십자가의 방식으로 섬김을 통해 복음을 전하신 예수 그리스도의 자기희생적 섬김으로 사역하여, 외적으로 양적 결과에 의해 평가되는 선교를 지양하고, 하나님만이 아시고 인정하시는 영광스런 칭찬과 복음의 기쁨이 넘치는 선교의 정신으로 나아가야 할 것이다.

참고 서적

김선호. 『지역학이란』 부산: 부산외국어대학교 출판부, 2014.

박광섭. 『국제 지역학 입문』 대전: 대경, 2001.

　　『해외 지역연구의 이해』 대전: 대경, 2015.

신현수. 『선교적 교회론』 서울: CLC, 2011.

이문장, 앤드류월즈. 『기독교의 미래』 파주:청림출판, 2006.

장훈태. 『국제 정치 변화 속의 선교』 천안: 혜본, 2014.

조용성. 『변화하는 글로벌 선교』 서울: 쿰란출판사, 2013.

Friedman L. Thomas. The World Is Flat. 『세계는 평평하다』 서울: 창해, 2005.

Jenkins Philip. The Next Christendom. New York: Oxford University Press, 2007.

Marks Robert B. The Origins of the Modern World, 『어떻게 세계는 서양이 주도하게 되었는가』 윤영호 역. 서울: 사이, 2014.

Marshall Tim. Prisoners of Geography, 『지리의 힘』 김미선 역. 서울:사이, 2017.

Montgomery Cynthia A. THE STRATEGIST, 『당신은 전략가입니까』 이현주 역, 서울:리더 북스, 2014.

Moucarry Chawkat. Faith to Faith-Christianity & Islam in dialogue. 『기독교와 이슬람과의 대화』 한국이슬람연구소 역. 서울:예영 커뮤니케이션, 2003.

Noll Mark. A From Every Tribe and Nation. 『나는 왜 세계 기독

교인이 되었는가』 배덕   만 역. 서울: 복있는 사람, 2016.

Said Edward W. Orientalism. 『오리엔탈리즘』 박홍규 역, 서울:교보문고, 2013.

Turchin Peter. War and Peace and War. 『제국의 탄생』 윤길순 역, 서울:웅진 지식하우스, 2006.

제2부

한국

2. 한국 무슬림에 대한 목회적 이해

성남용 교수
(Ph.D/선교학)[1]

무슬림들과의 접촉이 많아지고 있다. 앞으로 더 확대될 가능성이 많다. 그런데 우리의 무슬림에 대한 이해는 대체로 부정적이다. 테러, 여성 비하, 폭력, 무질서, 혼란, 난민 등이 그들과 연관되어 떠오르는 단어들이다. 주로 부정적인 뉴스를 통해서 무슬림들을 만나고 있다. 따라서 가능한 한 직접적인 접촉은 피하려 한다. 그들과의 만남이 가져올 부정적인 영향을 두려워하기 때문이다. 우리는 무슬림들을 잔악한 테러리스트들로 여긴다. 그러나 우리의 이러한 평가에 대해 대다수 무슬림들은 억울해 한다.

그들은 이슬람을 평화의 종교라 하며, 무슬림들을 평화를 지향하는 사람들이라고 한다. 테러를 행하는 소수의 극단주의자들은 진정한 무슬림이 아니라고도 한다. 그러니까 우리의 무슬림에 대한 이해와 무슬림들의 자신들에 대한 이해에는 큰 간극이 있다. 그리스도인들에 대한 그들의 태도 역시 심하게 왜곡되어 있다. 따라서 이런 인식의 차이와 왜곡에 대한 객관적인 진단과 처방이 절실하게 요구된다.

또 다른 문제는 자칭 이슬람 전문가들의 경고성 주장들이다. 이들은 국내의 무슬림 수를 25만, 40만, 심지어는 100만 명 이상으로 추정하며 이슬람의 위험성을 지나치게 과장한다. 앞으로 한국에서 이슬람이 기독

註 1) 성남용 목사는 총신대학교 신학대학원 (M.Div), 나이지리아 선교사로 사역한 바 있고, 미국 트리니티 복음주의 신학교 (Ph.D), 현재 삼광교회 담임 목사, 한국선교 KMQ 편집인, 총신대목회신학대학원의 선교학교수로 섬기고 있다.

교를 추월할 것이라고 주장한 사람도 있다. 이런 주장들은 인용하기도 힘들 정도로 많다. 어쨌든 이런 주장들에 의해 각종 이슬람대책위원회가 조직되었다. 하지만 한국내의 무슬림 수를 정확히 알 방법만 없다. 국내에 입국한 외국인들의 출신국 종교 분포도와 비교하여 추정할 뿐이다. 하지만 전국에 흩어져있는 이슬람 예배처에 모이는 무슬림들의 수는 계량화할 수 있다.

2010년 현재 한국에 거주하고 있는 무슬림들의 금요예배 참석 인원수는 전국적으로 1600여명이며, 한국인은 50여명에 불과하다(이우승 2010). 그러니까 생각보다 많지 않다. 그럼에도 불구하고 괴담성 주장을 담은 주장들이 거칠게 회자되고 있다. 우리 옆에 다수의 무슬림들이 와 있는 것은 사실이다. 그리고 예배 참석자들보다 무슬림의 정체성을 가진 사람들은 더 많을 것이 분명하다. 그렇다면 교회는 그들을 두려워하며 방치하기보다는 복음을 전할 수 있는 방법을 찾아야 한다. 또한 그들에 대한 우리의 오해를 풀어야 하고, 그들이 어떤 사람들인지, 그리고 어떻게 그들을 대해야 할지를 생각해야 한다. 그들을 얻기 위함이다(고전 9:19-23).

다음 세 가지 질문은 그에 대한 답을 찾기 위한 것들이다. 1) 무슬림은 어떤 사람들인가? 2) 무슬림들은 기독교를 어떻게 알고 있을까? 3) 우리는 무슬림들을 어떻게 대해야 할까? 독자들은 이 글을 통해서 무슬림과 이슬람에 대한 이해도를 높일 수 있을 것이다. 그리고 생산적이고 선교적인 만남을 위한 유용한 도구를 얻게 될 것이다.

1. 무슬림은 어떤 사람들인가?

우리가 무슬림들과 소통하려는 이유는 생명의 복음을 전하기 위함이다. 소통하려면 상대에 대해서 먼저 알아야 한다. 그런데 우리는 그들을 잘 모른다. 그저 알고 있다고 여길 뿐이다. 더 알려고도 하지 않는다. 그저 막연히 두려워하고 경계할 뿐이다. 그래서 소통이 되지 않고 복음도 전할 수 없다. 그렇다면 그들은 어떤 사람들인가? 무슬림들을 대략 여섯 가지 모습으로 설명할 수 있다. 1) 이슬람의 가르침을 따르고 실천하는 사람들이다. 2) 유일신 '알라'를 믿는 사람들이다. 3) 다양한 선지자들을 믿는 사람들이다. 4) 꾸란을 최종 권위의 경전으로 믿는 사람들이다. 5) 알라의 사도 무함마드를 따르는 사람들이다. 6) 선행을 통해서 결정 될 천국을 믿는 사람들이다.

1) 이슬람의 가르침을 따르고 실천하는 사람들이다.

이슬람이란 복종이나 순종을 의미한다. 그러니까 알라에게 복종하거나 순종하는 종교다. 다른 말로 하면, 아랍어 알파벳 '신.람.밈'을 뿌리로 세워진 종교다. 히브리어 알파벳 '신.라멕.멤'과 같다. 히브리어나 아랍어는 뿌리가 같아서 3음절 단어가 기본이다. 그 위에 접두어(prefix)나 접미어(suffix)를 붙이거나, 독립된 단어들을 서로 연결시켜 새로운 단어를 만든다. 그런데 아랍어에서 '신.람.밈'이 들어간 단어는 대체로 평화와 연관된 단어들이다. 히브리어도 마찬가지다. 샬롬이나 예루살렘 같은 단어들이 모두 여기에 뿌리를 둔 단어들이다. 그리고 아랍어 단어 앞에 무(Mu)자가 붙어 있으면 대체로 그 단어를 행하는 사람이란 뜻을 갖는다. 그러니까 무슬림이란 이슬람을 행하는 사람들이다. 마찬가지로 지하드(성전)에 참여하는 사람들을 무자히딘(Mujahideen)이라 부르고, 기도하는 사람은 무쌀리(Musali)라 부른다. 따라서 무슬림들이 이슬람을 평화의 종교라 하는 것은 어원론(etymology)에 따른 것이다. 우리가 이를 부인할 필요는 없다. 하지만 그 평화를 이루는 과정이 폭력적이다. 이런 폭력성은 꾸란의 가르침에 내재되어 있고, 이슬람의 역사에도 그대로 드러나 있다. 이슬람과 무슬림들의 딜레마가 여기에 있다.

2) 유일신 '알라'를 믿는 사람들이다.

'알라'라는 이름은 이슬람의 창시자 무함마드 이전부터 있었다. 무함마드의 아버지 이름이 알라의 종이라는 뜻을 가진 'Abd-Allah'였던 것만 보아도 알 수 있다. 그래서 그 지역의 그리스도인들이나 유대인들도 하나님을 알라라 불러왔고 지금도 그렇게 부르고 있다. 그 지역만이 아니라 아프리카 나이지리아의 하우사 그리스도인들도 하나님을 알라라 부른다. 역사적으로 무함마드는 당시 통용되던 알라라는 신의 이름을 이슬람교의 절대적 존재를 의미하는 신의 이름으로 사용했다. '알라'를 보통명사가 아닌 고유명사로 사용한 것이다. 이렇게 알라가 고유명사가 되면 기독교의 알라와 이슬람의 알라는 전혀 달라진다. 각각 성경과 꾸란을 근거로 하기 때문이다. 한마디로 준거의 틀(frame of reference)이 전혀 다르다. 그래서 말레이시아 정부는 기독교인들에게 알라라는 칭호를 쓰지 못하도록 금지시켰다. 알라를 이슬람만의 고유한 신 이름으로 여겼기 때문이다. 하지만 인근 이슬람 국가인 인도네시아에서는 이름 사용을 허용하고 있다. 그 이름이 보통명사로 사용될 수 있음을 인정했기 때문이다.

3) 다양한 선지자들을 믿는 사람들이다.

꾸란은 하나님이 각 민족에게 선지자를 보내 하나님을 섬기게 하셨다고 가르친다(꾸란16:36). 그런데 무함마드에게 이름을 알려준 선지자들도 있고 알려주지 않은 선지자들도 있다(꾸란4:164). 무슬림들은 알려주지 않은 선지자들을 통해서 자신들을 종교적으로 이방인들과 연결시킨다. 무함마드에게 알려준 선지자들은 주로 성경 속의 인물들이다. 최소한 24명의 성경속 인물들이 변형된 형태로 꾸란에 언급되어 있다. 아담, 에녹(Idris), 노아(Nuh), 헤벨(Hud), 므두셀라(Salih), 롯(Lut), 아브라함(Ibrahim), 이스마엘(Ismail), 이삭(Ishaq), 야곱(Yaqub), 요셉(Yusuf), 이드로(Shuaib), 욥(Ayyub), 에스겔(Dhulkifi), 모세(Musa), 아론(Harun), 다윗(Dawud), 솔로몬(Sulayman), 엘리야(Ilias), 엘리사(Alyasa), 요나(Yunus), 스가랴(Zakariya), 세례 요한(Yahya), 예수(Isa). 여기에서 괄호안의 이름들이 꾸란에 언급된 그들의 선지자들이다. 이에 더하여 절대적 권위를 가진 마지막 선지자 무함마드가 있다.

여기에서 성경과 꾸란 속의 인물들은 동일인들이지만 전혀 다르게 이해된다. 역시 준거의 틀이 다르기 때문이다. 예를 들어서 우리는 성경을 통해서 아브라함을 알지만, 그들은 꾸란과 하디스를 통해서 '이브라힘'으로 알고 있다. 그러므로 동일인이지만 전혀 다르다. 그들은 예수님을 '이싸' 라 부른다. 우리가 이해하는 예수님과는 전혀 다르다. 무슬림들은 또한 좋은 천사들과 악한 천사들(Jinn), 그리고 사탄(Shaytaan)의 존재를 믿는다. 또한 모세오경(Tawraat), 시편과 지혜서(Zabuur), 복음서(Injiil), 꾸란을 믿는다. 하지만 앞선 세 개의 경전들을 해석하고 판단하는 최종적이고 온전한 권위를 꾸란에 부여한다. 그래서 서로 일치되지 않으면 꾸란에 의해서 해석되고 수정되어야 한다고 믿는다. 그러니까 기독교에 포용적인 것 같지만 실은 가장 배타적이다. 무슬림들은 이슬람이 새로운 종교가 아니고, 유대교와 기독교를 개혁한 것이라고 주장한다 (Aslan 2006). 그러니까 무슬림들은 무함마드를 이슬람의 창시자가 아닌 유대교와 기독교의 개혁가로 여기는 셈이다. 무슬림들의 회심이 어려운 이유 중의 하나다.

4) 꾸란을 최종 권위의 경전으로 믿는 사람들이다.

꾸란을 이해하는 것은 쉽지 않다. 주석이나 주해가 불가한 경우가 많기 때문이다. 몇 가지 이유를 꼽을 수 있다. (1) 꾸란에는 서사구조가 없다. 독립된 주제들이 연대기적 질서나 일관성 없이 섞여 편집되어 있다. 무함마드가 전해준 알라의 계시라 하지만 문맥을 파악하기 어렵기 때문에 논리적 추론이 어렵다. (2) 성경처럼 특정한 저자가 없다. 무함마드에게 계시되었다고 알려진 내용들을 후대에 편집한 것이다. (3) 하늘에 있는 아랍어 원본이 그대로 계시된 것이라 믿는다(꾸란85:21-22 실로 이것이 영광의 꾸란으로, 보호된 곳에 보관된 것이라). 따라서 다른 언어로 번역이 불가능하다. 번역된 꾸란을 인정하지 않는다. 번역 중에 왜곡이 발생할 수 있기 때문이다.

그래서 비아랍어권의 무슬림들도 꾸란을 아랍어로 암송한다. 모르고 암송하는 것이며, 뜻을 중요하게 여기지 않는 것이다. 게다가 인간의 저작물이 아니기 때문에 언어적 속성을 적용하기도 어렵다. 그래서 아랍어를 하는 무슬림들도 꾸란을 어려워한다. (4) 서로 충돌되는 가르침이 많다. 무슬림들은 현재의 꾸란을 AD656년에 우스만이 편집한 것으로 믿고 있다. 하지만 한참 후대에 쓰였을 가능성이 더 많다. 650년대 당시의 다른 문헌에 꾸란이 언급된 적이 없기 때문이다. Spencer (2012)는 꾸란과 무함마드의 삶이 정복 전쟁에 참여하는 무슬림들을 묶기 위한 정치군사적 목적으로 조작되었을 가능성이 있다고 했다. 그는 많은 고대 자료들을 인용해가며 정치군사적으로 조작된 이미지로서의 무함마드를 언급하고 있다. (5) 비판적 접근이 허용되지 않는다.

5) 알라의 사도 무함마드를 따르는 사람들이다.

무함마드를 모범 무슬림이라 한다(꾸란33:21 진실로 너희에게 하나님께서 보내신 선지자의 훌륭한 모범이 있었거늘 이는 하나님과 내세와 하나님을 염원하는 것을 원하는 자를 위해서라). 그러므로 무조건 순종해야 하며(꾸란5:101-102, 3:31-32). 그에게 순종하는 것이 하나님께 순종하는 것이라 한다(꾸란4:80). 무엇이든지 무함마드가 했다면 옳은 것이고 따라야 할 모범이 된다. 하지만 그의 삶을 다큐멘터리로 만들면 신성 모독이 된다. 예수님의 삶을 그리면 전도 도구가 되는 것과 정반대다. 무함마드는 이슬람의 전달자와 그것을 실천하는 사도의 권위를 갖는다(꾸란3:144). 그 권위가 절대적이다. 여기에 이슬람의 치명적 약점이 있다. 무함마드의 삶 자체가 모순적이기 때문이다. 무함마드는 초기에 전투와 결혼을 통해서 영역을 넓혀 나갔다. 그래서 그의 삶 자체가 전투적이었다. 직접 전장에 나간 27번을 포함하여 그는 모두 65번의 전쟁에 참여했다. 잔인하고 참혹하게 치른 전쟁도 많다. 폭력을 권고한 꾸란 구절도 최소한 109절이나 된다. 지금도 이슬람 전사들은 이런 폭력을 권장하는 꾸란이나 하디스의 절들을 암송하며 잔혹한 테러 현장에 뛰어들고 있다. 또한 무함마드의 여성과 관계된 일화도 적지 않다.

그가 결혼한 여인들은 모두 11명이었다. 그가 53세에 결혼했던 세 번째 부인 아이샤는 당시 9세가 채 되지 않았다. 아이샤가 합방을 했을 때 인형을 가지고 놀았다는 것을 보면, 당시 그녀가 사춘기 이전이었음을 알 수 있다. 그러니까 사춘기 이전 소녀와의 결혼을 금했던 당시의 문화도 어긴 것이었다. 그러면서도 그는 자신이 죽을 때 겨우 18살이었던 아이샤가 재혼하지 못하도록 꾸란에 규정해 놓았다(꾸란33:53). 전쟁을 통해 얻은 성노예도 인정했다(꾸란4:24). 꾸란이 전쟁 포로에 대한 강간을 허용한 것이다. 남성을 여성의 보호자라고 하면서, 순종치 않고 품행이 단정치 않게 여겨지면 아내를 때리라는 가르침도 있다(꾸란4:34 ...순종치 아니하고 품행이 단정치 못하다고 생각 되는 여성에게는 먼저 충고를 하고 그 다음으로는 잠자리를 같이 하지 말 것이며 셋째로는 가볍게 때려 줄 것이라...). 최영길은 '가볍게 때리라' 고 번역했지만 다른 번역들은 대부분 가볍게 라는 단어가 없다. 문제는 이런 행위들을 무슬림들이 따라 하는 것이다. 그래서 IS의 전사들도 성노예들을 두고 있다. 믿음의 이름으로 반인륜적인 행위에 참여하고 있다. 좋은 사람이 되려는 무슬림들은 위와 같은 꾸란과 무함마드의 가르침을 자칫 경시해야 한다. 이것이 또 다른 이슬람의 한계다.

6) 선행을 통해서 결정 될 천국을 믿는 사람들이다.

무슬림들은 자신들이 행한 선과 악의 비중에 따라 가게 되는 천국과 지옥을 믿는다(꾸란23:101-103 그날 나팔이 불리우면 그들 사이에 더 이상의 유대 관계가 없어지며 서로가 묻지도 아니 하노라. 그때 그의 선행이 많았던 자들은 번성할 것이며, 그의 저울이 가벼운 자들은 그들의 영혼을 잃고 지옥에서 영원히 사노라). 이집트 신화에서 유래한 듯한 이슬람의 종말론이다. 그래서 무슬림들에게는 천국에 갈만한 선한 일을 하는 것이 중요하다. 하지만 최후의 선지자 무함마드조차도 자신의 구원에 대해 확신하지 못했다(꾸란 46:8-9, Bukhari 5:58:266). 그러니까 대부분의 무슬림들은 최후 심판을 두려워하고 있다. 그들이 무모한 테러에 참여하는 한 이유다.

2. 무슬림들은 기독교를 어떻게 알고 있을까?

그리스도인들의 무슬림 이해도 중요하지만, 무슬림들의 기독교에 대한 이해도 중요하다. 그래야 그들에게 효과적으로 복음을 전할 수 있기 때문이다. 무슬림들이 기독교에 대해서 오해하는 다음 몇 가지 이유가 있다. 1) 기독교의 삼위일체를 이해하지 못한다. 2) 예수님의 십자가를 부인한다. 3) 성경이 손상되었다고 한다. 4) 무함마드가 성경의 예언대로 온 선지자라 한다. 5) 기독교인들에게 적대적 태도를 갖고 있다.

1) 기독교의 삼위일체를 이해하지 못한다.

무슬림들은 기독교의 삼위일체를 신성모독으로 여긴다. 그들은 한 하나님만을 인정하며(꾸란112:1), 성부, 성자, 성령을 부인한다(꾸란112:3-4 성자와 성부도 두지 않으셨으며, 그분과 대등한 것 세상에 없노라). 여러 이유를 들어가며 성자를 부인한다(꾸란112:1-4, 19:34-35). 하나님이 배우자가 없으니 자손이 있을 수 없다(꾸란6:101). 누구도 하나님께 비유할 수 없다(꾸란4:48). 꾸란에는 이싸(예수)의 이름이 93번이나 나온다. 그들은 이싸가 동정녀 마리아에게서 출생했다는 것을 믿는다(꾸란19:16-21, 3:47). 죄 없는 메시아이며 복음을 받은 뛰어난 선지자로 현세와 내세의 훌륭한 주인이라고 믿는다(꾸란3:45). 요람에서부터 말을 했으며(꾸란19:29-30), 각종 기적을 행했다고 믿는다(꾸란5:110). 하지만 삼위일체는 부인한다. 이싸는 마리아의 아들이며 선지자이지만 하나님의 아들은 될 수 없다고 주장한다(꾸란4:171). 이싸는 한 명의 종에 불과하며(꾸란45:39), 스스로도 하나님의 종 이상으로 자만하지 않았다고 말한다(꾸란4:172). 이싸는 이전의 선지자들과 같으며(꾸란5:75), 하나님을 셋 중의 하나라 말하면 벌이 따를 것이라 한다(꾸란5:73).

그러면서 그리스도인들에게 사실이 아닌 것을 과장하지 말라고 한다(꾸란5:77). 이싸는 자신을 경배하라 한 적도 없고, 그렇게 할 권리도 없다고 했다고 주장한다(꾸란5:116). 이싸는 하나님만을 경배하라 했다고 한다(꾸란5:117). 그들은 삼위일체를 다신론으로 이해한다. 그러므로 무슬림들에게 이싸가 아닌 예수님의 하나님이심을 알려주어야 한다. 예수님이 성자 하나님이심을 지지하는 성경구절들은 많다(시110:1, 단7:13-14, 마16:16, 마22:41-46, 마26:53, 마27:54, 마28:19, 막1:1, 막9:37, 막14:61-62, 막15:39, 요1:1-4, 요1:18, 요3:16, 요5:18, 요8:56-59, 요10:10, 요10:18, 요10:28, 요10:33, 요10:38, 요12:45, 요14:6-9, 요15:23, 요20:28, 요20:31, 행3:14, 고전15:14, 고후13:13, 갈2:20). 삼위일체는 성경의 일관된 가르침이다. 교회적으로는 칼케돈 공의회 때부터(451년), 예수 그리스도는 완전한 하나님이며 완전한 사람으로 두 본성은 나눠지지 않고 분리되지도 않으며, 변하지 않고 혼합되지도 않는다고 천명했다. 하지만 무슬림들은 기독교의 근본교리인 삼위일체를 부인하며 대적한다.

2) 예수님의 십자가를 부인한다.

무슬림들은 예수 그리스도의 십자가 죽음을 믿지 않는다(꾸란4:157 마리아의 아들이며 하나님의 선지자의 예수 그리스도를 우리가 살해하였다라고 그들이 주장하더라 그러나 그들은 그를 살해하지 아니하였고 십자가에 못 박지 아니했으며 그와 같은 형상을 만들었을 뿐이라 이에 의견을 달리하는 자들은 의심이며 그들이 알지 못하고 그렇게 추측을 할 뿐 그를 살해하지 아니했노라). 그러니까 이슬람은 초대교회 영지주의자들의 가현설(docetism)을 그대로 수용했다. 그들은 예수를 포함한 모든 사람들이 죽는다고 한다(꾸란21:34). 그리고 영적 승천은 인정하지만(꾸란3:55), 십자가 죽음을 부인하고 부활도 부인한다. 하지만 하늘로 들려져(꾸란5:117), 마지막 때에 재림하실 것을 믿는다. 물론 우리가 성경을 통해서 믿는 모습의 재림은 아니다. 그들은 예수 그리스도가 재림하여 십자가를 멸할 것이라고 믿기 때문이다.

3)성경이 손상되었다고 한다.

무슬림들은 기독교의 가르침이 이슬람과 다른 것은 기독교인들이 성경을 손상시켰기 때문이라고 말한다. 하지만 이슬람은 유대교와 기독교 전통위에 만들어진 기독교 유사 종교다. 한마디로 짝퉁이다. 그래서 기독교의 성경을 자신들 경전의 일부로 받아들인다. 마리아에게 가브리엘이 수태를 고지한 것처럼, 무함마드에게 계시한 천사도 가브리엘이다. 종교적 전통들도 그대로 상속한 것이 많다. 이런 관계는 이슬람이 생성된 역사적 정황 때문이다. 메카의 다신교도들과 힘겨운 싸움을 해 나갈 때, 무함마드는 유일신을 믿는 유대인들과 기독교인들의 지원을 기대했었다. 모두 한 하나님을 믿는다는 것이 명분이었다. 하지만 유대인들은 마지막 선지자로 왔다는 무함마드의 협력 제안을 거절했다. 무함마드의 선지자 직분이 너희 가운데 네 형제 중에서 선지자를 세우시겠다는 하나님 말씀에 어긋나기 때문이었다(신18:15, 신18:18, 행3:22). 기독교인들도 다 이루셨다고 하신 예수님의 말씀을 들어 그를 거부했다(요19:30). 그러자 무함마드는 유대인들과 기독교인들이 성경을 손상시켜서 무함마드가 선지자로 온다는 것을 속였다고 했다. 꾸란은 아브라함이 유대인도 기독교인도 아닌 성실한 무슬림이었는데 성서의 백성들이 말씀을 부정하고 진실을 감춘다고 가르친다(꾸란3:67-71).

4) 무함마드가 성경의 예언대로 온 선지자라 한다.

예수님의 말씀 가운데 보내심을 받을 보혜사 성령에 관한 약속이 있다(요14:26, 요15:26). 무슬림들은 예수가 약속한 보혜사가 무함마드라 한다(꾸란61:6 마리아의 아들 예수가 이스라엘 자손들이여 실로 나는 너희에게 보내어진 선지자로써 내 앞에 온 구약과 내 후에 올 아흐맏 이란 이름을 가진 한 선지자의 복음을 확증하노라 그러나 그가 분명한 예증으로 그들에게 임하 였을 때 이것은 분명한 마술이라 하였더라). 무슬림들은 '아흐맏' 을 명예로운 자나 칭송받을 만한 자라는 헬라어 단어 '페리클루토스(periklutos)' 의 아랍어 번역이라고 믿는다. 그런데 기독교인들이 '페리클루토스' 를 보혜사를 뜻하는 '파라클레토스' 로 바꿨다며 비난한다(요14:16). 무함마드는 AD610년부터 계시를 받기 시작했다. 하지만 성경의 마지막 계시는 AD95년 요한계시록으로 끝난다. 둘 사이의 기간이 5백여 년이다. 바꿨다면 꾸란의 기록이지 성경의 기록이 아니다. 그러므로 유대인들과 기독교인들이 성경을 고쳤다는 말은 성립될 수 없는 거짓이다. 그리고 무슬림들은 아브라함도 무슬림이었다고 한다(꾸란

3:67 아브라함은 유대인도 기독교인도 아닌 성실한 무슬림이었으며 또한 우상을 숭배한분도 아니었노라). 그들에게는 성경의 선지자들도 모두 다 무슬림들이었다. 예수도 그들에게는 한 명의 선지자이며 무슬림이다 (꾸란5:75a 예수는 마리아 아들로써 선지자일 뿐 이는 이전에 지나간 선지자들과 같음이라). 따라서 참된 형태의 기독교는 이슬람이라고 주장한다. 당연히 무함마드가 예수보다 더 뛰어난 최후의 선지자라고 믿는다. 마찬가지로 꾸란이 마지막 계시이므로 이전의 모든 책들보다 뛰어난 완전한 경전이라 주장한다.

5) 기독교인들에게 적대적 태도를 갖고 있다.

무슬림들에게는 선교적 책무가 있다. 그들에게 신성한 책무다. 하지만 그런 책무가 전투적이고 폭력적이다. 기독교인들을 포함한 타종교인들과의 싸움을 권장하기 때문이다. 기독교에는 교회 밖의 사람들의 삶을 규정하는 가르침이나 법이 없다. 하지만 이슬람에는 있다. 기독교는 원수 갚는 것은 주께 있으니 주께 맡기라 가르친다(롬12:19). 하지만 무슬림들은 알라를 위해 원수 갚는 것이 자신들에게 있다고 믿는다(꾸란9:29 하나님과 내세를 믿지 아니하며 하나님과 선지자가 금기한 것을 지키지 아니하고 진리의 종교를 따르지 아니한 자들에게 비록 그들이 성서의 백성이라 하더라도 항복하여 인두세를 지불할 때까지 성전하라...). 꾸란은 이슬람의 종교적 체계를 따라 무슬림이 아닌 자들이 항복할 때까지 싸우라고 한다(꾸란9:5 금지된 달이 지나면 너희가 발견하는 불신자들마다 살해하고 그들을 포로로 잡거나 그들을 포위할 것이며 그들에 대비하여 복병하라 그러나 그들이 회개하고 예배를 드리며 이슬람세를 떨 때는 그들을 위해 길을 열어주리니...). 이것이 이슬람의 한계다. 무슬림이 다수인 나라에서 무슬림들은 타 종교인들에게 같은 권리를 부여하지 않는다. 결혼, 직업 등의 문제에 있어서 차별하는 경우도 많다. 공무원이나 지배층이 될 수 없다. 좋은 직장을 얻기도 어렵다. 이슬람의 특성이 그러하다.

꾸란은 불신자들을 친구로 삼지도 말라고 권유한다(꾸란3:28). 기독교인들은 이등국민 취급을 당한다. 이집트나 파키스탄의 기독교인들이 그 예가 될 수 있다. 무슬림들의 개종이 금지되고, 무슬림들에게 전도할 수도 없다. 꾸란의 가르침에 의해 무슬림은 개종할 수 없다. 꾸란이 개종하면 죽이라 했기 때문이다(꾸란4:89b 그들 가운데 어느 누구도 친구로 택하지 말라 그럼에도 그들이 배반한다면 그들을 포획하고 그들을 발견하대로 살해할 것이며 친구나 후원자를 찾지 말라, 참조; 4:89, 9:11-13, 9:73-74). 무함마드가 친히 그것을 강조했다(Sahih Bukhari 4:52:260 아바스가 배교자들을 불태운 것을 문제 삼자, 무함마드는 그것은 알라의 벌이다. 나도 그렇게 죽였을 것이라며 말하길, 어느 누구라도 믿음을 버리면 죽이라 했다). 세 가지 사형에 처해야 할 죄 중 하나가 배교다(Sahih Bukhari 9:83:37, 9:84:57). 한 마디로 종교의 자유가 없다. 그래서 아프가니스탄, 이란, 말레이시아, 몰디브, 모리타니, 파키스탄, 카타르, 사우디아라비아, 소말리아, 수단, 아랍에미리트, 예멘 등의 12 나라에서 법적으로 배교는 사형이다. 물론 엄격히 지키는 나라는 많지 않다. 하지만 외국인이 이슬람국에서 전도하면 체포되거나 추방될 수 있다.

3. 우리는 무슬림들을 어떻게 대해야 할까?

무슬림들이 어떤 사람들인지, 그들의 기독교에 대한 이해는 어떠한지에 대해 논한 이유는 그들을 얻고자 함이다. 그러면 어떻게 그들에게 복음을 전할 수 있을까? 여기에서 몇 가지를 언급했다. 1) 무슬림들도 우리와 같은 사람임을 잊지 말아야 한다. 2) 마음을 열고 만나야 한다. 3) 예수님의 마음을 품어야 한다. 4) 진리에 갈증을 느끼게 해야 한다. 5) 무슬림 세계의 변화를 알고 대처해야 한다. 6) 성경의 예수님을 전해야 한다. 7) 성령의 역사에 함께 참여해야 한다.

1) 무슬림들도 우리와 같은 사람임을 잊지 말아야 한다.

무슬림들도 우리와 똑 같은 성정을 가진 사람들이다(행14:15). 특별한 사람들이 아니다. 우리처럼 희로애락의 감정이 있다. 그들 안에 하나님의 형상도 들어있다. 그래서 아름다운 것에 감동한다. 선하고 의미 있는 일에 참여하고 싶어 한다. 물론 테러에 참여하는 극단주의적 무슬림들도 있다. 하지만 그들은 소수에 불과하다. 다수는 평화를 사랑하는 사람들이다. 그들은 이슬람을 그런 종교로 믿고 싶어 하고, 그런 무슬림들이 되고 싶어 한다. 폭력을 권장하는 꾸란 구절마저도 평화를 가리키는 가르침을 통해서 해석하려 한다. 그리고 이슬람 지역에는 이웃을 환대하는 문화가 있다. 이웃과 스스럼없이 어울렸던 무함마드의 삶이 그런 문화에 영향을 준 것은 분명하다. 꾸란과 하디스에는 손님 접대에 탁월함을 보였다는 무함마드의 삶에 대한 에피소드가 많다(Dragon 2015). 무함마드는 그의 집을 수시로 방문했던 사람들에 관한 이야기도 많이 남겼다.

그래서 꾸란에는 손님 접대의 중요성에 관한 가르침도 많다(꾸란 59:9). 부지중에 천사들을 접대한 아브라함 이야기도(히13:2), 꾸란에 있다(꾸란51:24-30). 그리고 구약의 절기들은 모두 이웃과 함께 하는 절기들이었다. 유월절 양을 잡으면 아침까지 남겨두지 말고 다 먹어야 했다(출12:10). 이웃과 함께 하라는 뜻이었다. 무슬림들도 희생절 '이드 아드하', 라마단 축제 '이드 피트르' 등을 이웃과 함께 지킨다. 현재 다수의 무슬림들은 정치, 경제, 군사적으로 낙후된 지역에 살고 있다. 난민들이 발생한 지역도 대부분 이슬람지역들이다. 하지만 언제나 이랬던 것은 아니었다. 1683년의 비엔나전투에서의 패배를 쇠락의 기점으로 잡는다면, 그들은 7세기부터 17세기까지 무려 천년 동안 지중해권역을 지배했었다.

경제적으로도 1000년대의 유럽이 세계 경제의 9%를 생산했을 때 그들은 10%를 생산했었다(Schumpeter 2011). 하지만 현재는 역전되어 유럽의 22%에 비해 그들은 2%밖에 생산하지 못한다. 일인당 소득 수준도 유럽과 미국의 28%밖에 되지 않는다. 현재의 국경선도 대부분 유럽인들에 의해 확정되었다. 그러니까 흥왕했던 때도 있었다. 세계 최초의 대학이 그곳에서 시작되었다. 현재 우리가 사용하는 많은 단어들도 이슬람지역에서 왔다. 대수(algebra), 지수(exponent), 소수(decimal fraction), 미적분(calculus) 뿐만 아니라 숫자체계도 그곳에서 왔다. 우리가 사용하는 숫자가 아라비아 숫자다. 현대의학의 수술도 그곳에서 유래했다. 바울이 개종하자마자 간곳이 바로 아라비아 땅이었다. 그의 마음이 아랍인들에게 있었음을 암시한다.

2) 마음을 열고 만나야 한다.

대부분의 그리스도인들은 무슬림들과 깊은 교제를 나눠본 경험이 없다. 오랫동안 서로 적대시했기 때문이다. 이슬람세력은 기독교 지역을 정복하면서 팽창했다. 교회의 5대 관구 중에서 정복되지 않은 지역은 로마관구밖에 없었다. 알렉산드리아, 안디옥, 예루살렘, 콘스탄티노플의 관구들이 모두 그들에게 무너졌다. 자연히 교회가 성경을 신학화하는 과정에 이런 역사적 흔적들이 반영되었다. 자연히 성도들은 이슬람과 무슬림들을 적대시하는 태도를 갖게 되었다.

물론 그들에게도 이런 적대적 태도가 있다. 특히 200년 동안이나 계속된 십자군전쟁 등의 군사적 충돌은 그들의 마음속에 교회와 복음에 적대적인 태도를 갖게 했다. 이것이 기독교인들과 무슬림들이 서로를 향해 가지고 있는 고정관념(stereotype)이다. 서로를 위협적으로 생각하고, 서로를 적대시한다. 자연히 접촉 경험이 거의 없다. 그래서 유대인들의 코셔음식에 대해서는 호감을 가져도 무슬림들의 할랄음식에 대해서는 적대감을 갖는다. 만남 자체를 두려워한다. 만나 본 적도 없고 만나려 하지도 않는다. 지금 우리 옆에 무슬림들이 노동자와 난민, 그리고 여행자와 학생 등으로 와 있지만 그들과의 만남 자체를 꺼려한다. 하지만 만남이 없으면 아무 일도 일어나지 않는다.

누구든지 주의 이름을 부르면 구원을 받는다(롬10:13). 하지만 전파하는 사람이 없으면, 믿을 수 없고, 믿지 않으면 부를 수 없다(롬10:14-15). 그러므로 보내고 가서 만나야 한다. 만남 없이 어떻게 복음을 전할 수 있단 말인가? 우리 주님은 우리가 죄인 되었을 때 우리를 위해 죽으셨다

(롬5:8). 우리를 사랑하셨기 때문이다(요3;16). 예수님은 십자가의 값을 치르심으로 성육신의 삶을 완성하셨다. 마찬가지로 우리가 무슬림들을 만나는 데에도 많은 값이 요구된다. 치러야 할 값이 크다. 죽임을 당할 수도 있다. 개종자들은 친지와 민족의 배반자가 될 수도 있다.

하지만 예수님이 값을 치르심으로 우리가 구원을 받았다. 영생을 얻었다. 천국백성이 되었다. 바울은 예수님을 대적하는 이스라엘 백성들을 위해서 자신이 저주를 받아 그리스도에게서 끊어져도 좋다고 했다(롬 9:3). 하나님은 무슬림들도 예수 그리스도를 통해서 구원받기를 원하신다. 우리 하나님의 소원이 바로 우리의 소원이다. 그런데 바울이 구원받기를 소원했던 이스라엘 백성들은 하나님께 열심이 있었다. 하지만 올바른 지식에 따른 열심이 아니었다(롬10:2). 무슬림들도 그렇다. 그들도 하나님을 열심히 사랑한다. 하지만 올바른 지식을 따른 게 아니다. 유대인들처럼 자기 의를 세우려고 하나님의 의에 복종하지 않는다(롬10:3). 잘못된 가르침에 복종한다. 모르기 때문이다. 그리스도를 전해줄 기회를 찾기 위해서라도 바울처럼 간절한 마음으로 만나고 교제해야 한다. 웃는 얼굴로 그들을 만나야 한다. 질문을 해도 닫힌 질문보다는 열린 질문을 해서 함께 대화를 이어갈 수 있게 해야 한다.

3) 예수님의 마음을 품어야 한다.
대형 테러와 연결되어 뉴스에 등장하는 극단주의 무슬림들은 대부분 수구적이고 퇴행적이다. 일반 무슬림들도 쉽게 변할 것처럼 보이지 않는다. 무슬림들이 많은 지역에서는 기독교인들이라 해도 매일 다섯 차례 밖으로 향한 대형 스피커를 통해서 기도소리, 꾸란 암송소리 등을 듣는다. 듣지 않을 방법이 없으니 폭력적이다. 새벽 3:30에 울리는 기도소리도 들을 수 있다. 무슬림들에게는 생활이 이슬람이고, 이슬람이 그들의 생활이다. 과연 저들이 복음을 듣고 자신들의 생활을 바꿀 수 있을까를 생각하면 절망적인 생각도 든다. 지금 우리 옆에 한 개인으로 와있는 무슬림들도, 돌아가면 다시 거미줄처럼 연결된 무슬림 공동체로 돌아가야 한다. 그 공동체를 포기하는 것은 삶과 가족을 포기하는 것과 같다. 절망적이고 암담하다. 그렇다고 그들을 포기하지 말아야 한다. 미워하지도 말아야 한다. 미워하는 자를 미워할 권리를 주장하지 말고 사랑할 자유를 가지고 축복해야 한다. 우리의 기대는 그들이 구세주 예수 그리스도를 만나게 하는 것이다. 천국백성이 되게 하는 것이다. 그러려면 예수님의 마음으로 그들을 품어야 한다(빌2:5-11). 예수님의 마음으로 위해서 기도하고, 죄인들을 위해 생명을 드리신 그리스도의 사랑을 보여주어야 한다.

4) 진리에 갈증을 느끼게 해야 한다.

언론의 자유, 신앙의 자유, 공포와 궁핍으로부터의 자유는 1948년 12월 국제연합총회에서 가결한 세계인권선언에 들어있다. 가맹국들이 따라야 할 법적의무는 없지만 만장일치로 가결되었다. 세계인들이라면 이를 따를 도덕적 의무가 있다. 이 기본권은 양심의 자유위에 세워졌다. 하지만 이슬람의 기본교리가 위의 천부적 인권선언과 맞지 않는다. 그러므로 우리는 지구공동체의 일원으로 그들이 위의 가치들을 존중하도록 끊임없이 문제를 제기하고 권고해야 한다. 물론 꾸란의 가르침에 역행하도록 하는 권고다. 그래서 저항도 따른다. 하지만 위의 공동가치는 지구공동체의 일원으로 살아가기 위해서 꼭 필요한 일임을 무슬림들도 알고 있다.

이슬람권에서 반인권적 법규들이 실행되지 않고, 종교의 자유가 확대되고 있는 이유다. 물론 지난한 일이다. 쉽게 변할 것 같지도 않다. 하지만 기도하면서 이런 변화들이 일어나도록 힘을 다해야 한다. 산을 깎고 골짜기를 메워서라도 길을 만들어야 한다(사40:3-5). 그들로 하여금 여호와의 영광을 볼 수 있게 해야 한다. 우리 옆에서 이런 가치를 몸과 마음으로 체험할 수 있게 해야 한다. 노아는 120년 동안 겨우 여덟 명만 구원했다. 다른 사람들은 아무도 그의 메시지에 귀를 기울이지 않았다. 우리도 열매가 없다고 실망하지 말아야 한다. 대신 거룩함과 온유함, 그리고 존경심과 사랑으로 그들을 만나야 한다. 그러면 그들은 우리가 가진 소망의 이유를 물으며 복음에 귀를 열 것이다(벧전3:15). 어찌하든지 그들이 우리 교회와 그리스도인들을 보고 진리에 갈증을 느끼게 해야 한다.

5) 무슬림 세계의 변화를 알고 대처해야 한다.

무슬림들이 질문을 받으면 난처해하는 질문들이 있다. 대표적인 것이 배교자를 죽이라는 꾸란의 가르침이다. 그동안 많은 무슬림교사들의 답을 들어봤지만 이 문제에 대해 자신 있게 답하는 이를 본 적이 없다. 물론 테러행위에 직간접적으로 참여하고 있는 극단주의자들이 그렇다는 것은 아니다. 대부분의 무슬림들은 이 질문에 즉답을 피한다. 당시 상황을 이야기하며 꾸란에 대한 새로운 해석을 말하는 무슬림들이 많다. 또 다른 질문은 9세 여아와 결혼한 무함마드의 삶에 대한 질문이다. 대부분은 자신 있게 대답하지 못한다. 그것은 잘못된 것이니 따를 필요가 없다고 하기도 한다.

예를 들어서, 무슬림들이 다수인 감비아에서는 18세 이하 소녀들의 결혼을 금지하는 대통령령을 공포하기도 했다. 이렇게 꾸란과 하디스의 가르침을 새롭게 해석하려는 무슬림들이 많아지고 있다. 그런데 이런 질문 자체가 종교적 편견과 악감정에서 나온 것이라며 분노하는 무슬림들도 있다. 이와 유사한 질문을 받은 한 이맘은 저 꾸란의 가르침을 문자적으로 해석하는 무슬림은 1%도 되지 않을 것이라고 했다. 자신이 없는 것이다. 하지만 그것은 꾸란의 가르침이며, 무함마드의 삶이었다. 분명한 사실은 앞으로 꾸란을 신학화 하는 중에 꾸란의 가르침과 이슬람에 대해 회의하는 무슬림들이 많아질 것이다. 꾸란과 관계없는 무슬림들도 더 많아질 것이다. 꾸란과 하디스를 현대 문명에 맞게 해석하려 할 것이다. 패러다임의 변화는 이렇게 일어난다. 이렇게 이슬람은 변화할 것이다.

Aslan (2006)이나 Jasser (2012) 같은 무슬림들이 현대화된 이슬람을 주장하는 대표적인 무슬림들이다. 이들은 강압적인 개종을 금지한다는 꾸란의 가르침을 강조한다(꾸란13:11). 그러면서 강제 개종이나 폭력을 권장하는 꾸란 구절들을 보다 덜 폭력적으로 해석하려고 한다. 이들은 무슬림들이 현대 사회에 적응해야 한다고 주장한다. 집단보다 개인을 더 강조하고, 이슬람과 이슬람주의를 구분한다. 양심의 자유를 말한다. 테러를 거부하며 이슬람주의는 이슬람이 아니라고 한다. 계몽된 이슬람을 원하며 급진적 이슬람을 거부한다.

6) 성경의 예수님을 전해야 한다.

꾸란이 이싸(예수님)를 증언한다. 하지만 왜곡하여 증언하니 성경적 예수님은 아니다. 그래서 그들의 예수님은 성경의 예수님과는 전혀 다르다. 꾸란의 이싸는 십자가에서 죽지 않았다. 이싸는 여러 사도 중 한 사람이다(꾸란4:171, 5:75, 33:7, 3:49). 하나님의 아들이 아니다(꾸란 9:30). 이싸는 알라만 경외하라고 가르쳤다(꾸란43:63). 이싸는 종의 한 사람에 불과하다(꾸란43:59). 꾸란은 성경의 예수는 기독교인들이 왜곡한 이미지라 가르친다(꾸란5:13). 당시 무함마드는 신약 27권의 정경화 작업이 그가 첫 계시를 받기 2백여 년 전에 끝났다는 사실을 무시했다. 하지만 꾸란이 복음서나 구약의 토라를 하나님의 계시로 인정하니, 꾸란에서 시작해서 성경의 예수님을 전할 수 있다.

꾸란에 무함마드란 이름이 4번밖에 나오지 않는데 비해, 이싸(예수)의 이름은 25번이나 나온다. 이싸를 긍정한 꾸란의 가르침도 많다. 꾸란 3:45-55은 대표적인 예수님 관련구절이다. 이싸가 동정녀에게서 나셨다(꾸란19:19-21). 알라가 이싸에게 인질을 주셨다(꾸란5:46-47, 57:27). 기적적으로 탄생하셨다(꾸란3:59). 들어 올려 지셨다(꾸란 19:30-34, 4:158). 다시 오실 것이다(꾸란2:210). 진흙으로 새를 만들고, 맹인이나 문둥이를 고치며, 죽은 자를 소생시키는 등 많은 기적을 행하셨다(꾸란3:49). 하지만 꾸란에 무함마드가 공개적으로 행한 기적은 없다. 그러므로 꾸란을 통해서도 예수님의 삶, 말씀, 성육신, 사랑, 능력에 대해 알려 줄 수 있다. 물론 성경의 예수님을 전하기 위한 징검다리의 역할에 그쳐야 한다. 어쨌든 꾸란이든, 성경이든 무함마드의 삶은 예수 그리스도의 삶과 비교 할 수도 없다. 그러므로 예수 그리스도에게 집중해야 한다. 예수님이 누구신지 알게 해야 한다. 꾸란을 통해 예수님을 만나게 하는 낙타 전도법(camel method)이 있다. 하지만 꾸란에서 끝나지 말고, 성경의 예수님을 만나게 해야 한다.

7) 성령의 역사에 함께 참여해야 한다.

지금 이슬람의 집에 성령의 바람이 불고 있다. 데이빗 게리슨 (Garrison 2014)은 아랍의 봄 이후 이슬람 지역에 불고 있는 성령의 바람을 언급하고 있다. 그의 보고는 놀라울 정도로 고무적이다. 그에 따르면 19세기 말에 2차례, 20세기에 11차례, 그리고 21세기의 지난 13년 동안 69차례의 1,000명 이상의 집단 개종 사건이 일어났다. 이는 지난 첫 천년의 3차례와 비교하면 놀라운 변화다. 이슬람적 세계관에 의심을 품고 유럽으로 넘어오는 난민들도 많다. 중동과 북아프리카에서 새로운 질서를 갈망하는 무슬림들이 많아지고 있다. 영적 공허감을 느끼는 무슬림들도 많다. 구한말의 선각자들이 자발적으로 복음을 찾아 나선 이들과 같다. 우리 옆의 무슬림들도 지금 흔들리고 있다. 희어져 추수하게 된 밭이다. 그들은 준비되어 있다. 문제는 우리가 준비되어 있느냐다. 오순절 제자들은 성령 강림을 체험하고 예루살렘과 유다, 그리고 사마리아와 땅끝을 변화시켰다. 마찬가지로 우리도 성령으로 충만하게 준비되어 있으면 이 거대한 영적 추수기에 많은 열매를 주께 올려 드릴 수 있다. 성령 충만하여 성령의 역사에 함께 참여해야 한다.

8) 신학적으로 비판하거나 논쟁하지 말아야 한다.

사도 바울의 아덴 사역에서 교훈을 얻을 수 있다(행17:16-34). 바울은 그곳의 가득한 우상을 보고 격분했다. 그래서 회당에서, 장터에서, 철학자들의 논쟁터인 아레오바고 언덕에서 사람들과 논쟁하며 변론했다. 그곳의 철학자들은 바울을 말쟁이라 하면서 그 논쟁에 참여했다. 결국 그곳에서는 유의미한 교회가 세워지지 못했다. 바울은 다시는 논쟁하지 않으리라 결심하며 에덴을 떠났을 것이다. 바울의 에덴 사역은 이슬람 선교에 꼭 적용시켜야 할 사례다. 무슬림들과 신학적으로 논쟁하지 말아야 한다. 우리가 보기에는 엉성해 보여도 지난 1,400년 동안 무슬림들은 자신들만의 정교하고 설득력있는 신학을 연구해 왔다. 지금도 꾸란을 완전히 암송하는 사람들이 적지 않다. 성경과 기독교에 대한 지식이 상당한 무슬림들도 많다.

논쟁을 통해서는 어떤 유의미한 결과도 얻기 힘들 것이다. 꾸란이나 선지자 무함마드에 대한 악평도 백해무익이다. 무함마드의 전쟁사례나 부인들에 대한 이야기도 금기시해야 한다. 농담조로 말해도 안된다. 자칫 나쁘게 평하게 되면 관계가 단절되고 더 이상 대화를 진행시키지 못할 수 있다. 더 나아가 위험한 처지에 놓일 수도 있다. 무슬림들이 복음에 갈증을 느낄 정도의 삶을 살아 내야해야 한다. 그러다가 기회가 되면 복음과 예수 그리스도를 자랑하는 방식으로 복음을 전할 수 있다. 그들의 믿음 체계의 오류를 지적하거나 논쟁하는 것은 피해야 한다.

나가는 글

국내의 무슬림 수는 정확히 잘 모른다. 하지만 예배에 참여하는 무슬림들을 통해서 그들의 종교적 열정을 짐작할 수 있다. 그렇다면 국내에 열정적인 무슬림들은 많지 않다. 한국인 무슬림들은 말할 것도 없다. 모스크에서 제공하는 한국어 예배 시간은 없고, 꾸란 공부 시간도 거의 없다. 하지만 현재 이 땅에 살고 있는 무슬림들은 적지 않을 것이다. 그렇다면 교회는 이 땅의 무슬림들에게 마음 문을 열어야 한다. 그리고 만나야 한다. 만나지 않으면 아무 일도 일어나지 않을 것이기 때문이다. 손을 내밀고 그들을 초대하여 사랑을 보여 주어야 한다.

하지만 선교하는 교회조차도 그들을 두려움의 대상으로 여기고 있다. 만남 자체도 두려워하고 있다. 그러므로 아무 일도 일어나지 않는다. 황금어장을 방치하고 있는 것이다. 여러 가지 사정으로 교회가 선교사들을 이슬람권에 보내는 것은 어렵다. 그곳에서 개종자를 얻는 것은 더 어렵다. 평생 무슬림들의 기도소리를 듣고 살면서도 복음을 전할 수 없는 환경 때문에 가슴을 치는 선교사들도 많다. 그런데 지금 다양한 이유로 많은 무슬림들이 우리에게 찾아오고 있다. 그리고 우리의 이웃으로 살고 있다. 우리가 손만 내밀면 기꺼이 손을 잡으려 할 빈 마음을 가진 무슬림들도 적지 않다. 그들은 비어지고 소제된 마음으로 일곱 귀신에게 고통 당하고 있는 사람들이다(눅11:24-26).

그런데 이슬람권 나라들도 지금 변하고 있다. 꾸란의 재신학화 작업이 개혁의 이름으로 진행되고 있다. 꾸란을 새롭게 해석하여 그 가르침을 완화하는 이들도 많아지고 있다. 그래서 지금 대부분의 이슬람국에서는 비무슬림들에게 인두세를 요구하지 않는다. 배교자를 죽이지도 않는다. 미성년 소녀와의 결혼도 금하고 있다. 변하고 있는 것이다.

문제는 우리에게 있다. 우리가 그들을 적대시하는 태도를 지양해야 한다. 대신 하나님의 사랑으로 무장해야 한다(요3:16). 예수님의 마음을 품고 성령으로 충만해져야 한다. 교회를 선교적 교회가 되게 해야 한다. 그래야 하나님이 기대하시는 대로, 이웃이 된 무슬림들을 그리스도에게 인도할 수 있을 것이기 때문이다.

참고 문헌

Aslan, Reza (2006). No god but God: The Origins, Evolution, and Future of Islam. New York: Random House.

Dragon, Muham Sakura (2015). The Beautiful Story of Prophet Muhammad SAW Last Messenger of God. Kindle Edition.

Garrison, David (2004). A Wind in the House of Islam.

Jasser, M. Zuhdi (2012). A Battle for the Soul of Islam: An American Muslim Patriot's Fight to Save His Faith. New York: Simon & Schuster, Inc.

Schumpeter(2011, 1월 27일). "A scholar asks some profound questions about why the Middle East fell behind the West." The Economist.

Spencer, Robert (2012). Did Muhammad exist?: An Inquiry into Islam's Obscure Origins. Wilmington, Delaware: ISI Books.

이우승 (2010). 한국 이주 무슬림 노동자들의 종교적 정체성과 신앙의 실천성 파악을 통한 기독교 선교의 접촉점 연구. 총신대학교 목회신학전문대학원 Th.D. 학위논문.

3. 한국 내 이주 무슬림 전도 방안 연구

허명호 선교사[1]

Ⅰ. 들어가는 말

본 글의 목적은 한국의 모든 성도들이 한국에 있는 이주무슬림 복음 전도 사역에[2] 실제로 동참하도록 되어 복음이 전해질수 있는 길을 찾으려는 것이다. 그리고 한국 교회에 불가피하게 대두된 고난도(高難度) 이주무슬림 사역을 성실히 배우며 수행함은 기존과 다른 분야의 영적 업그레이드 기회이며 개인의 신앙과 교회와 조국을 지키는 사명에 귀결됨을 깨우치기 위함이다. 또한 자문화권에서 타문화권 이웃인 이주무슬림을 전도하고 양육하는 평신도들을 다민족이주 시대의 보편사역자들로 개발하고자 함이다.

본고에서는 결혼 이주무슬림 사역 일부만 언급되었고 유학생 등 다른 분야는 취급하지 못했다. 아굴라와 브리스길라[3] 같은 평신도 자비량 사역자가 우후죽순처럼 성령으로 일어나 현대판 아볼로와 유사, 혹은 판이한 무슬림에게 예수 그리스도에 관하여 더 정확하게 풀어 이르는 Tentmaker 사역자를 양성하는 것이(행 18:1~3, 24~26) 필자의 간절한 기대와 소망이다.

註 1) 서울 명일교회 목회 6년, 총회 목회대학원 졸업. GMS 선교사(91년 나이제리아), 총신국 제대학원 수료, 본부국장 4년반, 인도 Kor-In 신대원총장4년, 현재 현지법인 이사장, 월 드 네이버 대표, GMS 특수(이주민사역자) 훈련원(LMTC) 원장

2) 필자가 선교 란 용어를 의도적으로 "사역"이라 함은 성경의 표현, 본의 아니게 자기 업적 표현의 소지 많고 무슬림 사역에 백해무익하며 미국 OMSC(Overseas Ministries Study Center)에서도 단체 명칭에 선교란 용어는 버렸다.(행 6:4, 21:19. 롬 13:4),

3) 허명호 외, 우리의 이웃은 누구입니까?, 서울; 가리온, 2015. 11.1. P. 38. 행 18:~3, 25~26. 바울과 아굴라와 브리스킬라 부부가 천막 만드는(Tentmaker) 생업으로 함께 사역했다.

II. 한국 이주무슬림 사역 비전과 현황

1. 비전

타문화권 이슬람선교지에 비해 한국 내 이주무슬림 사역이 한국인 전도자에게는 자유롭지만 동족 무슬림 전도자의 경우는 현지나 별 다름 없는 난제가 상존한다. 피 전도자에게도 모국의 가족이나 무슬림공동체의 박해, 혹은 생명의 위험까지 있음으로 한국 내 무슬림 사역에서도 주의할 필요가 있다. 지금과 같이 무슬림들이 한국에 많이 들어오게 된 것은 하나님께서 이슬람선교에 대한 문을 한국교회에 활짝 열어주신 것이다.

그 근거는 아랍의 봄 이후 튀니지나 이집트에서 이슬람 종교를 앞세웠던 정당들의 결과는 테러가 일상화 되어진 기형적 현실에 환멸을 느낀 수많은 이슬람 종교인에게 복음 수용성이 놀랍게 증가되었기 때문이다[4] 또한 이슬람의 이상 실현과 돈도 벌 수 있다는 초기 IS의 달콤한 유혹들은 후에 IS의 잔악성이 드러나면서 정신적 혼란의 후유증으로 나타나고 있다.[5] 데이비드 게리슨 선교사에 의하면 지난 16년간 인도네시아, 이란, 북부아프리카, 동남 아시아, 서부 아프리카, 아랍 등 여러 지역에서 800만 명의 무슬림이 기독교로 회심했다 고 한다.[6] 중동지역 출신 난민 신청자 증가와 무슬림과 한국인 국제결혼 증가 추세는 이주무슬림 사역을 고(高)

註 4) 허요셉, 이집트 혁명 이후 복음의 수용성과 그 변화, KMQ, 2017 여름호, P. 58.
　　5) 김열방, 튀니지의 아랍의봄 이후의 변화, KIM 2017 여름호 PP. 15~16
　　6) 국민일보 2016년 06 08 게리슨 선교사의 "프리미어크리스채너티" 6월호 기고 란 제목의
　　　기사.

단위로 적극 사역하라는 경종이다.[7]

동시에 한국이 동아시아 국가 중 이슬람화 전략 타깃에 역공 당할 양면성을 안고 있음이 분명하다. 한국 사회 및 교회의 기존 정주민의 역할에 따라 어떤 방향으로 흐르느냐 하는 것은 실제로 우리의 역할이 얼마나 중요한가를 말해준다.

중동 E국 무슬림이었던 F 여성이 자녀 4남매와 함께 E국가에서 개종했다. 비개종자 남편의 만류를 피하여 황급히 이웃 중동국가 D도시로 피신하였다가 그곳 아랍인 목사의 도움으로 같은 D도시 내 한인교회로 소

순위	국적명	총계	기타 G-1비자	난민 신청%	순위	국적명	총계	기타 G-1비자	난민 신청%
	196국 총계	2,063,659	18,503	-		20국 총계	176,836	8,469	-
1	시리아	1,394	1,123	80.56	11	카자흐스탄	18,577	992	5.34
2	이집트	3,587	2,112	58.88	12	방글라데시	15,576	637	4.09
3	예멘공화국	461	188	40.78	13	타지키스탄	768	26	3.39
4	모로코	783	227	28.99	14	이 란	1,810	53	2.93
5	튀니지	240	45	18.75	15	키르기스스탄	5,662	140	2.47
6	파키스탄	12,617	2,087	16.54	16	터 키	1,553	19	1.22
7	아프가니스탄	352	57	16.19	17	말레이시아	8,079	73	0.90
8	UAE	1,515	203	13.40	18	우즈베키스탄	60,159	347	0.58
9	이라크	465	61	13.12	19	사우디	1,719	2	0.12
10	요르단	444	33	7.43	20	인도네시아	41,075	44	0.11

한국 내 196국가 출신 중 이슬람 연합(OIC)에 가입 20국인 난민 신청 의미 분석 자료

출입국 외국인정책 본부 통계 월보 2017년 7월호에서 재 가공 한 자료임. (월드 네이버)

개가 되었다. 그 한인교회의 도움으로 인천 어느 교회의 게스트 하우스까지 도착되었다. 임시 유숙하는 5명의 가족과 J 아랍어 사역자와 함께

註 7) 정아나, 아랍의 봄 상황에서 새로운 선교 접근 고찰, KWMA 전략분과 위원회, 2017.5.31일 미션리서치 포럼 때 필자가 논찬을 하면서 많은 인 사이트를 얻었다. 자료집 PP. 20~33.

가정 예배에 필자도 참석, 감격을 경험하였다. 그 여성은 성령에 충만한 상태였다. 복음의 수용성이 확대된 북 아프리카 중동에서 지난 7월 현재 한국으로 이동한 시리아, 이집트, 모로코, 튀니지의 난민 이주무슬림만 3,507명이나 된다.(표 참조) 그 외 4,500명은 한국을 이슬람화 하려는 잠재된 사명과 강한 의욕으로 충전된 정황이 드러나고 있다.

복음의 수용성이 높다고 해서 1) 하나님의 말씀의 사역 없이 개종된 경우는 없다. 2) 출생 때부터 각인된 이슬람을 모두 버리는 것은 어렵지만 한국 땅에서 추수 할 수 있도록 선교의 타깃이 움직이고 있음은 확연하다. 한국교회의 반응은 얼떨결 멍하니 관망이다. 몇몇 사역자가 동동 걸음을 치는 안타까움만 보인다. 중동의 100년 선교역사에도 개종자는 소수임을 생각하면 사역의 영적 전술(戰術)과 실행이 긴박하다.

한국교회가 평신도들을 이주무슬림 전문 사역자로 양성한다면 교회가 생동감 있게 살아날 것이다. 서구문명과 1,000년간 정면충돌하는 이슬람, 연합기구에 가입한(OIC) 57개국에서 176,004명, OIC에 가입한 44개 국가 출신의 국민배우자 5,724명과 그 가족을 위한 고단위의 전문사역 전략을 실행 할 환경은 돈으로 만들 수 없는 특수한 선교자산 가치가 한국 전역에 산재되어 있다. 이는 분명히 하나님이 제공하신 기회이다.

한국 영토에 각종 직업과 국제결혼이란 혈육 통합으로 태생적 무슬림 확산은 다음 세대의 한국 이슬람화 윤곽이 짜여 지는 매우 심각한 흐름을 역류시킬 수 있는 길은 전도 밖에 없다. 이슬람 전문 학계의 발 빠른 대응도 시급하다. 우즈베키스탄인 2,220명이 한국에 가장 많은 국민배우자 그룹이다. 결혼이민자 뿐만이 아니다. 재혼 자 줄리아 씨는 첫 아이

출산 후 모국에서 전(前) 자녀 2명을 초청하여, 함께 사는 유형도8) 다반사이다. 그 중 무슬림이 몇 명이며 몇 %인지 통계는 없으나9) 90% 이상이 모국에서보다 더욱 독실한 영웅적 무슬림 되라는 심리를 각 방송사에서 앞 다투어 방영되는 동영상 생산 등은 이슬람을 더욱 부추기는 실정이다.10)

2. 한국 이슬람 종교 현황

1) 한국 이슬람 연혁

박정남(전 한국이슬람교 이사장)11)은 한국 이슬람의 사역기간을 8개로 나누었다. 이슬람교의 도입기(1950~1995), 준비기(1955~1967), 정착기(1967~1976), 도약기(1976~1987), 격동기(1987), 발전 모색기(1988~2000), 혼란기(2007~2008)로 기록했다. 용인대학 부지를 134억에 매각하고 새로 경기도 연천군 신서면 도신리 757번지 일대, 임야 280,000㎡(84,700평)을 마련하였다.

그 다음, 미래 발전기를 짧게 언급했는데, 그 내용은 1) 지도자가 부족하다. 교육을 통해 기존 무슬림들에게 어렵고 난해한 이질적인 이슬람적

註 8) 2015년 6월 26일 게시 https://www.youtube.com/watch?v=KwvTe7BCfBw 상주 은자골

9) 90%면 한국의 외국인 출신 무슬림은 158,450명, 80%면 140,845명이다.

10) https://www.youtube.com/watch?v=SWIXIUIWQxw 거제시 인도레스토랑 무하마드 이프트카르 라나 씨(35세)와 임옥수(44세) 외 인터넷 검색 창 이주 무슬림과의 결혼 다량 검색 가능

11) 박정남 편저, 한국 이슬람 60년, 서울(중구 저동 2가 8), 2013년 1월 21일. PP. 113~149.

사고를 이해시키기 위해 한국과 이슬람의 문화 풍속의 유사점을 선교 방법에 활용해야 한다. 2) 불가피한 난제는 금요일 무슬림 합동 기도시간 직장 근무 사실 여건 하에서 교육을 통해 이슬람 이해와 접근 인구가 증가하고 있다. 이슬람 국가를 다녀 온 수가 날로 증가하면서 학교 교육 만이 아닌 다방면에서 장래 발전 비전이 긍정적이다. 3) 기존 이슬람 국가들의 도움으로 지탱했으나 자립의 길을 찾는 반성과 성찰이 필요하다. 젊은 학생들의 이슬람에 대한 올바른 교육과 사명감이 요구된다.[12] 했다.

2) 한국에 무슬림 사원 건축, 센터, 기도처 등 전국 주요 거점 도시 확보.

서울 중앙 사원을 1976년 5월 개원 후 전국 중요 도시 거점 16곳에[13] 모스크 건립 등 100처이상의 기도처가 있다.[14] 특히 안양 모스크는 교회 건물을 매입 개조했고 부평 부지 매입 때 파키스탄과 요르단 무슬림 공체에서 5억원(2004), 방글라데시 노동자들이 수도권 5곳에 큰 금액을(안산 모스크 구입 때 1억 5천만원) 부담 했다. 구미에는 인도네시안 공동체가 부담, 김해 5곳 중 상동에는 우즈베키스탄 노동자들이 주축, 자비량 성격이 확연하다. 방글라데시 이맘이 안산, 파주, 인천에서 특별 포교 중이며 2016년, 한국에 25명의 이맘이 있다.[15] 중요한 것은 한국 교회와 선교 단체들의 외국인 이주노동자 선교 명목으로 체육, 음악, 문화 행사

註 12) 박정남 편저, op cit,. PP. 149~151
  13) 부산(79년), 경기 광주(81년), 전주(86년), 안양(86년), 안산(2001년), 인천 부평(2004), 파주, 대구, 대전, 전남 광주, 김포, 제주, 창원, 구미, 김해 5곳, 부천, 서울 마천, 등지이다.
  14) 권순직, 기독신문. 상동
  15) http://blog.naver.com/dreamteller

등 각양 자비사역으로 땀 흘린 상당 부분의 결과가 모스크 건축으로 들어간다고 투덜거리던 어떤 동역자의 한탄이 근거 없는 푸념이 아닌 것을 필자 나름대로 확인하였다.[16)]

3) 한국의 일반 사회적인 현황 (EBS의 이슬람 문화 기행 1~13 미화 방영 보편화)

한국의 경제 정치 언론, 방송 등 일반 사회분야에서는 대부분 이슬람 종교에 대한 미화(美化) 방향으로[17)] 편향되어 있으며 은근히 혹은 노골적으로 기독교를 헐뜯는 경향이다. 특히 정치권의 대부분은 기독교 복음 선교에 치명적인 장애와 종교의 자유까지 침해 될 소지가 있는 "차별 금지법" 동성애 법을 법제화 하려고 집요하게 노력하는 현상이다. 그러나 이슬람 종교인 안에서 자행되는 잔인한 테러를 표면상 합리화나 지지하는 단체나 개인은 아직 우리 사회에서 공개적으로 표출되지 않았으나 어느 날 돌출 될지도 불안한 감이 없지 않은 현실이다.

4) 기독교계의 무슬림 사역 관련 일반 현황

기독교계의 각 교단별로 이슬람대책위원회 등을 설치하여 이슬람 경계, 무슬림 이해 교육 등 힘을 쓰고 있다. 그러나 실재로 태생적 이주무슬림 한 영혼, 개인을 위한 복음 전도, 양육에는 거의 영향을 미치지 못

註 16) 박정남, PP. 156~157. 한국이슬람교(www.koreaislam.org) 전국성원 새소식 2015 09 05 16:58.
　 17) 김예찬, 한국 내 외국인 무슬림들의 사회적 관계와 적응과정(전주 이슬람 성원의 사례 중심), 2012. 2. 22. 전북대학교대학원 석사학위논문. P.17

하는 현실이다. 개 교회나 선교단체에 개설된 무슬림권 언어 예배가 개설되어 사역하는 여러 곳이 있으나 대부분이 기독교 출신 배경이다. 그 사역을 통하여 태생적 무슬림까지 전도하고 싶지만 무슬림 속성상 불가하다. 희망이었으나 알고 보면 간절하였던 농도만큼 "이주무슬림 사역에 대한 비전문 지수가 높다는 정황을 드러내는" 증거일 뿐이다.

본 교단에도 이슬람 대책위는 존재한다. 특히 2012년 "이슬람 진출 앞에서 선 대한민국"이란 230페이지 단행본을 저자 익명으로 비매품 출판하여 총회설립 100주년 기념 전국 목사 장로대회(수영로교회) 참석자에게 1천권을 배포, 출발이 좋았다.[18] 그 후 해당 출판사에서 유가로 보급하다가 2016년 소량 증보 출판, 시판되고 있다. 총회 이슬람 대책위원회가 한 때는 이단 대책위에 편입된 적도 있었으나 2016년부터 총회상설부서로 새롭게 출발되었고 2017년 전문위원 16명을 위촉하였다.[19] 총회가 이슬람 대책과 전략을 마련하고 전문위원을 양성하는 컨트롤 타워 역할은 개시되었다. 연계하여 노회가 전문위원을 통한 세미나 등을 실행, 이슬람의 문제점을 지역교회와 성도들에게 알리는 출발로 지난 8월 1박2일의 이슬람대책 아카데미를 개원, 200여명이 교육을 받았다.[20] 빠르게 무빙(Moving)하는 선교 타깃에 비하여 총회란 거대 조직의 기동력과 실행은 속도와 순발력의 제한이 크지만 개인과 개 교회들의 역량 것 사역 할 수 있는 문은 열려 있다.

註 18) 김예찬, 한국 내 외국인 무슬림들의 사회적 관계와 적응과정(전주 이슬람 성원의 사례 중심), 2012년 2월 22일 전북대학교 대학원 석사학위논문. P.17
　　19) 위촉 받은 목사 10명 장로1명, 필자포함 선교사 5명, 권순직 위원장까지는 17명이다.
　　20) 기독신문 2017년 8월 21일 이슬람 대책 아카데미 17~18일 새한교회에서 열려 제목의 기사.

III. 한국 내 이주무슬림 사역의 이슈(Issue) 및 문제점

한국 내 이주무슬림 사역과 연관된 표면적 이슈는 IS 테러와 스쿠크법, 할랄푸드, 언론 방송 의 지나친 이슬람 미화(美花) 표현과 기독교 폄하 등 어느 한 가지도 짧게 언급될 주제가 아니며 사역전술 면의 상황화, 내부자운동 등, 간단히 기술될 수 없어 생략하였다. 단 국 내 이주무슬림 출신지역 혹은 국가별로 참작하되 개인적인 복음 수용 정도와 환경을 고려하여 기존 교회에 넉넉히 적응 가능한 단계까지 교회로 인도 할, 전(前) 단계 사역 기간을 1년~5년(혹은 전도자, 전문 멘토와 피전도자와 합의 하에서 결정)으로 잠정 예상하고 기술하겠다.

무슬림사역의 내면적 이슈는 첫째 어떻게 다양한 무슬림 눈높이에서 복음의 진수를 마음에 심느냐 하는 것이다. 둘째 한국에서 이주무슬림에게 전도할 사역자 자원군(資源群)의 메인(Main)이 지역교회이며 리드해야 할 지도자가 담임 목사이다. 셋째 전도 대상인 "이슬람 종교인"은 매우 다양한 특징을 갖고 있으면서도 무슬림이 란 "하나의 글로벌정체성을 지닌 공동체" 특성이 있다. 넷째 지금까지 세계 어느 지역 국가에서나 이주무슬림과 현지 개종무슬림들의 이슬람화 게토 형성 사례는 많지만 기존 정주민과의 평화스런 융합이나 현지 국가 발전에 동화된 사례는 없다. Howard Shin에 의하면, 분명 평화주의 무슬림들이 다수로 존재한다. 그러나 이 사실이 '이슬람 자체를 평화의 종교라고 할 수 있는 이유'가 될 수는 없다. 1,400년을 이어오는 그들의 역사 속에도 평화는 존재하지 않았으며, 앞으로도 바뀔 가능성이 조금도 없는 종교이기 때문이다.[21]

이는 대한민국 사회가 안고 갈 수 밖에 없는 불가피한 실재이다. 이주 무슬림 혼인현황과 정착과정 연구 논문에서 무슬림은 새로 정주 나라에 통합되기 보다는 분리 되는 속성이 쉽게 보인다. "연구대상자인 국내 이주 무슬림 또한 출신 지역별, 성별, 교육정도, 직업에 따라 문화변이 과정은 다양한 양상이다. 전체적으로 실익과 관계된, 경제적 목적에 의한, 직업과 연관된 부분에서는 한국 사회에 진입하려는 의지가 강하게 드러나지만, 무슬림의 정체성을 유지하려는 움직임은 종교를 중심으로 연결망을 구축하거나, 돼지고기를 거부하는 식생활과 종교생활 유지가 강하게 드러나고 있다." 고 하였다.[22]

사례: 힌두교와 불교였던 인도네시아는 13세기(추정 1326~1386년)~현재, 650여 년 간 인구 2억 5천만 명 중 80%가 이슬람교로 전교(傳敎) 되었다. 이슬람의 성장 요인은 인도 이슬람의 모글(Mogul) 왕족 통치 때, 정주민 보다 문화 수준이 높은 무슬림 선교 무역상들이 "힌두와 무슬림은 신비로운 것을 믿는 다"는 동질감을 앞세워 지방 영주들에게 이슬람이 수용되었고 비무슬림 왕실과 정약 결혼들이 이루어 졌다. 1403년 말라카를 건설한 자바인은 북부 수마트라국의 이슬람 통치자 딸과 결혼, 이슬람교를 받아들이면서 이슬람의 중심지가 되었다.[23]
무슬림 무역상들은 지역 힌두 왕들 간의 투쟁 상황을 고려, 한 세기동

註 21) Howard Shin(Eunice Choi 역), 평화의 탈을 쓴 혈전의 종교 이슬람, 서울; 크리스천언론인협회, 2016. 9월 1일, P. 26.
  22) 조희선, 김대성, 안정국, 오종진, 김효정, 한국이주 무슬림의 혼인현황과 정착과정 연구, 한국 이주무슬림의 지중해 지역연구 제11권 제3호 [2009년 8월] PP. 33~34.
  23) 어성호, 변화하는 인도네시아와 교회의 역할, 세계한인선교사회 주최, 제2차 한국선교 다문화 포럼, 주제 "이슬람을 알자" 2012 02월 14~17일 쿠알라룸푸 열린교회), PP. 117~118.

안 영토 확장 보다 이슬람과 전아시아와의 교역(중국, 안남, 자바, 아유타아, 인도, 페르시아, 아랍 등) 확장에 주력하였다. 1511년 포르투칼이 말라카를 지배 할 때 원주민들이 인도네시아의 여러 섬과 자바섬 해변으로 피난하여 사는 곳마다 이슬람교 추종자들이 확장되는 계기가 되었다. 이는 모두 이슬람 무역상들에 의하여 포교 성장 발전되었다.[24] 한국도 불교 배경임을 주지해야 한다.

이주무슬림 혼인 현황과 정착 과정 연구 논문에서 보여 진 희망은 정주민의 역할에 따른 약간의 문화 변이의 가능성을 보여 주고 있다. 즉 "문화변이에 의한 다문화 사회 속 코슬림(Koslim)과의 공존과 상생이 가능 하느냐? 는 매우 민감한 사안이다. 문화변이란 '동화되거나' '동화되지 않거나' 의 일차원적 해석이 불가능하며 이주자의 생활방식 및 적응 의지에 따라 분야별로 다르게 나타나는 다층적인 현상이다."[25] 이는 복음 전도와 지속적인 양육이 시행될 때 적응 의지에 따른 변화가 가능하다. 는 이론이다. 이에 능력의 말씀 사역을 역설코자 한다.

IV. 한국 내 이주무슬림 사역자의 역할과 준비 사항

1960년대 영국은 이주민의 첫 단계 유입 때, 황금의 전도 기회를 놓쳤다.[26] 한국은 놓치지 말자는 것이다. 아직은 국내 이주무슬림 사역의 황금 기간이다. 새로온 이주자가 기존 종교 중심의 연결망을 구축 자민족

註 24) Ibid.,
 25) 조희선 PP. 33~34
 26) 선교신문 2010년 3월 15일 정마태, 영국상황과 비교한 한국 내 무슬림들을 향한 복음주의의 반응(4) BTM 서울포럼(2010년 2월 18~19일). 한국. 인터서브대표 정마태 선교사 발표 제하의 연재기사.

끼리 네트웍이 형성, 정착 후에는 초기보다 몇 배 더 어려운 사역이 된다. 한국교회가 이슬람권에 선교사를 파송, 무슬림 사역의 부분적 경험을 가진 것은 사실이다. 그러나 과거 부분적인 타지역 무슬림 사역 경험을 한국에서 동일시 할 사역 오류의 위험도 크다. 한국 영토에서 이주무슬림 사역은 피 선교 대상자의 각기 다른 출신지역, 한국까지 이주하게 된 개인사정과 신분, 이념에 따라 사역 방향은 각기 다양해야 한다. 동시에 자문화권 동족에게 전도하던 유형과도 전혀 다르다. 인간의 죄성, 영생의 욕구, 속죄의 필요 등은 동일하나 선입관은 매우 다양하기 때문에 접촉 전도, 양육, 성화 과정의 신앙적인 지도에는 그 출신 지역에 따른 고단위 전문사역멘토가 매우 필요하다.

무슬림들의 이슬람에 대한 해석과 실천은 다양하다. 우리가 무슬림들에게 복음을 전하기 위해서는 일차적으로 다양성에 대한 깊은 이해를 가져야 한다. 이슬람 해석의 다양성에 대한 이해가 복음전파와 교회 설립을 위한 상황화의 출발점이기 때문이다.[27] 모든 무슬림들의 삶과 정신세계의 기저를 총체적으로 지배하는 문화이자 문명으로 성장해 왔기에 교의적인 틀이나 혹은 몇 가지 종교 이념의 렌즈로 들여다보기에 이슬람은 너무 크고 다양하고 복잡하다.[28]

한국 교회는 전례 없이 새로이 유입되는 이주무슬림 사역만큼은 우리에게는 자연스럽고 익숙한 교회 제도지만 잠시 내려놓고 새 문화권의 무

註 27) 김성운, 이슬람 종파와 분파, KMQ 52호 2014년 겨울호 P. 35
　　 28) 김철수, 이슬람의 다면성과 대중/민속 이슬람의 종교 현상, KMQ 52호 2014년 겨울호 P. 36.

슬림 이주자에게는 사도행전에서부터 새롭게 출발하는 예수 원형의 "내 교회를 세우리니"(마 16:18)에서부터 진지하게 출발하는 사역이 필요하다. 새 포도주를 낡은 가죽 부대에 넣지 아니하나니 그렇게 하면 부대가 터져 포도주도 쏟아지고 부대도 버리게 됨이라 새 포도주는 새 부대에 넣어야 둘이 다 보전되느니라(마 9:17) 그렇지 아니하면 우리의 어려운 전도와 양육으로 이슬람에서 개심하고 돌아오는 새 형제, 자매들을 몇 년 후 다시 되돌려 보내버리는 뜻밖의 결과를 당 할 위험이 크다.

그 뜻은 우리 교회가 신학, 이론적으로는 매우 건강한 개혁주의 교회이지만 일반적으로 평가 받는 "성도(교직자 포함)의 삶"은 비 개혁, 비 보수, 기복신앙, 예수중심 아닌 이기주의, 불신자나 구별 없는 집단 이기주의, 물질우선주의, 세속화가 만연한 것이 개종자의 눈에 들통 날 위험 소지가 너무 많기 때문이다.[29] 불확실한 행위 구원과 이단 사상으로 세뇌된 이슬람 문화에 찌든 영, 육 구원 복음 사역 자체는 한국교회와 많은 신자 거의가 성령의 모태에 다시 들어갔다가 새로 태어나는 삶의 대 개혁이 병행 되는 사역자의 역할과 준비 사항이다.

본 글은 무슬림 국가에서 온 기독교 출신 사역 유형은 제외하고 기술하고자 한다. 그 이유는 한국에서 기존 무슬림 언어권 사역 자체가 무슬림으로 출생한 대상은 이미 배제되고 기독교출신 상대로 귀착되기 때문이다.(예 인도네시아, 방글라데시, 파키스탄, 아랍 인 등) 복음의 수용성이 활짝 열린 무슬림일지라도 한, 두 명 전도, 양육하는 것이 끝없는 마

註 29) 김관선, 리셋, 서울; 두란노, 2016 6 20.의 복음, 예배, 교회, 가정의 초기화에 동감이다.

시도	시군구	성별	총계	우즈백	파키스탄	인도네시아	키르기스스탄	방글라데시	카자흐스탄	말레이시아	나이지리아
	142국 인 커플		150,605	2,220	900	681	477	353	245	172	137
	대구시 커플		6,174	85	100	28	15	4	4	3	2
대구광역시	남구	남	43		5	1					
		여	283	8						1	
	달서	남	197		39	3		3			
		여	1,140	15	6	7	6			1	
	달성	남	83		10	1		1			
		여	567	15	2	5	3				
	동구	남	74		3				1		
		여	586	15		1	2		2		
	북구	남	81		8						2
		여	710	19	1	3	2			1	
	서구	남	66		19	1					
		여	574	6	3	3	1				
	수성	남	98		2	1					
		여	356	6					1		
	중구	남	19		2						
		여	133	1		1					
경북	고령군	계	136	2	1	1					
	구미	남	107		5	1	1				
		여	921	19		12	8				

본 자료는 출입국 외국인 정책 본부 통계를 월드 네이버 에서 재 가공 함.

사역 협력처: 032-813-7708

시도	시군구	성별	이란	터키	모로코	이집트	시리아	세네갈	쿠웨이트	아제르바이잔	무국적
전국	총계	계	123	118	87	52	12	4	2	2	17
대구시	소계	계	1	1+3	4	1	1	1	1	1	1
	남구	계		1				1			
	달서	계		2			1		1		1
	달성	계	1								
	동구	계		1	1	1					
	북구	계			3					1	

라톤 사역임을 먼저 깊이 이해하고 기존의 사역과 전혀 다른 새로운 방안을 성경에서 창안, 교육, 훈련 받으면서 "새로운 선교적 교회"[30]의 새 길을 닦으면서 진행 할 사역이다.

1. 이주무슬림 사역자의 역할 : 예 결혼이주무슬림 사역 대상 사전(事前) 조사 : 대구광역시 내 OIC 가입 16개국에서 255명이 한국인과의 결혼 이주자로 체류 한다.(소속 종교 표시 없음) 이들 대부분이 이슬람 문명권에서 부모에 의해 출생, 성장된 이슬람 종교인이다. 먼저 찾아 태신자로 입양해야 한다.

1) 법무부가 사회통합프로그램을 전국 15개 도시 47거점, 239처의 민간단체에 지정 운영 중이며 여성 가족부에서 전국 216개 처에 다문화가족지원센터를 운영 중이다. 직접 사역 혹은 자원봉사로 접촉하여 길 잃고 한국에까지 와서 헤매는 목양 대상 자 한 사람 찾아 나서는 현대판 Tentmaker 목자가 필요하다.

2) 농촌에서는 이웃사촌으로 직접 방문 교제가 가능하고 도시에서는 지역다문화 행사 참가 통성명을 나눌 기회이다. 한국어 학습 도우미가 좋다. 인격적 존중과 예의는 필수이다.

2. 스마트 시대 전자통신 활용법 숙달 필요.

註 30) 최형근, 선교적 교회 개척, 한국선교연구원 kriM, 2017. 8. 1. PP. 7~34.

1) 스마트폰 Play 스토어 검색 창에서 Vision Trip 앱을 설치하면 2017년 8월 현재, 43개국 사람에게 유창한 현지어로 사영리 복음 전도에 사용 할 수 있다.[31] 그리고 카카오톡 전도법(저자 이동연, 김성열, 이새의 나무)도 익힐수록 유용하다.

2)한국세계선교협의회(KWMA) 내 한국선교정보 네트워크(원장 장원근)에서 4차 산업혁명의 자동화(인공지능), 사물인터넷, 메신저봇 "스마트오토 활용법" (http://bit.ly/sachannel) 은 유용하다. 텔레그램 (http://s.kwma.kr/GP/manual68.pdf)에서 "그 집에 있는 교회"[32] 사역을 제안 한바 있다. 지금은 이주자가 모국에 두고 온 연고자와 함께 사는 시대이기에 스마트 미션 이해 증진과 저변화된 와이파이 활용은 그 가치가 점차 높아지고 있다.[33]

V. 한국 무슬림 사역 전략 및 방향 제안

한국인의 장점: 김요한 은 한국인이 해외에서 세계 무슬림 사역 장점으로 1) 한민족의 쓰라린 식민지 역사 경험 2) 동양의 공동체 의식 3) 이데올로기 갈등과 경제개발의 경험 4) 체면문화와 관계중심의 사회배경

註 31) 2001년 설립된 Front Mission and Computer, 기술과학전문인선교회(대표 전생명 02-848-6251)에서 아랍어(레반트), 아이티어, 스와힐리어, 러시아, 힌디어, 일본어, 프랑스어, 네팔, 캄보디아, 태국, 베트남, 중국, 미얀마, 스리랑카, 인도네시아, 우즈베키스탄, 터키, 몽골, 영어, 스페니쉬(라틴아메리카 20개국 공용어 국가) 우르두어(파키스탄) 방글라데시 등 23개 언어를 제작 무료 사용이다.
32) 고전 16:19 아시아의 교회들이 너희에게 문안하고 아굴라와 브리스가와 그 집에 있는 교회 (건물이 아닌 "에클레시아")가 주 안에서 너희에게 간절히 문안하고
33) 조용성, 변화하는 글로벌 선교, 쿰람출판사. 2013년 5월 1일 PP.148~151

5) 서구에서 복음을 받아들인 한국 교회가 비교적 단 기간에 성장된 그 원리가 무슬림 사역 가운데에 적용될 수 있다. 6) 논리적 설득보다 감정적 교류를 통한 복음전도의 감성적 부분들이 통할 수 있는 장점을 여섯 가지로 썼다.[34] 필자도 동감이다. 이런 장점들이 한국 내에서의 이주무슬림 사역에 더 큰 효력으로 작용하실 분은 오직 하나님이시다. 한국 교회가 국내 이주무슬림 전도와 양육을 위한 합심기도 운동을 제안한다.

사역 메뉴얼 보급과 목회자 주도, 지역교회 훈련 실시: 가나안 정복 과정에 여호수아와 갈렙 의 정탐과 믿음의 보고처럼 이주무슬림 사역 전략 연구와 실행이 중요하다. 전국적으로 목회자 중심의 이주무슬림 사역 방안의 정보와 실천 매뉴얼을 보급 할 수 있도록 준비해야 한다. 무슬림이란 호칭은 동일하지만 출신 배경 따라 무슬림은 매우 다양한 천태만상이기 때문에 하나의 일관된 사역 매뉴얼은 불가능하다. 무슬림에게 전도하기 위해 유익한 여러 유형의 유도 질문 사례를 익힐 필요도 있다.[35]

사역 동역 정신과 협력 넷트웍[36]: 한국 교계 안에는 그 동안 이슬람권 경력 사역자들이 많다. 사역의 특성과 강조점들이 각기 받은 은사대로 차이가 있을 수밖에 없다. 전능하신 하나님의 손길 안에서 함께 협력해야 하는 동지이며 적군 아닌 아군이다. 철저한 형제사랑 의식이 필요하다. 자기 눈의 들보 보다 남의 눈에 티가 잘 보이기 쉬운 죄악성에 영향

註 34) 김요한, 한국적 세계 무슬림 전방 개척 사역, 글로벌선교연구,
　　cafe.daum.net/kwmi/7Rtj/28
　35) 김승호, 무슬림 전도시 고려 사항들, 제2차 한국선교 다문화 포럼, 주제 "이슬람을 알자
　　"2012 02월 14~17일 쿠알라룸푸 열린교회), PP. 277~290. 유익한 실제 정보가 많다.
　36) 협력 넷트웍은 카톡 보다 텔레그램이 후에 초대된자 선 정보 열람, 수정, 보안 기능 등
　　이 월등하다.

받지 않도록 자기를 쳐 복종시키는 바울을 매일 본 받아야 할 것이다. 정마태의 두 극단(너무 타협적이거나, 너무 좁은 관점)을 피하는 성경적 대화 조건들을 만들 필요가 있다.[37]에 동감한다.

한국인 성도들로 이주무슬림 사역 개척 후 다음 단계 진행: 아랍인의 사역은 극소수를 제외하고 아랍인 성도가 아랍 무슬림에게 복음을 전하지 않는다.[38] 다른 무슬림 언어권도 동일하다. 그러므로 한국인 사역자가 원어민 협력자와 함께 사역 할 때 수직관계가 아닌 수평 관계로 동역해야 하는 것은 매우 중요하다. 피전도자의 회심 단계까지는 한국인 사역자가 단독으로 사역하고 피전도자와 동일 국가 신자 대면은 호의적인 합의 후에 신중하게 연결해야 한다.

원어민 무슬림 개종자도 앞세울 수 없는 점은 무슬림은 개종자를 배신자로 쇠뇌 되어있기 때문이다. 그러므로 무슬림 사역은 한국인이 Tentmaker 사역자 훈련 받아 실시함이 가장 최선의 방안이다. 생업과 교회 섬김에 여력이 부족하여 훈련 참가 시간 투자가 어렵다. 그러므로 오픈 강좌를 최소화하고 온라인 교육 개발이 시급하다. 개 교회에서는 기존 사역이 다 중요하지만 최소의 무슬림 사역자 후보자를 배치하여 하나님 나라 차원에서 함께 협력해야 한다.

복음 전파가 자유로운 한국 땅에서는 상황화 사역이 전혀 필요 없다고 전문사역자 조차도 오해의 소지가 많다. 정도의 차이가 다를 뿐이다.

計 37) 정마태, op, cit. 선교신문 5회 연재기사 중 5회 참조.
　　38) 공일주, 이슬람의 정체성에 대한 연구, KMQ 52호 2014년 겨울호 P.20

특히 태생적 무슬림의 특성상 일정 단계까지는 예배당 건물 외에서 사역을 시행하는 것이 확실한 지혜 사역이다. 교회 내에서도 스텝 외에는 비공개 사역 팀으로 운영함이 유익하다. 시작 할 때는 동성끼리의 1:1 제자양육 방식이 가장 좋다. 개인이나 대, 소 교회가 다 실행 가능하다.

전문 교역자의 개척교회 사역일 경우에는 피전도자가 기성 교회로 흡화 될 수 있을 때까지는 무슬림 회심자 중심의 "그 집에 있는 공동체" 10 가정예배처 정도면 하나의 지역교회로 노회에 가입하는 방안도 가능하리라고 사료된다. 초대교회가 세계로 확산되었던 발판이 "그 집에 있는 예배 공동체(교회)"[39]이었다. 이주무슬림 전도 사역 개발은 본질적인 교회의 생동성을 가장 튼튼하게 변화 시켜 줄 것이다.

VI. 나가는 말

1,400년의 난제를 경험한 무슬림 사역은 한국교회의 발등에 떨어 진 불이다. 이슬람 본 거지 중동과 비 아랍중동, 그 외의 각지에서 박해와 순교의 소식이 적지 않은 와중에 과거 역사에 유래가 없었던 개종자가 증가하고 있는 사례의 일부를 이주무슬림 사역 비전과 현황에서 제시하였다. 무슬림 사역의 표면적인 이슈는 생략하고 내면적인 이슈로 이슬람의 특성상 어디서나 동화나 통합보다 분리와 충돌의 자취가 가득하지만 한국에서만은 무슬림의 눈높이에서 순수한 복음, 능력의 말씀으로 훈련

註 39) 고전 16:19 아시아의 교회들이 너희에게 문안하고 아굴라와 브리스가와 그 집에 있는 교회가... 박순오, 사도행전이 보여주는 바로 그 교회, 대구; 보문출판사, 2013년 5월 4일 470페이지 책. & 김요한 편저, 집안에 임한 하나님 나라 신령한 오이코스, 2017년 9월 1일 도서출판인사이더스, 500페이지

을 받아서 사역해야 함을 역설하였다. 한국교회 선교의 성패는 무슬림 사역에 달려 있다.[40] 이주 무슬림 사역 방안에 대하여 마이크 쉽맨 (Mike Shipman)의 저서(신현필 역), Any3 누구든지, 어디든지, 언제든지를 한국에서 무슬림 사역에 적극 적용 할 수 있는 매우 좋은 단행본이 2016년에 발간되었다.[41]

불가피하게 사역에 앞장 서야 할 주체는 한국 교회 목회자들이며 전국적으로 하나님께서 준비시킨 지역교회의 평신도들을 사역자로 세우는 현대판 Tentmaker 훈련이 필요하다는 것이 요지이다. 이주무슬림 사역 전문 팀에서는 지역 교회 담임 목사와 성도들에게 사역 정보과 매뉴얼을 제공해야 한다. 그리하여 하나님께서 이 시대에 맡기신 한국 내 이주무슬림 복음화 최선을 다해야 한다.

이주무슬림 유형별, 출신 지역별, 비자 유형별 등으로 세분하여 구체적인 사역 매뉴얼 작성이 시급하다. 뿐만 아니라 전국 지역별 사역 대상자 필요 사항 리서치, 결혼 이주자 자녀 세대를 위한 구체적인 사역 방안 등을 마련할 과제가 산적해 있다.

註 40) 김승호, 복음주의 관점에서 본 이슬람신학에 대한 비평적 고찰, op. cit. PP. 173~174..
    41) Mike Shipman (신현필 역), Any3 누구든지 어디든지 언제든지. 세계 협력 선교 출판
       사. 2016. 8. 17

제3부

중동
비아랍중동

4. 역사적 관점에서 본 중동 선교

어떻게 하면 주님의 사랑을 잘 전달 할 수 있을까 고민해 보게 된다. 마태복음 22장 37절-40절에 근거하여 선교를 생각하면 우리는 내가 살고 있는 지역 중동 사람들을 사랑하지 않을 수 없다. 우리는 먼저 하나님의 사랑으로 내 마음을 가득 채워질 때 그 사랑은 이웃으로 흘러내려 갈 수 밖에 없을 것이다. 내 이웃을 내 몸같이 사랑하게 될 것이다. 우리 앞에 있는 22개국의 이웃인 무슬림들을 어떻게 하나님의 사랑을 느낄 수 있고, 이성으로 받아들이며 그의 삶이 바뀔 수 있을까 생각하게 된다. 이 엄청난 일을 위해 우리는 서로 협력하여 큰 사명을 감당하기를 원한다.

이 글은 역사적 관점에서 주님의 뜻을 알아보는 것과 아울러 이러한 역사 속에서 진행된 사역적흐름을 조명해 보려는 것이다.

1. 중동 이슬람 역사와 사역에 대한 지역적 조명

아랍 연맹에 가입한 22국을 중동지역이라 한다. (모로코, 모리타니아, 알제리, 튀니지, 리비아, 이집트, 수단, 사우디 아라비아, 이라크, 요르단, 시리아, 레바논, 쿠웨이트, 아랍 에미레이트, 바레인, 카타르, 예멘, 오만, 지부티, 코모로, 소말리아, 팔레스타인 등) 중동은 성경의 중심무대이다. 6세기 중엽 이후 메소포타미아에서 사산조와 비쟌틴 제국의 항쟁이 심해져서 동서의 교역루트가 어려웠기 때문에 헤자즈 (홍해 연안) 지방으로부터 아라비아해에 이르는 새로운 루트가 활성화 되었으므로

註 1) 성균관 사서 교육 대학원 수료, Calvin Theological Seminary: Grand Rapids, MI (MA), Fuller Theological Seminary: Pasadena, CA 졸업(D.Miss.), GMS 중동지역 E 국 선교사).

메카와 같은 도시가 급성장하게 되었다. 메카에서 베두윈족 중심으로 630년 이슬람교를 기반으로 아랍인족 연합체가 구축된다. 632년 젊은 아내 아이샤 무릎에서 사망함으로 칼리프 시대로 넘어간다. 정통 칼리프 시대(632-661), 아브바크르(632-634), 오마르(634-644), 오스만 (움마 이야: 644-656), 알리(656-661) 중심으로 이슬람 역사가 이루어지며, 640년 시리아 정복, 641년 이집트 정복, 651년 페르시아 멸망이 되었다. (김신숙, 중동을 알자 , 2011)중동에서 M 사역에 있어서 중요한 자리에 있는 나라가 이집트이다.

5000년 역사의 고대 이집트 시대에는 고대 이집트의 종교가 꽃을 피웠고, 그레코 로만 시대(Greco Roman)의 말기인 주후 61년 이후로 기독교 콥틱(Coptic)이 번영하였다. 다음으로 이슬람(주후 641)이 전파되면서 이집트는 이슬람화가 되었다. 그리고 이슬람교는 이집트의 국교로 정해져서 오늘날까지 이르고 있다. 콥틱 교회는 가장 역사가 오랜 된 교회 가운데 하나다. 교회사 학자 '유세비우스'에 따르면 전도자 '마가' 요한이 주 후 61년 혹자는 64년경에 이집트의 알렉산드리아에 와서 기독교를 전파하고 교회를 세웠다고 한다.

이집트는 초대 기독교 역사에 중심이 칼케돈 회의 (이슬람 국가 출현 7세기초)부터 개신교 선교 이전까지 (약1840년) 비 칼케돈 교회들은 비잔틴 교회로부터 이단이라는 칭호를 들으며 부당한 대우를 받았다. 그러나 찬란한 신학적 역사의 토대를 마련한 그들이기에 자부심이 대단했고 특히 이집트는 지중해 연안의 곡창의 창고로 이 지역에 사는 자들에게 곡식을 제공했음에도 불구하고 부당한 인두세와 멸시를 계속적으로 받고 있었다. (SolihinSohirin, 1991)

이때 사우디 아라비아 반도에서 무함마드를 중심으로 이슬람교가 출현 (7세기초) 하게 되었다. 그러나 당시 비잔틴 제국과 페르시아는 거의 1세기 동안 전쟁에 빠져있어 이슬람의 출현에 눈을 돌릴 여유가 없었고, 또 자원의 고갈로 인해 지쳐 있었으므로 그들을 제제할 여력조차 없었다. 이런 분위기 속에 이슬람교가 출현하게 되었고 또한 쉽게 중동지역과 페르시아 제국의 땅을 쉽게 복속 시킬 수 있었다.[2] 무함마드는 유대인과 기독교인은 코란의 책에 기록된 사람들이었기에 "책에 있는 사람들"(the people of the Book)라 부르며 차이를 두지 않았다. 그러나 무함마드가 죽은 이후 칼리프 (Caliphates)들에 의해서 코란의 해석에 따라 그들의 통치 방법이 제정되었다.

A. 중동 이슬람 선교는 레이몬드 롤의 영향을 받은 '사무엘 즈웸머' (Samuel Zwemer: 1897-1952)는 친구 제임스 켈틴 (James Cartine)과 함께 미국 아랍 선교를 조직하고 모금운동시작 (American Arabian Mission)하므로 1886년 아라비아로 1980년 페르시아만 (Persian Gulf) 지역에 선교를 시작하게 되는 유럽의 제국주의 (Imperialism)시대였다. 이때 아랍연맹 22개국 중에서 6개 나라 (이집트, 이라크, 시리아, 요르단, 레바논, 수단)가 기독교를 인정하는 이슬람 국가로 많은 선교와 교회 개척이 이루어졌다.

B. 2차 세계대전 후에 약간의 변화가 있었지만 6개 나라의 기독교 인정과 그리고 약간의 변화는 있었지만 Dhimmis를 중심으로 하는 정책에

註 2) 이때 비 칼세돈파에 속한 교회들과 나라들은 비잔틴 교회(제국)에 의해 심한 핍박을 받고 있었던 이유로 이들 이슬람군을 환영했고, 아무 저항 없이 이들에게 내주게 그들의 땅을 내어주게 되었다. 심지어 그들은 비잔틴 제국의 통치 때보다도 더 풍요로운 자유를 누릴 수 있었다.

는 변함없이 유지되고 있다. 이때부터 이 지역에는 동방교회의 뿌리를 둔 각 지역의 교회들과 개신교 선교에 의해 세워진 신교 교회들이 공존하며 각각의 특색을 띄면서 하나님 나라 확장에 앞장서고 있다. 특히 1967년 중동전쟁을 기점으로 선교사들이 추방되고 받아들이는 일이 반복되고 있으며, 1970년 후반 이후로는 사회주의 국가에 의존하기 보다는 미국 중심으로 하는 서방국가에 의존하며 학교나 교회가 존속되고 있다. (김대열Dr., 2010)

C. 이집트의 중요성

종교적으로 이슬람의 머리와 같은 역할을 하는 곳이다. 이슬람의 시작은 사우디 아라비아가 이슬람의 심장이라면, 이집트는 이슬람의 머리라 부른다. 이 이유는 이집트 카이로에 있는 '알 아자하르 대학'은 유럽에서 대학이 12세기에 세워지기 전 이미 10세기(970년경, 988년)에 카이로에 세워졌으며 이곳을 통해 이슬람의 신학, 사상이 연구되고 전파되었다. 현재 이슬람의 극단주의자들의 모체인 이슬람 형제단 (Islam Brothers), 쌀라피 등 분파 운동이 일어나면서 현대에 많은 이슬람 극단주의들이 나타나게 되었다.

또한 이집트는 아랍연맹의 중심 국가로써 맏형과 같은 역할을 하고 있다. 아랍 연맹은 22개국으로 이집트가 연맹의 중심국이다. (ForaudMaher, 2010).이러한 종교 역사를 가진 특성과 역할로 인하여 이슬람 국가로 돈독하게 세워지고 있다는 것이다.

2. 중동사역의 역사적 분석과 한국 선교 40년 사역 조명

최초 한국인으로 40년의 이집트의 사역은 남편 고 이연호 목사와 본인은 1976년 6월18일 예수교 장로회 교단 선교부(후에 GMS 선교기관으로 변경) 파송 받고 현지 장로교단에 소속된 선교사로 애굽 복음주의 신학교에서 사역을 시작하였다.

첫 팀 사역기간 1976년-1986년은 남편을 먼저 보내고 홀로 서기 믿음의선교를 하게 된다. 1981년 네질리트 엘 쌈멘 가정교회3) 사역을 하면서 말씀 전파와 심방을 하였고, 3년만에 예배처소까지 마련하고 이름만 가진 신자들을 중심으로 사역하였다. 또한 이 기간에는 지방교회를 순회하였다. 무슬림 국가에서 어린이 선교가 절대적이라 생각되어 여성복음화, 어린이 복음화에 대한 비전을 갖게 되었고, 그 비전을 위해 10여년 기도하며 네짓리트 엘 쌈멘 지역에 425 평방미터 대지를 기적적으로 1984년 준비하게 되었다.

두 번째 팀 1987-1996년 십 년 동안 지방순회와 가정교회를 하면서 애굽 선교센터를 이집트 장로교 교단 본부 6층에 짓고 1991년 10월 17일 개관 예배를 드리고, 1992년부터 평신도 지도자 훈련, 성경학교, 젊은 목회자 연장 교육, outreach ministry(교회 개척, 개종자사역) 등을 하게 되었다.

이 기간에 중요한 것은 라디오 방송사역을 통해 개종자들을 만나게 되었고, 양육하는 경험을 하게 되었다. 라디오 방송을 통해 복음에 대해

註 3) 네질리트 엘 쌈멘 지역은 피라미드와 스핑크스가 있는 지역이며 가난한 동네이다. 여성 세 명이 모여 기도하는 모임이 가정교회로 발전해지게 된다. 이 지역에 70여 기독교 가정이 있는데 교회는 없는 지역 이여서 이름만 가진 기독교인들은 신앙생활을 하지 못하고 있었다.

관심을 가진 자가 한 달에 250여통이 왔다. 그들에게 회답을 보내고 세 번을 거쳐 성경이 전달 된다. 소책자 1)성경을 무엇을 말하는가? 2) 하나님은 누구신가 3)예수님은 누구신가 세 종류를 하나씩 보내고 다 읽고도 복음에 대한 관심을 가진 자에게 성경책을 전달하게 된다. 성경을 읽고 예수님을 영접하기 원하는 자들에게 소수가 모여 세례를 주었다. 이렇게 하여 연결된 개종자에 대한 양육이 시작되었다.

세 번째 팀 1997-2007년 애굽 복음주의 신학교와 분교 알렉산드리아 신학교에서 기독교 교육학 개론 강의를 통해 하나님의 일꾼들을 훈련하게 되었다. 중동과 북 아프리카 22개국 M친구들의 비전을 위해 알샤피아 (중보자) ㅅㄱ훈련 학교를 시작하여 22개국에 헌신하는 사람들을 현장 훈련을 시작하게 되었다. 이 훈련은 언어, 문화, 역사, 사역, 리서치, 전반적 현장의 사역을 위한 것을 6개월간 훈련하며, 초 교파적으로 위탁 교육을 하여 22개국에 복음화를 위해 21년동안 훈련하고 있다. 특별히 중요한 것은 여러 단체들, 교단에서 파송 된 사역자들과 함께 하는 협력 사역이다. 알샤피아 선교 훈련학교는 협력사역으로 시작된 결과이다. 세 번째 팀 에서는 이집트 뿐만 아니라, 중동과 북아프리카 22개국에 대한 비전을 시작하는 시기였고, BCM (Biblical Christian Mission: 미국 비영리단체 이름) 에 Muslim-Christian Relation 리서치 센터를 시작하기 위해 기도하며 준비하게 되었다. 이 단체 아래 중요 목적은 교육과 선교의 목적 아래 M 들이 세계적으로 흩어져 나가고 복음화 하는 것으로 현장에서만이 아닌 현장과 미국과 현장과 한국, 현장과 유럽 전세계적으로 이루어 져야 한다는 비전을 이루기 위함이다.

네 번째 팀 2008-2017 년은 이집트 장로교 교단 안에 기독교 교육부 기관 속에서 교회와 사역하게 하면서 그 우산 아래 M 사역을 할 수 있도록 하였다. 회심한 사람들 중심으로 예배를 시작하였고, 회심한 마태는 애굽 ㅅㄱ 센터에서 5년간 아랍어 선생으로 일하였고, 이집트에서 더 이상 견디기에는 어려운 상황이 되어 양육하다가 한국에 보내게 되었다. 한국에서 아미 신학교와 트리니티 신학교를 졸업하고 목사님이 되어 한국에서 M 친구 사역을 현재까지 사역하고 있다. 정치상황들이 2011년부터 급격하게 혁명이란 주제아래 튜니시아를 비롯하여 이집트, 리비아, 시리아, 예맨, 이라크, 수단으로 점점 어지럽고 복잡한 상황으로 움직여지고 점점 확산되어가는 상황이 되었다. 중동과 북아프리카의 복음화를 위해 MENAi (Middle East North Africa Institute) 를 글로벌 시대에 맞는 이슬람 선교를 해야 함을 절감하고, 22개국 M 친구사역에 대한 강한 비전으로 2012년 7월2일-6일 이집트 카이로 쟈말렉 지역에 엥글리칸 교회에서 현지인, 서양인, 한국인으로 international view 에서 무슬림 ㅅㄱ에 대한 런칭 세미나를 하였다. 2회는 2014년 2월3일-7일 스페인 말라가에 있는 개종자 훈련원에서 씨 뿌리기와 물주기 란 주제로 이집트 개종자 목사와 레바논 현지인이 무슬림 사역에 전념하는 사역자의 강의와 개종자 2명의 간증으로 모임을 가졌다. 3회는 2016년 2월3일-7일 이집트 애굽 복음주의 신학교에서 구체적으로 2회때 강의 했던 GH 사역자에게 엠 친구에게 어떻게 씨를 뿌리며, 물을 주어야 하는지에 대한 교육을 하였다. 메나이는 학적 리서치가 아닌 사역 리서치를 하여 엠 친구 사역 전략을 위함이다.

본인은 2014년 5월 BCM 책임자로 세움을 받게 되었고, 이곳에서 Christian-Muslim Relation 리서치 Center 를 실제적으로 이루어 가도록 상황이 주어졌다. 이제 한 나라가 아닌 중동과 북아프리카 22개국을 넘어 한국인으로 엠 친구에 대한 사역이 이루어 져야 한다는 비전이 더 확실하게 되었다.

3. 이집트 사역 역사적 고찰에 기초한 M 사역 분석

콥틱 교회는 오랜 역사 속에서 콥틱 교인은 자신들을 고대 이집트인 직계 후손으로 여기며 스스로를 "이집트" 인이라 부른다. 지금도 이런 자부심 속에서 콥틱 교회는 자기들의 종교를 지키며 성장시켜 오고 있다. 콥틱 교회의 목적과 성격은 성령의 하나됨과 조화에 의해서 의식의 성격이 나타나게 된다. 개신교의 영향으로 콥틱 교회에서 종교개혁 운동4) 과 성경공부 운동들이 일어나고 있으며, 반면 서로 갈등과 권위 싸움이 있기도 하다. 콥틱 교회는 특히 아프리카 선교의 초석을 이룬 교회이다.

이집트 개신교는 16개 혹자는 17개의 교단이 있다고 한다. 교단 별로 활발하게 예배 드리며 선교를 하며 발전하려고 노력하고 있다. 교회 수 는 약 1000여개의 교회가 있다.

Cop fic orthodox	1,350
Armenian	2
Greek	22
Catholic	200
Evangelical	1,036
Total	2,610

(Saluwat, 2012)

註 4) 콥틱 교회의 개혁은 주일학교 운동에서 시작되었다. 1893년 Coptic Orthodox Church 는 신학교육을 위한 학교가 다시 개설 됐는데 신학교 문을 닫은 지 몇 백 년만의 일이다. 이 신학교의 첫 번째 졸업생 Habib Girgis (1876-1951) 는 두 가지 영역에서 힘을 기울인 다. 첫째 신학교 통해 지도자 양성, 두번째 기독교 교육의 중요성으로 공립, 사립학교를

위와 같은 교회 역사 속에서 M 사역에 대표되는 사무엘 즈웰머 (1867-1957) 는 무슬림이 그리스도의 생애와 사랑의 실제적인 표현을 대면할 필요를 느꼈다.[5] 템블 게어드너 (1873-1928년)[6]는 교회를 통한 새롭고 적극적인 방법으로 무슬림 학생층 전도하는 삶을 살면서 이집트 무슬림을 위해 당시의 아랍음악과 연극을 사용하여 선교를 하였으며 이슬람 뿌리가 성경에서 나온 것임을 증거하기도 하였다.

또한 1875년 교육 선교를 시작하여 곳곳에 기독교 학교를 세우고 필수과목 중 성경을 가르치게 하였다. 최초의 개신교 교회는 카이로 에즈바키아 교회가 세워지게 되었고, 10년 되던 해 1864년 개신교 신학교 (애굽 복음주의 신학교) 시작되고 1878년 정부에 공식 등록하고 활동하게 되었다.

M 친구 사역 가운데 학원사역은 1912년 템플 게어드너와 사무엘 즈웰머를 포함한 5인의 선교사들이 선교사를 훈련하는 카이로 연구소를 시작하게 된다. 카이로 연구소는 1920년 AUC (American University in Cairo) 의 동양학과의 기초가 되었다. 카이로에 아메리칸 대학은 연합장로교회 소속 '챨스 R. 왓손이 설립하였다. 현재는 세속적 대학으로 전환되어 선교사들이 세운 기독교 정신의 대학교는 사라지게 되었다. 1926년 미국 연합 장로교회 선교회는 교육사역, 신학교를 통해 교회 지

註 4) 통해 이루어진다. 첫 주일학교 운동이 1898년 설립된다. Habib Girges 는 1918년 주일 학교 봉사자 모집에 열심을 낼 뿐 아니라, Giza 와 Shubra에 1936년 주일학교 설립한다. 기자 주일학교 센터를 세워 이슬람과 대화의 장을 갖는데 우호적이였다.
5) 사무엘 즈웰머는 23년동안 아라비아 반도에서 무슬림 전도에 정열을 불태운 그는 개인 전도지와 문서선교의 길을 열었다.
6) 템플 게어드너가 성경의 친구 (Friend of the Bible) 운동을 전개함으로 이집트 정교회의 주일학교 운동을 자극하기도 함. 성경공부 그룹이 50여군데 구성되었고, 이로 인해 The Church Missionary Society' 에서는 카이로에 4교회를 세웠고, 메누푸에 한 개의 교회를 세우다, 또한 두 군데 여자학교도 세우게 된다.

도자들을 키우는 사역, 의료사역, 문서사역 등으로 사역을 하였는데 이로 인해 이집트 복음주의 교단이 성립되고 그 교단은 완전 자치, 자립하는 교회로 변환되었지만 현지인에게 모든 것을 이양하고 현재까지도 현지인이 주체가 되어 신학교와 초,중, 고등학교, 의료사역이 진행 되고 있지만 미국 연합 장로교 선교회는 현지인을 돕는 자로 사역이 전환된다.

이집트에 있는 선교부들의 차분하고 꾸준한 활동은 1956년 발생한 스웨즈 전쟁으로 불리는 2차 중동전쟁 과정에서 엄청난 타격을 받게 된다. 성공회 감독을 포함하여 영국 모든 선교사들이 첩보원이란 이름으로 추방당하게 된다. 이 과정에서 사대주의 (의존) 적이었던 이집트 정교회는 자신의 잠재력을 발견하게 되었고, 자주적인 교회운동의 맥을 잡게 되었다. (SalamaKenneth)

이런 과정을 통해 이집트 개신교는 계속 발전되어 16개 교단이 현재 있게 된 것이다.[7]

4. 중동을 향한 하나님나라 완성 관점에서 전망과 비전

이집트의 콥틱 정교회는 2000년 전통을 가진 교회로 중동에서 가장 많은 기독교 인구를 소유한 나라이다. 이집트가 하나님의 나라 완성을 위해서 큰 역할을 하게 될 것이라 생각된다. 이사야서 19:19-25 절에 약속하신 말씀이 나온다.

하나님의 약속으로 인해 '애굽을 치시고도 다시 찾으신다' 하였다. 하나님은 이미 20여년이 넘게 견고한 이슬람 벽을 허시기 위해 흔들고 계

註 7) Churches in Egypt : Coptic Orthodox 1350 , Armenia 2, Greek Orthodox 22, Catholic 200, Evangelical 1036 Total 2610 Churches

시다는 것을 보게 된다. 견고한 여리고 성을 무너뜨린 것처럼 계속적인 사건으로 굳게 닫힌 문을 조금씩 "틈새"를 열게 하며 점점 넓게 움직이고 있음을 믿음의 눈으로 보게 된다. 약 26년전 1991년 1월 걸프 전쟁이 일어날 때 미국군인들은 사우디와 쿠웨이트 국경을 지키기 위해 그 곳에 왔으나 미국과 통신이 어려워 위성을 통해 통신을 하였다. 현지인들은 TV에 예전과 달리 외국 방송이 나오게 되니 그때부터 그들도 위성을 달기 시작하여 중동 전역에 세계 방송이 나오게 되었다. 하나님은 공중파로 중동과 북 아프리카에 사람들의 생각과 이념을 바꾸게 되는 계기가 되었다. 젊은이들에게 현대가 돌아가는 미디어를 통해 눈을 뜨게 되었다.

영국 선교사 테리 에스코트는 이집트에서 추방 당한 후 영국에서 걸프 전쟁을 통해 위성이 들어 오는 것 보면서 미디어 사역을 창출하게 되는 동기가 되었다. 그 결과 1997년 SAT 7 방송을 시작하여 미디어 사역에 힘쓰게 되었고, 미디어를 통해 하나님을 만난 사람들이 있게 되었다. 그때는 오직 미디어 TV방송이 하나뿐이었으나. 현재는 15개 이상 위성 방송들이 세워지게 되었다. 여러 미디어 사역 중 Life 방송은 M 친구 사역만 담당하고 양육까지 하는 방송이다.

이집트는 2000년 전부터 기독교인들이 순교의 피를 흘리며 2017년 현재까지 신앙을 지키기 위해 희생의 대가를 치루고 있는 나라다. 이런 콥틱 교회의 순교의 피로 인해 상당한 콥틱의 깊은 영성이 있다고 생각된다. 이런 깊은 영성을 훈련되어온 콥틱 교회와의 협력 사역이 절대적으로 필요하다. 순교의 개념은 콥틱 교인으로서 '일상생활에 직면하는 어려움에 대한 자기인식'에 핵심적 역할을 한다. 한편 이런 신앙의 신념은 중동지역 기독교인들에게 도움과 강한 신앙으로 영향을 미치고 있다.

이슬람 제국의 확장은 계속 진행되고 있고, 이슬람화 하고자 하는 그룹들이 생겼다.

중동과 북아프리카 선교를 위해 교회와 신자들은 앞으로 향후 10년, 20년 무슬림 친구들을 위한 사역 연구가 있어야 한다. 첫째로 교회가 선교하는 교회 (Missional Church)로 콥틱Coptic) 교회와 개신교 교회와 어떻게 도전하며 협력하는가 하는 문제와 개종된 자 새 교회를 어떻게 세우며 나가야 하는지에 대한 것이다. 무엇보다도 무슬림사역하는 단체와 교회가 협력과 하나님의 말씀을 어떻게 그들에게 역사하는 말씀으로 경험케 하느냐 하는 숙제가 있다. 지금까지 여러 가지 정책과 방법론들이 있지만 말씀연구를 통해 전도하는 그 길이 그들의 삶을 바꿀 수 있는 최고의 전략이라고 생각한다. 복음을 어떻게 효과 있게, 감동 있게, 영향력 있게 전달하느냐는 것이 연구 되어야 한다고 생각된다. 각 나라의 지역연구들이 있어야 한다. 역사적, 인류학적, 종교적 연구 등 깊이 있는 연구 속에서 새로운 방향성이 이루어져야 한다고 생각된다. 본인은 그중 가장 중요한 것은 40여년 사역의 결론은 말씀으로 돌아가야만 한다고 생각되어 성경 신학과 말씀연구가 절박하게 필요하다고 본다.

5. 중동 이슬람선교 상황과 전망(이집트를 중심으로)

허 요 셉[1]

I. 들어가는 말

2천년전 예수 그리스도께서 세상에 오셔야만 했던 이유는 분명했다. 오늘 이 시간까지도 그 이유는 동일하게 변함없다. 그러나 시대의 변화와 그 시대별로 세상에 보내어진 하나님의 사람들의 쓰임 받는 역할은 다르다. 역사의 주관자이신 하나님께서 시대에 따라 하나님의 사람들을 사용하시기 때문이다. 창조주 하나님을 기억하고, 하나님을 경외하는 자들에게 하나님은 그 시대적 사명을 깨달아 알게 하실 것이다.

II. 중동선교의 비전과 현황

1. 비전

각 나라와 족속과 백성과 방언이 다 주님 앞에 나아와 하나님을 찬양하는 그 날까지 교회로서의 역할을 충실히 감당하기를 소원한다. 중동지역의 대부분의 사람들은 예수그리스도를 알지 못하고 사회적, 지역적으로 복음의 통로가 막혀 잘 알 수도 없었던 사람들이었다. 그러나 오늘날은 다르다. 직접적으로 찾아가서 전달이 어려운 지역에서는 미디어와 인터넷이 복음전달매체로서 역할을 하고 있기 때문이다.

우리의 비전은; 첫째, 이 중동 땅에도 복음이 편만하게 전파되어질 것

註 1) GMS 중동 선교사 (1996년 파송)

이다. 우리세대에 중동의 회심자(건너온자)[2]들 교회[3]를 부흥케 하실 것이다. 둘째, 우리로 중동 땅에서 목자 없는 양과 같이 고생하며 기진한 무리들에게 복음의 증인으로 사용하실 것이다. 셋째, 돌아온 회심자 교회를 인도할 회심자 지도자들을 양성하는 일에 우리를 사용하실 것이다. 넷째, 이일은 우리의 순종과 하나 됨의 연합을 통하여 주님이 하실 것이다. 다섯째, 이 시대적 비전은 주님 다시 오실 그 날까지 계속될 것이며, 우리를 부르신 주님께서 반드시 그리고 속히 완성하실 것이다.

2. 이집트 현황

아랍의 봄 이후 현재 중동과 아랍사회는 급격하게 변화하고 있다. 서민들이 일상생활에서 피부로 느끼는 가장 큰 변화는 경제적인 어려움이다. 이집트의 경우 지난 2017년 1월 한 달 동안 물가 상승률은 29.6%로 70년 만에 최고의 수치를 기록했다.[4] 관광산업의 부진으로 인하여 실업률이 급격히 높아진 것도 사회적인 문제가 되고 있다. 또한 이슬람국가들의 큰 특징 중 하나였던 집단 혹은 사회 공동체적으로 의사가 결정되어 사회구성원 개개인을 이끌던 시대가 끝나 가고 있고, 이제는 개인주의가 확산되고 있는 것도 중요한 변화이다. 독재정권이 무너지면서 국가의 권위와 함께 권위주의 문화가 무너지고 있다. 가정에서 종교적 권위가 무너지고 있다. 따라서 여러 계층별 삶의 형태의 다양성이 확산되고

註 2) 종교를 바꾸다 를 뜻하는 '개종자' 라는 말은 중동지역에서 사용하기에는 적절하지 않은 단어이므로 마음을 돌이키다는 뜻의 '회심자' 혹은 '건너온 자' 라는 말을 사용하는 것이 그들의 사회적 안전을 위해서도 바람직하다고 본다. 역주.

3) 여기서 교회는 건물(교회당)을 의미하기 보다는 지하교회, 소그룹 모임인 '예수님을 믿는 사람들의 모임' 을 의미한다. 역주.

4) 2017년 2월 12일자
http://today.almasryalyoum.com/article2.aspx?ArticleID=534912

있다. 이는 종교적인 측면에서 신앙의 다양성으로 나타나기도 한다. 무신론자가 증가하고 있고, 회심 자들도 증가하고 있다. 종교가 그들을 구원해 줄 것이라 믿고 종교적 행위에 열심이었던 자들이 종교인의 이름으로 자행되는 폭력성을 보면서 자신이 그동안 믿었던 신념이 무너지고 있는 것이다. 이러한 변화는 점점 확산되고 있고 앞으로 더욱 확산될 전망이다. 복음에 대한 반응도 각각 다르게 나타난다. 따라서 우리의 선교적 대처방안도 전략적으로 재 구상되어져야 할 시점에 이른 것이다.

이렇게 변화하고 있는 현황을 아랍의 봄 이전 이후로 구분하여 다음과 같은 표로 분류해 볼 수 있다.

신앙 성향별 분류	변화 상태		복음에 대한 반응	선교적 대처
	혁명 이전	혁명 이후		
회심자, 구도자	믿음의 결단 후 두려움과의 싸움 중, 두드러지게 나타나지 않음 (극히 소수)	두려움에서 많이 자유해졌지만, 여전히 믿음을 드러내는데는 한계가 있음(매우 증가함)	목숨 걸고 믿음의 길을 결단했지만, 시간이 지나면서 현실세상의 염려와 복음이 충돌함	삶으로 살아낼 수 있도록 돕는 성경 공부, 회심자들의 믿음의 공동체(교회)를 통한 동반성장이 필요하다.
무신론자	신을 부정할 수 있는 토론 자유 없었음(극소수, 드러내지 못함)	약간의 토론의 자유가 긍정적 요인이 됨(매우 증가, 일부 드러냄)	대체적으로 무관심, 현실주의, 보이는 현상을 믿음	이성적 과학적 토론통한 접근, 영원한 것에 대한 가치와 신 인식 필요
형식적 무슬림	종교에 부정적인그룹	종교에 무지, 무관심, 종교적 행위에 얽매이지 않음(서민과 가난한 문맹인, 교육수준이 높은 부유층)	극단주의에 대한 회의를 갖게됨(가난한 자와 교육수준이 높은 계층이 매우 증가함)	극단주의 싫어함, 수용성이 매우 높은 층이다.	현실적으로 도움이 되는 복음이어야 한다. 쉽게 전해야한다. 빵과 복음이 함께 가면 효과적이다.
	종교에 긍정적인그룹	자기종교를 변증하려고 함(일반적으로 절대 다수의 무슬림들이 이 부류에 속한다)	변증적인 부류가 줄어듬(부정적 부류로 약간 이동함. 그럼에도 대다수가 이 부류에 속해 있음)	글 읽을 수 있는 계층, 토론과 대화가 가능하다. 관심 있게 듣는다. 공격적이지 않다	이성적 대화로 복음제시 가능, 토론과 진리선포. 천국 개념설명, 믿음의 대상에 대해 나눔이 효과적

신앙 성향별 분류	변화 상태		복음에 대한 반응	선교적 대처
	혁명 이전	혁명 이후		
종교심 강한, 열심 있는 자(원리주의자와 다름)	종교적 의무인 행위를 중요시함, 적극적으로 성실히 실천함, 일반적 무슬림이 선호하는 부류임 (두번째로 많은 부류가 이에 속했다)	가족별로 뚜렷이 분류된다. 충실한 행위자에서 긍정적 혹은 부정적인 부류로 상당수가 이동하였다.(가족 공동체의 영향력 감소로 매우 감소함)	방어하고 경계심 있지만 관심 많음. 자기 종교에 대한 자부심이 강하다. 역으로 자기종교를 전파한다. 복음 수용성이 높은 부류이다.	믿음의 대상의 중요성에 대한 접근, 종교적 행위가 구원의 확신은 믿음으로 받음, 하나님은 사랑이시다. 천국 개념 나누기 종교행위로 천국 갈 수 있을 것이라고 믿는다.
이슬람주의 (원리주의)	사상은 동의하나 실천은 지양함	와하비즘 사상, 살라피 분과 계열(대학과 젊은 층에 널리 퍼져 있음)	이슬람형제단이 불법단체로 지정되고 탄압 받음.(외적안 숫자는 현저히 감소됨)	적대적, 강하게 공격적으로 변증함, 역으로 설득함, 복음 수용성 낮음. 속임수로 만남을 요구할 수 있음	두 번 이상 만나는 건 위험할 수 있음, 이성적 접근 가능, 미디어가 효과적이다
	반드시 지하드 실천을 권장함	칼리프시대 꿈꾸는 테러, 무장단체들, 소외된 자들(극소수, 드러내지 못함)	새로운 형태의 테러단체 등장(정부가 혼란한 틈을 타서 매우 증가 후 다시 줄고 있는 추세임)	죽여야 하는 대상으로 여김, 강한 거부, 자극적으로 적대시함	인터넷, 위성 방송 등 미디어가 효과적이다. 기도와 초자연적 역사 필요

III. 중동 이집트 이슬람의 변화와 선교적 이슈와 문제점

1. 이슬람 사상의 혼동

이슬람국가들은 왜 샤리아법을 아직도 적용하고 있는가? "이슬람의 정치론은 칼리프론 이다. '칼리프' 란 무함마드가 죽은 후 예언자나 사자 (messenger)로서의 자격을 제외한 공동체(움마)의 지도자로서 그의 지위를 후계하는 자이다. '움마' 란 '샤리아' (이슬람법)에서 보이는 신의 의지를 지상에 실현시키기 위해 세워진 공동체이다. 샤리아는 신과 인간을 연결하는 도구로서 공동체에는 본질적으로 중요한 것이다. 이렇게 샤리아는 법적 기반으로서 기능을 갖고 있어서 이를 강제로 집행할 정치권력을 필요로 하는 것이다. 그래서 이슬람국가들은 샤리아에 의한 통치를 주장하게 된 것이다."5) 이런 점에서 보면 이슬람은 정치인 것이다. 공동체를 이끌기 위해서 돈과 정치권력이 필요한 것이다. 아랍의 봄 이후 세속주의 정권이 무너지고 정치적 혼란으로 인하여 새로운 정치 세력이 등장하게 되는데 그들이 바로 근대 이슬람사상의 근간인 와하비즘 (Wahhabism)6) 사상에 영향을 받은 이슬람원리주의자 들이다. 이러한 영향으로 오늘날 칼리프 국가를 만들겠다고 하는 IS와 같은 이슬람주의가 등장하게된 것이다. 이슬람주의가 등장하게 되면서 오늘날 이슬람 사상은 더욱 혼동에 빠지고 있다.

'무라드 와흐바' (Murad Wahba)는 "이븐 타이미야의 영향을 받은 와하비즘이 이집트에 들어오면서부터 이슬람의 흐름이 바뀌었다. 70년대 안와르 사다트 대통령은 사우디의 와하비즘을 앞세워 이집트 내부에 존재하고 있던 공산주의와 나세르파를 몰아내는데 성공한다. 아랍국가들에서 들어온 후원금으로 세력을 확대하게 되고, 이때부터 와하비즘이 이집트 이슬람의 흐름을 주도하게 된다. 이집트에서의 테러문제는 교육의 문제이다. 그 이유는 대부분 이집트대학들의 교육대학들이 와하비즘 사상으로 무장된 무슬림 형제단이 장악하고 있기 때문이다."7) 라고 말한다 따라서 교육대학을 졸업한 선생들에 의해 교육을 받고 자라난 아이들은 자연스럽게 와하비즘 사상을 전수받게 되는 것이다.

註 5) 김용선, '아랍문화사', 서울, 한국외국어 대학교 출판사, 1986. 171.
　6) 근대 이슬람 부흥운동의 효시이다. 압둘 와하브가 1745년 창시하였다. (출처: 두산백과 doopedia)

최근에는 이러한 문제점을 인식한 교육계의 변화가 일어나고 있다. 2015년 4월에는 카이로외곽 기자(Giza)시에 있는 학교에서는 이슬람주의와 연계된 책들을 불태운 행사가 있었다. 폭력을 선동하는 무슬림 형제단의 사상이 들어있는 책들 60여권을 불태운 것이다.[8] 이일로 인해 찬반의 논란이 일어나긴 했지만, 이러한 운동들이 일어나고 있다는 사실은 고무적인 일이 아닐 수 없다.

2. 이집트의 이슬람주의 변화

이집트의 이슬람주의 그룹은 크게 살라피(Salafiyah)와 무슬림 형제단[9]이 있다. 지난 수십년동안 무슬림 형제단은 대중의 지지를 등에 업고 이슬람주의의 흐름을 주도했지만 이집트에서 불법 테러단체로 전격 지정되면서, 그들의 공식적인 활동은 사라지고 있다. 지금은 살라피들이 이집트의 이슬람주의 흐름을 독점적으로 주도 하고 있다고 볼 수 있다. "살라피들은 이슬람국가(IS)를 이슬람이 아니라고 한다. 그러나 초대 이슬람으로 돌아가야 한다고 주장하는 그들이 실상은 이슬람이다. 왜냐하면 코란의 가르침의 30%가 전쟁과 폭력에 관한 내용이기 때문이다."[10] 그들의 폭력성을 지지하게 되면 전세계에 이슬람의 실체가 드러나게 됨으로, 외부적으로는 그들을 이슬람이 아니라고 부정해야 하는 것이다. 이것이 오늘날 이슬람의 딜레마인 것이다.

註 7) 이집트 철학자 무라드 와하바와의 대담, el-Tareeq wa el-Haqq, 2017년 1월, 136호, 4면
  8) http://www.dailynewsegypt.com/2015/04/14/giza-school-burns-alleged-islamist-books/ 20150414
  9) 1928년 이집트인 '하산 엘 반나' 에의해 시작된 이슬람원리주의 운동이다.

이집트에서는 최근 6개월 동안 120여명의 기독교인들이 테러에 의해 목숨을 잃었다. 정부에서는 IS(이슬람국가) 소탕작전에 나서고 있지만 어려움을 격고 있다. 그 이유는 주변의 살라피 지하디야[11]들의 방조에 의해 이러한 폭력이 가능하기 때문이다. "지금 형제단의 활동이 잠잠한 이유는 그들이 분열되었고, 피신했거나 감옥에 있기 때문이다. 살라피들은 무슬림 형제단이 가졌던 대중적 지지를 차지하려고 할 것이고 앞으로 있을 선거에서 많은 의석을 노리게 될 것이다."[12] 실제로 현재 살라피들의 세력은 급격하게 확산되고 있다.

3. 선교적 이슈

이집트는 혁명이후 무신론자가 급격하게 늘어난 사례가 있다. 일부 매체에서는 2백만명 정도가 무신론자라고 한다.[13] 하지만 실제로 그 수를 파악하는 것은 어려운 일이다. 또한 많은 사람들이 주님께로 돌아왔다고 말하지만 그 또한 실수를 파악하는 것은 어려운 일이다. 우리는 종교가 구원을 보장하지 않는다는 사실을 직시해야 한다. 많은 사람들이 종교로서의 기독교가 뭔가를 보장해줄 것으로 착각하고 돌아온 것처럼 보였다가 다시 무슬림으로 돌아가기도 하기 때문이다. 중동에서 새롭게

註 10) 월간지 '길과 진리(el-Tareeq wa el-Haqq)' 편집장인 싸르와트와 인터뷰 중. 2017년 2월

11) 살라피에는 포교와 지식전파를 하는 '살라피야알미야, 다아와' 와 지하드를 하는 '살라피야지하디야, 하라키야' 가 있다.[참조: 공일주, 이슬람과 IS, (서울: 기독교 문서선교회, 2015), 118.]

12) 이슬람주의운동 연구가 메헤르 파라갈라와의 인터뷰, el-Tareeq wa el-Haqq, 2017년 2월, 137호, 4면

13)http://www.truthdig.com/report/item/did_religious_extremism_drive_2_million _egyptian_youth_to_unbelief 20140213.

기독교인이 된 사람들 가운데 상당수가 단지 기독교인이 된 것으로 구원을 보장 받을 수 있는 조건을 충족시킨 것으로 착각하고 있기 때문이다. 그래서 이들에게 말씀을 통한 양육은 단지 기독교인이 되기로, 또는 하나님을 믿기로 결단한 것 이상으로 중요한 것이다. 밀러(Miller)는 "무슬림이었던 사람들 가운데 회심자가 증가하고 있는 요인으로 첫째, 그들을 위해 기도하는 사람들이 많아졌다. 둘째, 복음을 증거 하는 사람들이 많아졌다. 셋째, 매스미디어의 발달로 라디오, TV, 인터넷, 이민자 증가와 이민지에서의 종교적 자유, 세계화 등이다. 넷째, 이슬람국가들의 정치적 사회적 혼란, 믿음에 대한 의문, 이슬람 폭력에 대한 혐오감 등이다."14)고 했다. 오늘날 중동지역에서 일어나고 있는 또 한 가지 요인은 복음의 수용성이 높은 수백만의 이슬람 난민들이 있다.

1) 새 교회15)의 필요성

첫째, 예수그리스도를 구원자로 믿고 따르기로 결단한 수많은 사람들이 목자 없는 양같이 유리하며 목자를 찾고 있는 것이 현실이다. 둘째, 회심 자들은 자라온 배경이 같으므로 서로의 이해도가 높기 때문에 서로를 위로하고 돌봄으로 새로운 삶의 중심 역할을 하게 될 것이다. 셋째, 잘못된 신앙을 가르치는 이단들의 속임에 빠지는 것을 방지하기 위해서이다. 이단들보다 먼저 새 신자들에게 바른 신앙을 가르쳐야 할 필요가

註 14) Interdisciplinary Journal of Research on Religion Volume 11 2015 Article 10, 12.
　　　Believers in Christ from a Muslim Background: A Global Census, Duane Alexander Miller.
　15) 회심자들의 교회(BMB교회)를 부르는 명칭이다. 그 이유는 첫째, 같은 지역에서 살지만 기존의 기독교인들과 언어와 문화가 많이 다른 배경에서 자란 사람들로서 기존교회에 소속되기에는 어려움이 있다. 둘째, 살고 있는 지역에 기존 교회가 없거나 있어도 사회적으로 출석할 수 없는 상황이기 때문이다. 역주.

있기 때문이다. 넷째, 새로운 공동체인 새 교회를 통하여 정체성 혼란의 문제를 해결할 수 있다. 움마를 대체 하는 새롭고 더 나은 공동체가 될 것이기 때문이다. 다섯째, 교회 공동체로서의 역할을 할 것이며, 자립, 자전, 자치 할 수 있게 될 것이다. 여섯째, 다시 전에 믿던 이슬람으로 돌아가는 비율을 줄일 수 있다.

2) 새 교회의 성장에 장애가 되는 요소들

첫째, 새 신자 출신 리더가 절대적으로 부족하다. 둘째, 기존 기독교인 리더에 대한 불신이 증가하고 있다. 셋째, 새 신자 상호간의 불신이 팽배해 있다. 동료로부터 정부에 고발당할 수 있다는 두려움 때문이다. 넷째, 두려움과 영적 전쟁. 특히 직장에서 쫓겨났거나 가족을 떠나서 살고 있는 사람들은 가족공동체에 대한 그리움이 있다. 다섯째, 정체성 문제, 정체성의 혼란은 기존의 공동체를 떠났지만 새로운 공동체를 아직 찾지 못했기 때문이다.

'돈 리틀'(Don Little)은 "가족과 공동체의 압박, 이슬람의 사상과 신학적 요인, 사회적 압박, 정신적 요인, 영적 요인을 말한다. 특별히 두려움은 이 다섯 가지의 요인들과 밀접한 관계가 있다. 두려움은 그들의 과거 지도자들이 주로 이용 했던 방법이기도 하다. 두려움이 내적 싸움이 되는 것이다.[16]라고 한다. 또한 돈 리틀은 '케빈 그리슨'(Kevin Greeson)의 말을 인용해 주님을 믿겠다고 따르던 사람들 가운데 다시 이슬람으로 돌아간 사람들이 90%까지 되었다고 말한다.[17]

Ⅳ. 중동 이집트 이슬람사역 전략적 방향 제안

1. 어떻게(How)? 보다는 무엇(What)? 을 전할 것인가를 먼저 준비해야한다

이제는 그 전도의 방법론과 함께 무엇을 전달할 것인가를 준비해야한다. 복음전달자가 복음의 핵심을 잘 전달할 준비가 되어 있는가? 하는 문제인 것이다. 마음을 움직이게 하는 힘이 복음에 있기 때문이다. 진리가 무엇인지? 무엇을 믿어야하는지? 왜 믿어야 하는지? 그들의 마음속 깊은 곳을 들어가기 위한 질문들을 공유하고 진리를 선포하는 것이다. 복음으로 살아가는 자가 복음을 전달할 수 있기 때문이다. 그러므로 내 안에 있는 예수그리스도의 진리의 복음의 내용이 무엇인지? 그 복음이 내게 실제로 복음이 되어 오늘을 살고 있는가? 복음전달자가 먼저 점검해야 한다.

2. 복음전파(전도) 전략이 새로워 져야 된다

그동안 이슬람권 선교사들이 복음전파에 주력했지만 예수님께로 돌아온 자들을 어떻게 양육하고, 그들이 새로운 공동체를 세워 나갈 수 있도록 돕는 일에는 소홀해 왔다고 볼 수 있다. 그 결과 현재 많은 회심 자

註 16) Donald B. Little, Effective insider discipling: Helping Arab world believers from muslim backgrounds persevere and thrive in community, *Gordon-Conwell Theological seminary*, 2009, 192.

17) Ibid., 5.

들이 있지만 그들을 지도할 회심자 배경의 지도자가 많지 않다. 과거 회심자들이 고난과 핍박을 피해 외국으로 나갔거나, 두려움에 떨며, 숨어서 자기의 믿음을 지키기에도 버거운 삶을 살고 있었기 때문이다. 이제부터라도 그들을 양육하고 주님의 제자로 성장할 수 있도록 도와야 한다. 그리고 지도자로 세워야한다. 그들이 스스로 전도하고, 건강한 새로운 공동체를 세워나갈 수 있도록 도와야 한다.

3. '새 교회' 개척 전략

1) 우선 헌신된 성숙한 사람이 필요하다. 그 회심자는 성경을 가르칠 수 있고 예배를 인도할 수 있는 사람이어야 한다. 과거와는 달리 현재 아랍사회에서 무슬림들이 새롭게 예수님을 믿는 사람들을 만나는 것은 어렵지 않은 일이다. 현재 대부분의 기존 교회들에 출석하는 새 신자들이 몇명씩은 있다. 예배를 드릴 수 있는 가정이나 사무실 혹은 교회당 안의 한 공간 등 적당한 장소를 찾아야한다. 두세 명 이상이면 예배모임을 시작한다.

2) 지속적인 유지와 배가 성장을 위해서는 리더의 역할이 매우 중요하다. 어떠한 사단의 방해에도 굴하지 않고 믿음으로 예배를 연속적으로 드려야한다. 4-5명이 모여 드리는 예배모임이지만 그 안에서 사랑의 공동체로서 서로에게 힘을 공급할 수 있는 풍성하고 강력한 영적 예배가 되어야한다.

폴 스테판은 아랍지역에서 BMB 그룹의 성장을 위해 "적은 수의 그룹을 유지하고, 전도자로 훈련시키고, 개별적 접촉을 통해서 서로의 신뢰관계를 형성하고, 새 술은 새 부대에 의 개념으로 독립시킨다. '새 부대'는 외국인이나 학자들의 의도에 의해서가 아니라 BMB그룹 스스로 상황에 맞게 하나님의 지혜와 성령님의 인도하심에 따라 새롭게 개발되어야 한다. 지속적으로 그룹을 재정적으로 돕기 위해 만나는 일을 삼가야 한다."[18] 라고 제안한다.

V. 중동 이집트 이슬람사역자 역할과 준비

1. 중동 사역자 역할

1) "외국인이 여러분에게 할 수 있는 일, 역할은 무엇이라고 생각합니까?" 라고 한 회심자 집회에서 질문을 했다. 한 회심자가 "성경적으로 본이 되는 삶을 사는 기독교인을 보고 싶다." 라고 대답했다. 사역자는 한 사람의 신자로서 예수님의 말씀을 따라 사는 삶을 보여주는 것이라는 것이다. 즉, 기도와 믿음으로 사는 것을 가르치는 것은 내가 기도와 믿음으로 사는 것을 보여주는 것이다. 순종의 삶을 가르치는 것은 내가 순종의 삶을 사는 것이다. 그러기에 사역자는 은혜 아니면 단 하루도 살수 없음을 고백해야 한다.

2) 외국인 사역자의 역할은 현지인 회심자가 할 수 있도록 뒤에서 혹은 옆에서 보이지 않게 돕는 역할이다. 현지인이 할 수 없는 일을 찾아

註 18) Paul Stephen, Factors contributing to and inhibiting the growth of Muslim background believer groups in Arabland, *Columbia International University*, 2009, 175.

하여야 한다. 현지인도 할 수 있는 일은 현지인 회심자가 할 수 있도록 해야 한다. 폴 스테판은 "이슬람식 복장과 행동들 그리고 스스로 무슬림이라 부르는 것을 받아들임으로 인해 나타나는 혼합주의를 피해야 한다. 회심자 그룹을 인도하고 싶은 유혹을 피하고, 회심자 그룹과의 접촉은 가능한 줄이라.[19]고 말한다.

2. 중동 사역자의 준비

첫째, 사역자는 자기 사역의 개념을 버리고 연합하고, 협력하여 하나 되는 일에 힘써야 한다. 제자훈련을 통한 소그룹 리더를 세우는 일에 준비되어 있어야 한다. 둘째, 영적으로 깨어있어 죄에 대하여 민감하게 반응하여야 한다. 현지인을 사랑하는 만큼 현지 언어를 사랑하고 공부해야 한다. 셋째, 때를 얻든지 못 얻든지 복음을 전파할 준비가 되어있어야 한다.

3. 중동 사역자가 주의 할 점

첫째, 자기 생각대로 계획세우고 진행 하는 것(예를 들어 검증되지 않은 새 신자에게 지나친 기대를 갖는 것, 그 친구를 다른 나라에 보내 훈련시켜서 훌륭한 지도자로 만들겠다는 생각. 너무 흥분해서 과하게 보호하는 것, 영웅시 하는 것. 다른 사람들 앞에서 간증을 시키는 것 등등)

둘째, 영적인 부모 노릇을 하기를 좋아하여 모든 것을 가르치고 돌보고 간섭하는 것. 하나님의 뜻이 아닌 자기의 뜻대로 진로를 결정하는 등

註 19) Ibid., 173.

영육간에 자기를 의지하게 함으로 하나님과 독립된 인격적 관계를 해치는 역할을 할 수 있다.

셋째, 돈으로 사역하여 그들의 사역이 생계 수단으로 이용되어지는 경우가 있다. 서방세계로 나가고 싶어 하는 중동 사람들을 서방으로 보내는 통로가 되면 안된다.

넷째, 외국인 사역자가 금해야 될 말들: "내가 개종시켰다", "내가 키웠다", "내가 훈련시켰다", "내 제자다", "내 사역이다".... 등등 내 사역이 되고, 내 영광이 되면 안된다.

VI. 나가는 말

마크 가브리엘[20]은 알 아즈하르 대학 정책 시행 위원회에서 있었던 일을 소개한다. "그들은 내가 대학 밖으로 나가 이슬람을 비난하는 것을 원하지 않았다. 마음속에서 갈등하는 문제에 대해서는 '알라와 그분의 예언자는 진리를 아신다.' 이렇게만 말하라고 강요했다. 그러나 나는 '우린 코란이 하나님에게서 직접 나왔다고 말합니다만 저는 그 점이 의심스럽습니다. 저는 코란에서 참 하나님의 말씀이 아닌 한 인간의 사상을 보게 됩니다.' 라고 그들에게 말했다."[21] 코란을 연구한 학자로서 그의 마음속에서 번민과 방황과 인내의 끝에서 자기도 모르게 터져 나오는 영혼의 외침이었을 것이다. 진리를 찾기 위해 이슬람을 연구하고 텍스트를 공부한

註 20) 막 가브리엘은 이집트 '알 아즈하르' 대학에서 이슬람역사와 문화를 전공 박사학위를 받고 그곳에서 가르쳤다. 지금은 저술활동과 예수그리스도를 전하는 일을 하고 있다. 역주.

사람이라면 결국 참 하나님을 찾게 될 것이고, 만나게 될 것이다.

"선교는 글로벌 시대 빠르게 변화하는 세상에 대처해야 하는가?"란 질문에 필자의 답은 "그렇다" 이다. 그러나 조건이 있다. 성경에서는 우리에게 보이는 것을 주목하지 말고 보이지 않는 것을 주목하라고 말씀한다. 인간의 타락한 본성이 보이는 것을 쫓아가기 때문이다. 보이는 현상에 주목할 것이 아니라 그 이면에서 역사하시는 하나님의 뜻을 보아야 한다. 그리고 선교적 대처를 해야 한다. 당장 눈에 보이는 열매에 눈이 멀어 보여 주기위한 방법으로 현상을 쫓아가는 어리석은 선교는 지양하고, 당장 눈에 보이지 않을지라도 말씀을 의지하여 믿음으로 순종하는 선교를 지향해야 할 것이다.

註 21) 마크 가브리엘, '예수와 무함마드', 옮긴이 이용중, 서울, 지식과사랑사, 2009, 25-26.

6. 요르단의 이슬람과 기독교

정형남 선교사[1]

I. 서론

2003년 이라크 전쟁으로 인하여 사담 후세인 정권이 붕괴되었다. 또한, 2011년 튀니지를 기점으로 시작된 아랍의 봄으로 인하여 많은 아랍 국가들이 큰 혼란과 변화를 겪었다. 그러나 요르단의 경우에는 비교적 안정을 유지한 가운데 주변 국가들의 난민들을 맞이하고 있다. 2015년 11월의 통계에 따르면, 요르단의 인구는 약 952만이다. 인구 구성은 대략 요르단계가 40%, 팔레스타인계가 60%를 차지한다. 952만 중에 약 290만 명의 외국인들이 포함된다. 그들 중에는 시리아인들 126만 5천 명, 이집트인들 63만 6,270, 요르단 시민권을 획득하지 못한 팔레스타인들 63만 4,182명, 이라크인들 13만 911명, 예멘인민들 31.163, 그리고 리비아인 22,700명이 살고 있다.[2] 요르단 인구의 92%가 수니파 무슬림들이며, 기독교인이 6%, 기타 드루즈 및 시아파가 2% 정도의 비율을 보인다. 수니파 극단 세력인 IS에 가담한 요르단들이 2,000여명이다. 그러나 이 나라는 IS를 격퇴하는데 앞장서고 있다. 이 나라의 공식 명칭은 요르단 하쉼 왕국(HKJ: The Hashimite Kingdom of Jordan)이다. 하쉼 왕조와 국회에 대해서, 그리고 기독교와 난민 선교에 대해서 각각 살펴보고자 한다.

註 1) 1989년부터 아랍권 선교사로, 현재 요르단 주재 이라크인 난민 교회를 섬기고 있으며, 아세아연합신학대　학교 (ACTS)의 연구 교수다.
2) http://www.jordantimes.com/news/local/population-stands-around-95-million-including-29-million-　guests.

II. 하쉼 왕조

하쉼은 이슬람의 창시자 무함마드의 증조부의 이름이다. 훗날, 무함마드와 그의 후손들 중에 하쉼 가문이 형성 되었다. 현재의 왕인 압달라 II는 무함마드의 41대 손이다.[3] 무함마드에게는 12명의 아내와 많은 첩이 있었지만, 아들이 없었다. 그의 사망 후에 1대와 2대의 후계자(칼리파)로그의 장인이자 친구인 아부 바크르(2년 동안)와 오마르(10년 동안)가 각각 세워졌다. 3대 칼리파로 오스만이 12년 동안 통치하던 중에 살해를 당하였다. 그리하여, 무함마드의 딸 파티마의 남편이자, 그의 4촌 동생인 '알리'가 제 4대 칼리파가 되었다. 그런데, 알리를 추종하는 자들과 그를 대적하는 자들로 양분되었다. 추종한 자들이 곧 시아파이다. 아랍어로 "시아(트)"는 '따르는 자들' 또는 '추종하는 자들' 이다. "시아(트) 알리", 즉 "알리'를 '추종하는 자들"인데, 줄여서 "시아(트)"/시아파가 된 것이다.

한편, 알리를 대적하는 자들이 곧 수니파이다. '수니'라는 말은 아랍어로 '순나'인데, 무함마드의 삶의 방식이자 관행들을 뜻한다. 그들은 '알리' 가 아니라 이슬람의 경전인 '코란' 과 코란의 전달자이며 이슬람의 창시자인 '무함마드의 삶의 방식과 관행' 을 따른 다는 것이다. 제 3대 칼리파 오스만의 살해 사건과 알리의 제 4대 칼리파 즉위 사건은 수니파 탄생의 빌미가 되었다. 오스만의 조카이며, 다마스커스의 총독이던 무아이야(Muawiya)는 그와 그의 삼촌의 가문인 움마이야드(Umayyad)를 이슬람의 최초 왕조로 격상시킨 후 이슬람의 최초 왕국을 선언하였다(661-

---

註 3) en.wikipedia.org의 "요르단"과 '하쉼 왕조"에서 많이 활용하였다.

744). 그가 왕으로 다스리는 왕국의 백성들은 곧 수니파의 무슬림들이 되었다. 수니파는 다수가 되고 시아파는 소수가 되었다. 알리는 수니파와 타협을 하게 되었고, 그 일로 인하여 이라크의 쿠파에서 661년에 54세의 나이에 살해를 당하였다.[4] 그의 둘째 아들 후세인이 후계자가 되었다. 그는 680년에 수니파와의 카르발라 전투에서 55세의 나이에 순교를 당하였다.

그렇지만, 알리의 큰 아들 하산과 그의 후손들은 시아파가 아니라 수니파에 속하였다. 하쉼 가문이 바로 그들 중에 속한다. 하쉼 가문은 10세기부터 이슬람의 태동지로 제 1 성지인 메카와 이슬람의 최초의 움마 공동체가 탄생되어 제 2의 성지가 된 메디나의 수호자 역할을 하여 왔다. 그 가문의 대표가 아랍어로 "고귀한 (자)"라는 뜻의 타이틀 "샤리프"를 갖게 되었다. 같은 수니파에 속한 오스만 터키 제국의 황제의 배려 때문이었다. 그러나 1916년 샤리프 후세인은 오토만 제국에 대항하여 아랍혁명(Arab Revolt)을 일으킨 후에 헤자즈(Hejaz) 왕국을 세웠다. 헤자즈는 메카와 메디나를 포함한 영역을 지칭한다. 샤리프 후세인은 첫 번째 왕이 되었고(1916-1924), 그의 큰 아들 알리가 두 번째 왕이 되었다 (1925). 그런데, 그 왕국은 1925년 말에 이븐 사우드에 의하여 정복되고, 하쉼 가문은 축출되었다. 그 후로는 사우디아라비아의 왕이 그 두 개의 거룩한 모스크를 수호하는 자가 되었다.[5]

註 4) 알리를 살해한 자는 카와리지 파에 속한 자였다. 이 파는 본래 알리 진영에 속했다가 떠난 자들이었다. '카와리지'의 뜻은 '나간 사람들'이다.
　 5 사우디아라비아 왕에게는 ??두개의 거룩한 모스크의 수호자??(The Custodian of the Two Holy Mosques)라는 수식어가 공식적으로 붙는다.

한편, 이슬람의 제 3의 성지인 예루살렘의 황금의 돔과 알아끄사 사원의 수호자는 하쉼 가문의 요르단의 왕의 몫이 되었다. 사실, 하쉼 가문은 제 1차 세계 대전 때 레반트 지역에서 영국의 협조자가 되어 오스만 제국을 물리쳤다. 그리하여, 하쉼 가문은 영국으로부터 시리아(1920.3.8-7.24)와 이라크(1921-1958년)와 요르단(1921-지금까지)을 각각 통치하게 되었다. 요르단은 샤리프 후세인의 둘째 아들 압달라가, 시리아와 이라크는 셋째 아들 파이잘이 각각 통치하였다. 1920년에 파이잘이 왕이 되어 시리아에서 출범된 나라의 이름이 시리아 아랍 왕국(The Arab Kingdom of Syria)이었다. 그 왕국은 최초의 근대 아랍 국가였다. 그렇지만, 그 왕국은 프랑스의 반대로 4개월 만에 끝났다. 그 다음 해인 1921년에 파이잘은 이라크의 하쉼 왕국(HKI: the Hashimite Kingdom of Iraq)의 왕이 되어 13년을 다스렸다(1921.8.23-1993.9.8). 그 왕국은 그의 아들(Ghazi)과 손자(파이잘 II)까지 이어지던 중에 공화정으로 바뀌었다(1958.7.14).

요르단은 1921년부터 1946년까지는 영국의 보호를 받은 토후국으로서 트랜스요르단(The Emirate of Transjordan)이었다. 여기서 트랜스는 "건너편"의 뜻으로 트랜스요르단은 곧 요르단 강 건너편/동편이다. 그러나 그 영토에 있어서는 요르단 강 건너편만이 아니라 요르단 강의 서편, 즉 동 예루살렘을 비롯한 요르단 강 서안 지구(West Bank)까지도 포함되었다. 이 나라는 1946년에 독립국으로서 트랜스요르단 하쉼 왕국(HKT: The Hashemite Kingdom of Transjordan)이 되었고, 1949년에 국명이 요르단 하쉼 왕국(HKJ: The Hashemite Kingdom of Jordan)으로 변경되었다. 초대 왕 압달라는 1951년 7월 20일(금)에 예루살렘의 알아끄사 사원에서 예배하던 중에 한 팔레스타인에 의해서 살해되었다. 그의 아들 딸라알이 왕위를 계승하였으나, 질환으로 인하여 약 1년만 통치하였다(1951.7.20-1952.8.11). 그리고 나서 그의 아들 후세인이 3대 왕이 되어 47년 동안 이 나라를 통치하였다(1952.8.11.-1999.2.7). 후세인이 통치하는 기간 중에, 이집트의 나세르 대통령이 시리아와 합병하여 세운 통일아랍공화국(UAR: United Arab Republic)으로부터 이라크와 요르단이 함께 위협을 당하자(1958-1961), 후세인과 그의 사촌 형인 파이잘 II가 각각 통치하는 요르단 하쉼 왕국(HKJ)과 이라크 하쉼 왕국(HKI)이 이라크와 요르단의 아랍 연맹(Arab Federation of Iraq and Jordan)을 설립하였다(1958.2.14). 그러나 같은 해 7월 14일에 이라크의 파이잘 II이 쿠테타로 살해를 당하고 공화국으로 바뀜에 따라 그 연맹의 운명은 5개월 만에 끝났다. 그 후로 요르단은 아랍연합국과 이스라엘 사이에 벌어진 1967년의 6일 전쟁(제3차 중동전쟁)으로 동 예루살렘을 비롯한 요르단 서안 지구를 이스라엘에게 빼앗겼다.

그렇지만, 이슬람의 제 3 성지인 예루살렘 성전 터의 황금의 돔 사원과 알아끄사 사원과 예루살렘 성 안의 그리스 정교회와 로마 천주교회와 아르메니안 교회의 관리는 요르단의 왕의 몫이다. 그렇기 때문에, 그 교회들의 대주교 임명은 현재 점령하고 있는 이스라엘의 동의와 요르단 국왕의 인준을 받아야 한다. 그래서 대주교들은 요르단 국왕으로부터 신임장을 받기 위하여 요르단을 다녀간다. 이는 1967년 이전 관례에 따르는 것이다. 1993년에 현재 예루살렘의 심벌이 되고 있는 그곳의 황금 돔은 제 3대 왕 후세인이 그의 런던의 집을 팔아 미화 8백 20만 불을 투자하여 입힌 것이다. 그러나 그런 이슬람의 성지인 예루살렘 성전 터의 황금의 돔 사원과 알아끄사 사원이 유대인들에게는 솔로몬이 건립했던 성전이었던 옛 성전 터였다. 그래서 지금도 바로 그곳에 예루살렘의 제 3의 성전이 건립되어야 한다는 주장을 강하게 펼치는 유대인들이 있다. 그런데, 그 주장을 유대인들보다 더 적극적으로 펼치는 자들이 있는데, 그들이 바로 기독교 시온주의자들이다.[6] 그들의 관점에서는 예수 그리스도의 재림을 앞당기기 위해서는 지금의 황금의 돔과 알아끄사 사원은 속히 파괴되어야 한다는 것으로서, 사실상, 9.11 테러는 그들의 주장에 대한 이슬람 측의 반격이었다고 할 수가 있다.[7]

III. 국회의 이슬람 당들과 이슬람 관련 법안

요르단은 인구의 92%-93%가 수니파의 무슬림으로서, 수니파 인구 비율이 세계에서 가장 높은 나라이다. 요르단 국회의 상원 65석은 왕에 의하여 임명되지만, 하원 130석은 국민에 의해서 직접 선출된다. 그 중에 100석은 어느 정당에도 속하지 않은 각 개인이다. 그리고 10석은 다섯 개의 군소 정당들이 차지하고, 나머지 20석은 이슬람에 뿌리를 둔 정당이 차지하고 있다. 또한, 130석 중에 15석은 여성들의 몫이고, 3석은 코카시아인들과 체첸인들의 몫이고, 9석은 기독교인들의 몫이다. 먼저, 이슬람에 그 뿌리를 두고 있는 세 개의 당에 대해서 살펴보자.[8]

註 6) 필자는 "이슬람과 메시아 왕국 이슈"(CLC, 2009)와 "아브라함의 아들 제사에 대한 성
경과 코란의 비교 연구"(ACTS 세계선교 연구 2012)와 "기독교 시온주의와 대체신학
이슈(?)와 "메시아닉 한국계 이방인들" 등의 글을 통해서 예루살렘 제 3 성전 건축을
옹호하는 자들을 비판하여 왔다. 그리고 그들에게 "왜 이사 간 옛 처갓집/여호와 하
나님의 집의 말뚝/통곡의 벽을 보고 절을 하는가?"라고 묻고 있다.
7) 오사마 빈 라덴이 9.11 테러를 행하기 전에, "십자군에 대한 성전을 촉구하는 세계 이
슬람 전선 선언"을 다음과 같은 내용으로 발표했다(1998.2.23). "…. 예루살렘의 성전
산에 있는, 알아끄사 모스크를 그들의 지배로부터 해방시키고…."
www.fas.org/irp/world/par/docs/98023-fatwa.htm.
8) en.wikipedia.org의 "요르단 국회"에서 많이 활용하였다.

이슬람행동전선(IAF: Islamic Action Front)는 현재 10석을 차지하고 있다. 이 당은 1928년에 이집트의 알바나(Hassan al-Banna, 1906-1949)에 의해서 조직되었던 무슬림 형제단(Muslim Brotherhood)과 연대하고 있다.[9] IAE는 1992년에 350명의 회원과 함께 창설되었다. IAE는 요르단의 발전의 열쇠가 되는 민주주의, 다원주의, 다른 종교에 대한 용납, 여성의 권리 등을 주장하며, 극단적이고 혁명적인 운동들을 지지하지 않고 IS와 같은 극단적이고 잔인한 그룹들을 인정하지 않는다. 우선적으로 요르단에 주재하는 팔레스타인들을 돕는 것이 IAE의 주 과업이다. IAE의 대부분은 팔레스타인 출신들로 이스라엘을 대적하는 하마스를 돕고 있다.[10]

2012년에 잠잠당(Zamzam Party)은 로힐 가라비가 무슬림 형제단의 독주를 비판하기 시작하였다. 3년 후에는 지난 2015년에 IAF는 가라비를 비롯한 개혁주의자들과 비개혁주의자들로 양분되었다. 2016년에 개혁주의자들이 IAE에서 이탈하여 잠잠당을 창당하였다. 같은 해의 선거에 5석을 차지하였다. 잠잠은 메카의 하람 사원 안에 있는 우물의 이름이다.[11]

이슬람 중도 당(ICP: Islamic Centrist Party)은 2001년에 창당되었

註 9) 하산 알바나는 이슬람권에서 이슬람의 영향력이 쇠퇴하고 세속주의, 물질주의, 서구화 등이 진전되는 처지를 안타까워했다. 그는 칼리프 제도를 통해서 국경을 초월한 새로운 이슬람 제국을 복원하려고 했다. 이 형제단 운동은 처음부터 팔레스타인과 요르단, 그리고 다른 중동 지역에 깊숙이 침투해 들어가기 시작했다. 알바나는 살라피 운동(Salafi movement)을 주도했던 아라비아의 와하브 (Muhammad ibn Abd al-Wahhab, 1703-1792)에게 많은 영향을 받았다. 형제단의 모토는 초대 칼리프 시대로 돌아가자는 근본주의 운동이다.
10) http://www.atimes.com/atimes/Middle_East/EC07Ak01.html
11) http://www.wow.com/wiki/Zamzam_(party).

다. 이슬람법에 기초하여 정치, 경제, 교육, 사회 개혁을 추구한다. 이 당은 무슬림 형제단과는 관련이 없다. 온건 이슬람을 후원하며, 극단적인 종교 이데올로기와 폭력을 지지하지 않는다. 이 당은 요르단의 민주주의가 강화되는 것과 언론의 자유를 옹호한다. 여성의 정치적 역할의 증진을 도모한다. 끝으로, 팔레스타인 국가 설립을 적극 지지한다. 2003-2007년에는 2석을 차지하였다. 2009년의 지방자치단체 선거에서 수많은 당선자가 배출되었다.[12]

요르단에는 4천여 개의 이슬람 사원이 있다. 그 모든 사원이 수니파 사원으로 시아파 사원은 단 하나도 없다. 그 사원에 대한 지원과 통제는 정부의 몫이다. 정부는 이슬람 성직자(이맘)와 금요 예배 설교자 임명권을 행사하고 있다. 정부는 이맘들에게 하얀색 셔츠와 바리, 머리 덮개 '타끼야'를 착용하도록 한다. 2006년 9월 24일에 국회는 이슬람 진영을 통제하는 일련의 법안을 마련했다. 정부는 "국내 사원이 극단주의 사상을 퍼뜨리는 도구로 사용되는 것을 막기 위한 것"이라고 입법 취지를 설명했다. 주요 규정들은 다음과 같다. 사원의 금요 예배 설교는 사전에 정부의 허가를 받아야 한다. 사원이나 이슬람 관련 기관에서 진행되는 종교 교육이나 세미나 등의 주제와 강사도 정부의 허가를 받아야 한다. 사원의 설교자나 꾸란의 교사도 정부의 서면 허가를 받아야 한다. 정부가 인정한 이슬람위원회 외의 개인이나 단체는 이슬람법 해석(파트와)을 내릴 수 없다. 관련법을 위반한 경우에는 구속 또는 벌금형에 처한다.[13]

註 12) https://www.revolvy.com/topic/Islamic%20Centrist%20Party.
　　13) 김동문, "기독교와 이슬람 그 만남이 빚어낸 공존과 갈등", 세창출판사(서울: 2011), 402, 403.

IV. 기독교

요르단, 또는 아랍권의 최초의 선교사는 사도 바울이었다.[14] 요르단
은 레바논, 시리아, 팔레스타인, 이라크, 이집트와 더불어 기독교 역사가
이슬람의 방해에도 불구하고 초대교회부터 계속되는 지역이다. 하원
130석 중에서 9석은 기독교인들의 몫이다. 성탄절은 국가적으로 법적
공휴일이며, 부활절은 그리스도인들에게 공휴일이다. 정부로부터 정교
회와 천주교회와 성공회와 루터교회 등이 종교부에 등록된 공식 기독교
로 인정을 받고 있다. 그러나 복음주의교회라는 범주 아래 다섯 교단이
협의체를 이루어 종교부가 아닌 법무부에 등록되어 있다. 법무부에 등록
된 순서별로 열거하면 다음과 같으며, 지역 교회 수는 60여개가 되며,
성도 수는 8,000 명 정도밖에 안 된다. ① C&MA(Christian &
Missionary Alliance) 교회(1927.3.1) ② 나사렛교회(1951.10.10) ③
EF(Evangelical Free)교회(1955.3.12) ④ 하나님의 성회(1957.3.9) ⑤
침례교회(1957.5.8).[15] 1995년 10월에 요르단 최초의 개신교 신학교인
요르단복음주의신학교(JETS)가 아랍 세계 지도자를 훈련시킬 목적으로
개교하여 오늘에 이르고 있다.[16] 요르단 전체 인구가 5백만일 때 기독교
인구가 전체 인구의 4%였다(2015년 11월의 통계에 따르면, 요르단 인구

註 14) 사도 바울이 요르단 또는 아랍권의 최초 선교사라는 설명은 필자의 글 "아라비아의
　　　최초의 선교사 바울과 그의 메시지"이 횃불트리니티 신학교 이슬람연구소가 발행하
　　　는 "우리 형제 이스마엘" 제 107호(2011년 4월 15일)에 잘 소개되고 있다. 이 글의 파
　　　일도 필자의 ACTS 게시판에서 다운로드 된다.
　　15) Jiries Habash, "요르단복음주의교회", *MIATE (Middle East Association for
　　　Theological Education)* JOURNAL 6 no 1(December) 2011.
　　16) www.jets.edu
　　17) Jane & J. *Martin Bailey*, Who are the Christians in the Middle East? 6,
　　　pp.188-169).

가 642만이었다).[17] 1930년대에는 기독교 인구가 전체 인구의 20%였다. 기독교 인구의 절반 이상이 그리스 정교회이다. 나머지는 라틴 도는 그리스 천주교회, 시리아 정교회, 개신교회와 아르메니안 정교회이다. 패트릭 존스톤에 따르면, 이슬람에서 개신교회로 개종한 자(MBB)들이 약 6,500명이다.[18]

V. 난민들

요르단은 1948년 이스라엘의 건국 사건 후부터 수많은 팔레스타인 난민들의 터전이 되어, 그들 중의 대부분은 요르단 시민권자들이 되었다. 그렇지만, 약 63만의 팔레스타인들은 아직도 난민들로 살아가고 있다.[19] 1990년 사담 후세인의 쿠웨이트 침공으로 인하여 시작된 1991년의 걸프 전쟁으로 인하여 수많은 이라크 난민들이 요르단으로 유입되었다. 그 전쟁으로 인하여 요르단과의 국경만 열리고 모든 국제공항과 국경이 폐쇄되었기 때문이었다. 그리고 2003년의 미국의 이라크 전쟁으로 인하여 사담 후세인 정권이 붕괴되자 이라크의 수많은 난민들이 요르단으로 들어왔다. 2010년에 시작된 시리아의 바샤르 아사드 정권과 반군과의 전쟁의 장기화로 인하여 생겨난 시리안 난민들의 수가 2015년 11월

註 18) Patrick Johnstone, Believers in Christ from a Muslim Background: A Global Census, Duane Alexander Miller, St. Mary's University San Antonio, Texas, WEC International Singapore.
  https://www.academia.edu/16338087/Believers_in_Christ_from_a_Muslim_Background_A_Global_Census
  19) 요르단 시민권 없이 난민으로 살아가는 팔레스타인들이 63만 4,182명으로 전체 인구의 6.65 퍼센티지가 된다.
  20) 2017년부터 요르단노조총연맹은 시리아 난민에 대해 노동허가증 발급을 시작하였다.

의 통계에 따르면 126만 5천명이다. 그들의 대부분은 수니파 무슬림들이다.[20] 이 나라의 교회들과 선교사들은 그들에게 세계의 여러 교회들의 지원을 받아 생필품이나 구제품과 더불어 예수 그리스도의 사랑을 전하고 있다. 예수 영화 보급을 비롯하여 다양한 채널을 통하여 그들에게 복음이 전파되는 가운데 귀한 결실들이 맺혀지고 있다. 한편, 난민 사역을 하던 외국 사역자들 중에는 추방을 당하기도 한다.

VI. 이라크 기독교 난민들을 위한 선교

요르단 교회들은 세 번(걸프전쟁 후, 이라크 전쟁 후, IS 출현 후)에 걸쳐 요르단으로 유입되는 이라크 기독교 난민들을 맞이하였다. 그리하여, "이라크 기독교 난민 예배 공동체"(Iraqi Christian Refugee Worship Community: ICRWC)가 요르단의 여러 지역교회들과 더불어 각각 탄생되었다.[21] 그들은 주로 앗시리안 교회(네스토리우스파), 칼데아 천주교회, 시리아 정교회, 시리아와 아르메니안 천주교회 출신들이며, 소수만이 개신교회 출신들이다. 1987년에는 이라크 전체 인구 약 1,750만 중에 기독교 인구 8%로 140만이 넘었다. 2003년에는 전체 인구 약 2,500만 중에 기독교 인구가 6%로 약 150만이였다[22] 그런데, 지금은 그 중에 약 1/3, 즉 약 50만이 남았고 나머지는 이라크를 빠져나갔다. 이라크의 개신교회는 사담 후세인 시절까지는 총 5개(바그다드에 2개, 바스라에 1

註 21) 2017 KGMLF(Korean Global Mission Leadership Forum, 2017.11.710, 속초)포럼에서 더 자세한 내용이 발표된다. 포럼 본부는 그 포럼 내용을 책(영문과 한글)으로 내년 초에 출판할 예정이다(http://kgmlf.org).

22) http://www.cnsnews.com/news/article/michael-w-chapman/2003-christians-iraq-1-400000-2016-christians-iraq-275000

개, 모술에 1개, 키르쿡에 1개) 밖에 없었으며, 모두 다 장로교회였다. 다시 말해서, 이라크의 구 교회 출신들 중의 상당수가 요르단에서 ICRWC를 통해서 개신교회를 처음으로 경험하게 된 것이다.

1991년부터 자발 암만 C&MA 교회(담임 요셉 하쉬와 목사)에 ICRWC이 시작되어 매주 화요일 저녁 모임을 갖게 되었다. 1995년 초부터 그 공동체는 요르단의 주 공휴일인 금요 낮 모임도 갖게 되었다.[23] 1995년 여름에는 화요 저녁 모임과 금요 낮 모임의 규모가 각각 200여명을 넘었다. 1995년 10월에 요르단 최초의 개신교 신학교인 요르단복음주의신학교(JETS)가 개교하였다.[24] 이라크 신학생들을 위한 형제관도 마련되었다.[25] 자발 암만 교회의 ICRWC에 속한 루메일, 유난, 하빌, 에밀, 다웃, 엘리자벳, 이렇게 6명이 JETS에 입학하였다. 이라크인 신학생들의 숫자가 매 학기마다 늘어나 30명을 넘었다. 그들 중의 상당수는 요르단에 나온 후 개신교회를 처음 경험하였던 자들이었다.

그러나 자발 암만 C&MA의 ICRWC는 어떤 한계와 범위를 직면하였다. 1995년 말부터 "F"라는 한 이라크인 MBB가 형제관에 거주하면서, JETS에 입학하게 되었다. JETS 총장은 그를 그 해의 최우수 학생이라고 평가했다. 그럼에도 불구하고, ICRWC의 리더들은 그가 MBB이기 때문에 그들의 공동체로 받아들일 수 없다고 결정했다. 그들의 공동체 가

註 23) 이 금요 모임은 1994년 가을부터 필자의 집에서 함께 기거하던 이라크인 목회자 후보생 루메일과 그의 동료들과 더불어 가져 오던 소그룹 모임이 발전된 것이다.
24) www.JETS.edu. 필자는 두 번째 학기에 교수로 부름 받았다.
25) 이 형제관은 한국기아대책(KFHI)의 후원으로 운영되었다. 또한, KFHI는 자발 암만 C&MA 교회의 난민들을 위한 의료 사역과 구제 사역 등을 후원하였다. 그 후원은 KFHI의 이사인 두상달 장로의 요르단을 방문 결과로 이루어졌다.

운데 이전에 무슬림이었던 형제에 대한 불신과 그로 인한 불편한 마음으로 야기된 것이었다. 감사하게도, 그는 그를 따뜻하게 맞이하여 주는 요르단인 교회에 속하였다. 그런데, 이라크인 "F"의 경험은 이집트인 MBB인 "M"의 경험과 크게 대조가 된다. "M"은 자발 암만 C&MA 교회의 ICRWC 금요 모임에 첫 발을 내디뎠다. 모임 후에 루메일이 그에게 개인적으로 복음을 전하였다. 그는 2주 만에 필자가 그동안 모아 두었던 설교 원고를 다 읽고 모든 질문에 답을 하였다. "M"은 이라크인 "F"와 달리 ICRWC에 참여하는데 문제가 없었다. 또한 그는 콥틱 기독교 배경의 이집트인들의 모임에도 참여하였다. 그는 그 모임에서 그를 인하여 몹시 당황해 하는 그들을 개의치 않고 그의 간증과 함께 메시지를 전했다. 그들 중에 하나가 "M"에게 다음 주 모임에도 오라고 하였다. 그런데, "M"을 초청하였던 그가 그 주간에 사고로 천국으로 떠났다. 그들은 "M"이 그를 대신하게 되었다고 함께 마음을 모았다. 마침내, 그도 JETS 학생이 되었다. 얼마 후에는 MBB인 그가 그 콥틱 기독교인들의 모임을 잘 인도하였다.[26] 요르단의 5개(아쉬라피아, 하쉬미쉬밀리, 마다바, 마르카 쉬말리, 자르카) 지역의 교회의 협조로 ICRWC가 하나씩 탄생되었다. 자발 암만 CMA 교회의 ICRWC 출신의 싸히르, 싸미, 쏴브리, 다우드, 미셸이 각각 담임 목회자가 되었다.

걸프 전쟁이 발발한지 약 12년 만에 이라크 전쟁이 발발하였다 (2003.3.20). 후세인 체제가 붕괴되었다(2003.4.9.). 사실, 걸프 전쟁으

註 26) 안타깝게도, "M"은 요르단 경찰서 유치장에 2주 동안 갇혀 있다가 이집트로 추방을 당하였다. 그 후로 JETS는 MBB들의 입학을 허락하지 못하고 있다. 카이로의 장로교회 신학교는 한국의 총신과 장신보다 그 역사가 더 오래 되었지만, 아직까지 단 한 명의 이슬람으로부터 개종자가 입학한 적이 없다.

로 인하여 요르단에 유입된 이라크 난민들은 거의 다 요르단을 떠나가고, 일부만 남아 있었다. 그런데, 이라크 전쟁으로 그 상황이 더욱 악화되어 이라크 난민들이 또 생겨나게 되었다. 그들로 인하여, 요르단의 아슈라피아 교회의 ICRWC는 한동안 새롭게 활력이 넘쳤다. 그러나 그 열기는 오래가지 못하였다. 유럽의 몇몇 나라들과 호주, 뒤따라 미국마저도 난민들을 받아주어, 대부분의 난민들이 요르단을 떠나갔기 때문이었다.

한편, 이라크 전쟁 후에 바그다드의 기독교인들 중에는 극단적인 이슬람 세력의 위협에서 벗어나기 위하여 이라크 북부 지역의 모술 주변의 기독교 마을로 이사를 갔던 자들이 꽤 많았다. 그런데, 바로 그 지역에 잔악무도한 IS가 출현하였다(2014. 6.29). 이라크 전쟁이 발발한지(2003. 3.20)약 11년이 지난 후이며, 전쟁 종전되고(2011.12.15) 약 2년 반이 막 지난 후에 일어난 사건이었다. 모술의 기독교인들이 이라크 북쪽 쿠르드 지역으로 서둘러 옮겼다. 그들 중의 일부는 그곳에 여전히 남아있지만, 상당수는 그들의 조국을 기약 없이 떠났다.

요르단으로 유입되는 이라크 난민들의 수는 점점 늘어남에 따라 요르단의 지역 교회들 가운데 ICWRC가 활성화되고 있다. 아슈라피아 EF교회의 경우에는 예배당은 40여 명 정도밖에 수용할 수가 없었다. 이 교회는 120여 명을 수용할 수 있는 2층 예배실을 증축하였다. 그리하여, 교우 자녀들을 위한 클럽을 열어, 영어와 아랍어 등을 가르쳤다. 이라크 난민들은 쿠란과 이슬람이 필수과목인 공립학교에 자녀들을 보내는 것을 꺼려한다. 그리하여, 그 클럽의 역할은 아주 컸다. 그런데, 천주교회에 속한 NGO인 카리타스의 지원을 받아 모든 이라크인 자녀들이 기독교

사립학교를 다니게 됨으로 그 클럽은 문을 닫았다. 2016년 초에는 슈미싸나라는 지역의 한 교회에서 ICRWC가 새롭게 시작되었다. 현재 100여 가정의 이라크 기독교 난민들이 이 공동체에 속해 있다. 한 주간 동안 성경 구절들을 암송하도록 하여 교회에서 발표하는 시간을 갖고 있는데 30여명이 꾸준히 참여하고 있다. 또한, 난민들을 위한 아랍어로 축복의 뜻을 지닌 '바라카'(Baraka) 센터가 마련되어 주중의 난민사역이 활성화되고 있다.[27]

VII. 결론

이 나라의 현재의 왕인 압달라II는 무함마드의 41대 손이기도 하지만, 그의 모친은 영국의 기독교 가문 출신이다.[28] 그는 이슬람의 제 3의 성지인 예루살렘의 황금의 돔과 알아끄사 사원뿐만 아니라, 예루살렘 성 안의 그리스 정교회와 로마 천주교회와 아르메니안 교회도 관리하고 있다. 이슬람과 기독교의 평화적인 공존을 위한 그의 역할이 크다. 2011년 튀니지를 기점으로 시작된 아랍의 봄으로 인하여 이 나라에 민주주의가 더욱 꽃피우기를 기대하는 열기가 컸다. 압달라 왕은 정부를 새로 구성하고 국회에 비례대표제 등을 도입하여 국민들의 기대를 어느 정도 충족시켜 주었다. 이 나라는 혼란만 계속되는 주변국들과 달리 안정을 유지하는 가운데, 주변국의 난민들을 맞이하고 있다. 특별히, 이 나라의 교회

註 27) 바라카 센터 임대료 및 운영비도 이라크 신학교 후원회가 감당하고 있다.
　　28) 요르단의 현재 왕 압달라 II의 모친의 본명은 Antoinette Avril Gardiner이다. 그녀는 후세인 왕과의 결혼함으로 Princess Muna al-Hussein로 일컬어졌다. 그녀는 10년 동안의 결혼 생활 중에 4자녀를 낳았다. 그녀는 영국 출신의 기독교인으로 개종을 하지 않았기 때문에 "Queen"칭호를 받지 못하고 "Princess"칭호를 받았다는 소문이 있다. 그러나 그녀의 아들 압달라II가 왕으로 즉위한 후에 "Queen" 칭호를 받았다.

들은 세계 여러 교회들과 동역하는 가운데 이 나라에 유입되는 여러 난민들을 상대로 예수 그리스도의 사랑과 복음을 전하고 있다.

시리아의 수니파 무슬림들 중에서 그에 응답하는 자들이 생겨나고 있다. 또한, 걸프 전쟁과 이라크 전쟁, 그리고 2014년 IS 출현으로 인하여 천주교회와 정교회 배경의 이라크 난민들이 이 땅의 교회를 통해서 거듭남을 체험하고 생명력 있는 그리스도인들로 변화되는 사례들이 많이 일어나고 있다.

7. 모로코 이슬람과 선교적 전망

이 성 욱[1]

I. 들어가는 말

본고에서는 모로코의 이슬람 역사와 그 이전의 기독교에 대하여 간단하게 살펴보고, 모로코에서 한국인 선교사 한정하여 선교 역사를 살펴보려고 한다. 그러한 이후에 모로코의 선교에 대한 간략한 전망을 하고자한다.

II. 모로코의 이슬람 역사

모로코가 속해 있는 북아프리카는 아프리카 대륙 사하라 사막 이북 지역, 모로코, 알제리, 튀니지, 리비아 이집트 등의 나라를 말한다.[2] 북아프리카는 문화적으로나 언어적으로 이슬람과 아랍어 권에 속한다.[3] 북아프리카는 수천 년 동안 도시 국가를 형성했고, 문자를 사용하는 사회였다. 북아프리카 지역이 지리적으로나 역사적으로 아프리카, 동양, 지중해 권에 속해 있었고, 이들은 인종적으로는 아프리카, 이탈리아, 유대인, 이집트인, 프랑스인이서로 만난 곳이기도 했다.[4] 모로코의 원주민은 보통 '베르베르' 라고 알려져 있는데, 이들은 원래 '아마지그' 라고 부른다.[5]

註 1) 2000년대 후반부터 모로코에 살고 있다.
2) 공일주 '북아프리카샤' , 1998, (대한교과서), p15
3) Ibid, p15
4) Ibid, p17
5) Ibid, p26, 아마지그는 로마 점령 이전많은 부족을 지칭하는 말이었으나 오늘날 베르베르 사람들은 자신들을 아마지기라고 불러주기를 원한다.

아라비아 반도에서 시작된 이슬람은, 지하드의 개념이 단순한 믿음을 내적으로 수호하는 수동적인 입장에서, 보다 능동적이고 공격적인 입장으로 바뀌면서, 이슬람은 아라비아 반도에서 그 세력을 점점 넓혀 나가게 되었다. 7세기중엽까지 그들은 아라비아 반도 전역에 정복을 통해 그 종교적이고 정치적인 세력을 확대하였다.[6]

모로코는 순니 이슬람에 속하였고, 말리키 학파에 속한다.[7] 모로코의 이슬람화는 이드리스조 치하 때에 급진전되었다.[8]? 이드리스가 도읍을 정한 페스는 그 당시에 이 도시가 정치 세력의 중심지가 되면서 이슬람 전파와 수단이나 스페인 다른 북아프리카 국가를 이어주는 무역로 역할을 했다. 이슬람이 도시 발달과 함께 도시에서 주로 성장 한 반면에, 시골에서는 베르베르어가 지배적으로 사용이 되었다.[9] 사하라에서 종교 활동을 하던 말리키 학자들을 중심으로 무라비툰 왕조가 탄생하였다. 이들은 마라케쉬와 알제리 서부 그리고 스페인에 이르는 넓은 영토를 가진 거대한 왕국이었다.[10] 이후에 알 무와히둔 왕조, 마린 왕조를 거쳐 현재 알라위 왕조에 이르게 된다.

註 6) Ibid, p81
　7) "말리키 학파는 말리크가창설했다고 전해진다. 그에게 '합의' 와 '유추' – 코란에대한 공동체의 합의와 유추–는 원칙상 메니나(사우디 아라비아서부 헤자즈 지방에 있는 도시) 거주자에게만 적용되었다. 그는법률적 우선권을 최소화하고 공공이익이라는 개념을 도입했다. 말리키 학파는 이집트, 헤자즈, 북아프리카, 아랍인지배하던 스페인등에 퍼져있고, 지금은 서 아프리카와 서부수단에 널리 퍼진 것으로 전해진다. "
　8) Ibid, p105
　9) Ibid, p105
　10) Ibid, p133-135

III. 북아프리카와 모로코의 기독교

180년에 그곳에 교회가 존재하고 있다는 것이 알려졌었다.[11] 박용규 교수는 다음과 같이 전언을 한다. "교회는 주로 로마인들이나 그들과 상업적인 거래를 했던 퓨닉계인들 가운데 존재했다. 따라서 기독교는 두드러지게 도시적이고, 도덕적이고, 라틴 적이었다."[12]

기독교 역사학자인 라토레트는 그의 기독교사에서 북아프리카교회를 간단히 다음과 같이 언급을 한다. 기독교는 퓨닉 사람들 사이에서도 전파되었지만 아마도 그 속도는 느렸던 것 같으며, 이탈리아 이전의 그리고 퓨닉 이전의 사람들이었던 베르베르족(theBerber stock)들 사이에서는 더 한 층 전파의 속도가 느렸다. 이 사실은 북아프리카에서의 그 후의 신앙 방향을 위해 비극적 의미를 가질 수밖에 없었다."[13]

북아프리카 교회에 특히 모로코의 기독교와 관련한 자료가 많지 않기에 정확한 수치를 확인을 할 수는 없지만, 라토레트 (Latorrette)의 지적대로 북아프리카 특히 모로코와 관련해서는 의미 있는 문헌을 찾아보기가 어렵다는 난제가 있음을 밝힌다.

IV. 모로코의 이슬람화로 인한 교회의 쇠퇴

모로코는 전술 한 대로 7세기 이슬람 정복의 여파로 인해, 이슬람이 기

註 11) 박용규, "초대교회사", 2009(총신대학교출판부), p246
　　12) Ibid, p246
　　13) 라토레트, "기독교사", 1979, (생명의 말씀사), p146

독교를 밀어내고 기독교를 대신 하는 종교로 자리매김을 하게 된다.

여기서 한 가지 문제를 제기할 수 있을 것이다. 나름 훌륭한 초대 기독교의 교부들, 즉 터툴리안, 키프리안, 어거스틴을 배출한 지역이 이슬람의 주력부대도 아닌 기마병 정도의 적은 규모의 숫자에, 그것도 요즘과 같은 이동 수단이 원활하지도 않았던 그 중세 초기의 7세기에 아라비아 반도에서 북아프리카까지 거의 6000km에 달하는 먼 지역에서 온 지쳐있는 무슬림 정복자들에게 맥없이 주저 앉아버리게 되었는가?

그 이유가 무엇인가?

첫째. 북아프리카 교회는 나름 자생력을 갖추기 전에 이슬람을 맞이하게 되었다.

여기서 자생력이라는 것은 무엇을 의미하는 것인가? 그것은 여러 가지가 있겠지만, 그 중에 가장 두드러진 것은 자기 언어로 된 성경을 가지고 있지 못했다는 것이다. 즉 베르베르어로된 성경 번역이 제 때에 이루어지지 않았다는 것이다. 물론 그 때 초대 교회 시절에 교리가 확정되어 가던 시절이라는 점을 감안을 한다 고 해도, 자생력을 갖추어서 활력 있게 복음이 확장되지 못했다.

둘째. 북아프리카 교회는 말씀과 복음의 생명 보다는 형식적인 예전에 치우친 교회였다.

형식적인 연약한 신앙의 전통이 오랜 시간 지속적인 물리적 공격으로 침입해 오는 이슬람 세력 앞에서는 시간이 지나면서 무너질 수밖에 없는 약한 구조를 가지고 있었던 것이다. 이들은 단지 예전(禮典)에만 치우친 것은 아니었다. 동시에 이들은 양적인 팽창에만 몰두 한 나머지 한 사람, 한 사람을 말씀 안에서 세워 가는 일에 실패를 한 것이다.[14]

셋째. 잦은 신학 논쟁으로 교회는 점점 힘을 잃어가기 시작을 했다.

주로 복음이 전해진 대상은 라틴어를 사용하는 로마인들이 대부분이었고, 실제로 토착민들인 베르베르 사람들에게는 복음이 제대로 전해져서 토착화 되는 일이 없었다.[15] 기독교는 이주민들의 종교이고, 토착민 베르베르와는 상관이 없는 종교였다. 퓨닉(punic)어를 사용하는 사람 중에 기독교인은 없었다. 하물며 베르베르는 더욱 심하였던 것이다. 토착민들 가운데 깊이 뿌리를 내리지 못한 가운데 이슬람을 맞은 것이다.
이러한 몇 가지의 이유로 인해 북아프리카 모로코의 기독교는 역사 가운데서 그 자취를 감추게 되었다. 그리고 오늘에 이르기 까지 지상 교회가 존재하지 않는 아랍국가 중 하나가 되었다.

V. 모로코 한인 선교사의 역사

1. 모로코 한인 선교사의 개척기(1991-2000)
모로코에 한인선교사가 처음으로 발을 디딘 것은 1991년이었다. 선왕이

註 14) 공일주 "북아프리카사", 1998,(대한교과서), p69,70
　　15) Ibid, p70

었던 핫싼 2세의 재위 시절이었다. 한국과는 1962년대 대사급 외교관계를 맺은 이래로 전통 우호 국가로 자리매김 하고 있던 시절이었다. 이 때에 초창기 선교사들은 이곳에 있는 한인 교회를 개척하여 한인 선교에 힘쓰는 반면, 학생 신분으로 와서 사역을 감당하기도 하였다. 그리고 남쪽에 UN 평화유지군으로 주둔하던 한국군들과 원양어선을 타는 선장들이 머무르던 남쪽 지역에 한인들을 대상으로 선교를 감당하기도 하였다. 한인 선교사의 숫자가 손에 꼽을 정도였고, 모든 것이 이제 막 시작을 하는 시기여서 초창기 선교사들의 헌신과 수고는 매우 값지고 귀한 것이었다.

2. 모로코 한인 선교사의 성장기(2001-2017)

1990년대에 약 4가정 정도의 선교사만이 있던 시기에 본격적으로 선교사들이 입국을 하게 되었다. 2000년대 들어서 목회자신분으로 들어오는 가정과 전문인으로 입국을 하는 가정들이 서서히 늘어나게 되었다. 2010년까지 약 40여명의 선교사로 늘어나게 되었다. 그리고 현재는 약 60명 정도의 선교사들이 사역을 하고 있다.

3. 모로코 한인 선교사의 사역유형

a.교회 개척

이는 주로 목회자 선교사들이 감당하는 선교이기도 하다. 전도를 통해 결신자를 얻고, 그 결신자를 중심으로 양육이 시작되고, 예배와 교회가 시작이 되며, 제자를 얻기 위한 훈련이 이루어지는 전통적인 방식의 선교였다.

b.비즈니스

대다수의 전문인 사역자들은 다양한 종류의 비즈니스를 통해 현지인과 만나면서 그 가운데서 신자들을 얻고 양육을 통해 제자를 얻는다.

c.NGO사역

한국 정부 기관과 협력을 하면서 NGO를 통해 선교를 하면서, 제자를 양육하고, 교회를 세워가고 있다.

VI. 모로코에서의 사역 전망

모로코에 개신교 선교가 구체적으로 어느 때부터 시작이 되었는가는 정확하지는 않다. 하지만 분명한 것은 그것이 그렇게 오래된 것이 아니었다는 것을 우선 말하고 싶다.

이곳에 와서 살고 있는 사람들이 다른 것은 차치하고라도 우선, 선교 적으로 접근을 하는 현상학적인 접근법을 가지고 이야기를 해본 다면 우선 비즈니스를 가지고 이들의 삶에 접근하여 나름 선교 하는 것이라고 할 수 있다.

여기에는 이유가 있는데 일단은 공식적으로 이슬람이 국교인 나라에서, 선교하는 것이 기본적으로 허락이 될 수 없는 일이기 때문이다. 따라서 합법적인 거주의 명분을 찾는 것이 필요한데, 이것이 거의 95% 이상의 분들이 나름의 체류 명분을 가지고 살고 있다.

나름 이곳에서 사역 기간을 보면 단기로 1년 내지 2년 정도를 머물다가 가게 되는 경우가 있고, 그 이상 장기로 머무는 경우가 있다.

이러한 외형적인 신분 확보를 위한 수단으로 위의 열거한 많은 다양한 모습을 하고 있는데, 그러면 이 수단을 가지고 무엇을 하려고 하는가에 대한 목적에 대해 이곳에 살아가고 있는 분들의 의견은 크게 두 가지로 나누어진다.

그 한 가지는 이러한 삶을 사는 것 자체가 곧 선교라는 생각이다. 곧 삶이 곧 선교요 선교는 현지인들과 삶을 나누는 것이 곧 선교라는 생각이 바로 그것이다.

또 다른 한 가지는 이러한 삶을 나누면서 기회가 되면, 적절한시기에 복음을 나누면서, 그들에게 전도하는 것이다. 전도가 곧 선교 이고 이를 통해 삶을 나누는 것이 곧 그것이다.
그리고 다른 견해를 가진 분들은 이러한 전도를 통해서 예수 믿은 사람들을 중심으로 교회 모임을 조그마하게 라도 시작을 하는 것을 목표로 하는 생각이다.

사역의 형태로 볼 때 신분의 확보를 기본적으로 한 이후에는 바로 직접 전도 현장으로 나아가는 분들도 있다. 주로 미혼자들을 중심으로 이루어지는 일이다.

사역의 대상으로 본다면, 모로코 현지 무슬림들이 가장 많고 우선이 되는 대상이고, 그리고 서사하라 이남의 아프리카 유학생, 혹은 난민들을 대상으로 하는 사역 하는 경우도 있다. 이 난민들은 서부 아프리카 출신들로서 유럽으로 월경을 하려는 수많은 난민들이다. 대다수의 경우 이들은 비자도 없이 지내는 경우가 거의 대부분이다.

그리고 최근 들어서는 시리아 난민들이다. 어렵게 입국을 하기는 했지만, 생계가 막연한 경우이다. 집도, 직업도 없이 가족 단위로 길거리에서 구걸을 하는 경우이다. 아직 구체적인 사역자나 사역이 이루어지고 있다는 보고는 없지만 필요한 사역이라 생각된다.

이곳에서 나름 의미 있는 열매들을 거두고 있는 일들을 본다면 의료 보건 사업이라고 할 수 있다. 이는 NGO 사업의 일환이어서 보다 공식적인 차원에서의 접근이 가능하고, 의료 혜택을 받지 못하는 가난한 사람들에게 한국과 모로코 양국의 협력 하에 의료 혜택을 주는 경우이다. 이러한 경우에 혜택을 받은 사람들 가운데 많은 수는 아니지만 예수님을 영접하고 가정교회로 인도되는 경우가 있다.

이곳의 탁월한 정보력으로 인해 선교 사역과 선교사의 정체성은 다 이미 노출된 상태이다. 이러한 경우 사회적인 하부구조가 나름 갖추어진 이곳에 프로젝트로 열매를 기대하는 것은 그리 효과적이지 못한 것으로 보여진다. 도리어 고전적인 방법이긴 하지만 복음을 가지고 직접 전도를 시도해보는 것이 의외의 효과가 있음을 확인하게 되었다.

예를 들면 한 분이 이곳 도심지에 가정 교회를 현지인 개종자가 아닌 전도를 통해서만 6개 개척한 사례를 보게 된다. 물론 이것은 현지인과 선교사가 홀로 있을 경우를 전제한다. 현지인 둘 이상 일 경우 함께 복음 사역을 하면 피전도자 서로간의 의식 혹은 경계심 등으로 진솔한 반응에 큰 장애로 사역이 막히기 때문이다.

그리고 동시에 복음을 듣고, 회심 한 이후의 지속적인 만남을 통한 양육이 필수적임을 깨닫게 되었다. 종종 회심 이후의 양육이 없을 경우, 그것은 그 사람이 이전의 종교로 돌아간다는 것을 의미하는 것이기 때문이다.

또 다른 방법으로는 우선 남자 가장에게 복음을 전하는 것이다. 아직 가부장제인 이곳의 상황을 감안한다면, 가장의 회심은 곧 그 가정의 회심을 거의 보장하는 것이기 때문이다.

그리고 이곳은 나라 전체가 이슬람 국가요 모로코 국민은 곧 무슬림이다. 이러한 경우 한나라 전체가 다 무슬림 공동체이다. 한 사람을 이슬람 공동체와 격리 시키지 않고서, 바로 가정으로 들어가서 복음을 나누는 것이다. 가정으로 들어가서 함께 교제하고 식사를 나누며, 친근한 이웃으로 다가서는 것이다. 이를 통해 가정을 바로 복음화 하는 전략이 매우 효과적인 것으로 사료된다.

VII. 결어 - 모로코에 이루어질 하나님 나라 완성에 대한 전망

최근 들어 이 땅에서 일어나고 있는 일련의 사건들은 하나님 나라에 대한 매우 밝고 긍정적인 전망을 주고 있다.

첫째, SNS의 발달로 인해 많은 사람들이 방송을 듣게 되었다.
즉, 방송에 대해 긍정적으로 반응을 하고 있는 사람들이 점점 많아지고 있다.

둘째, 훈련 받은 현지인들이 자발적으로 방송을 나누고, 교회를 세워가고 있다.

셋째, 많은 사역 자들의 지속적인 유입이다.

사역자의 수만큼 이나 언어, 국적, 나이, 인종, 학력, 성별, 나이, 선교의 관점, 신학교육에 대한 견해들이 다양 해 지고 있다. 사역자들 간에 서로 많이 다름이 드러나 보이는 것이다. 그러함에도 불구하고 서로 다른 듯 하나, 모두가 공통으로 지향하고 바라보며 소망하는 것은 단 하나임을 확인한다. 그것은 곧 하나님 나라 확장과 세워짐 그리고 완성이라는 것을 보게 된다.

모든 신자들이 이 한 가지만을 서로 확인 할 수 있다면, 그래서 우리는 하나이고 한 형제이며 예수님 안에서 한 생명을 나눈 지체라는 것을 고백할 수 있다면, 우리의 배경에 차이가 있음에도 불구하고 하나님 나라의 전망은 매우 밝고 환하다는 것을 결론적으로 말하고 싶다.

8. 자스민 혁명 이후 아랍권 선교 변화와 대안
- 종교개혁 500주년을 즈음하여[1]

조 용성 선교사[2]

들어가는 말

개혁교회 핵심가치(Reform Church Co-Value)는 '교회가 날마다 개혁되는 것이다 Let the Church be Church). 하나님으로 하나님되게 하는 일이다(Let the God be God)'[3] 종교개혁 500주년을 맞이하며 크고 작은 행사가 진행되고 있다. 무엇보다도 종교개혁 기저엔 교회가 말씀위에 든든히 서야 한다. 교회가 건강하게 서기 위해선 바른 성경해석과 바른 신학이 축을 이루어야 한다. 이 두 가지 틀이 바로 서지 않을 때 이단들이 교회를 흔든다. 그런 맥락에서 이번 이슬람대책 위원회 주최 '이슬람 포럼'은 시의적절한 모임이라고 생각한다.

북아프리카 튀니지에서 시작된 아랍권 블럭의 '자스민 혁명'[4]은 주님이 역사의 수레바퀴를 움직이셨다. 최근 교계 일각에선 선교적 측면에서 자스민 혁명 이후 선교적 변화와 대책으로 찬반론이 엇갈리고 있다.

* 자스민 꽃은 튀지니아의 국화를 상징한다.

아랍 이슬람권 선교에 비상한 관심이 집중된 선교계는 '자스민 혁명'이 아랍 이슬람권 블럭 독재정권들이 붕괴되면 선교 활동이 자유로워질 것이라는 기대감에 부풀어 있다. 선교 기대감에 앞서 한가지 간과해선

註 1) 본 글은 2017년 8월 '이슬람 대책위원회' 주최(예장 합동) 포럼에 발제안 임을 밝힌다.
2) 총신대학교 대학원 졸업(M. Div, Th. M), T국 국립 마르마라(Marmara)대학교 대학원 졸업(MA, Ph.D 수료, 역사학 전공), GTS(D.Miss)졸업, GMS 중동 주재 T국 선교사 26년사역, 현 GMS선교총무
3) 김승진저, 『종교개혁가들과 개혁의 현장들』, 서울: 나침반, 2015, pp. 29
4) '자스민(Jasmine)'은 튀니지 국가의 국화(國花)로 '자스민 혁명'이라고 명명(命名)했다. 분류 : 가지과 (Solanaceae) 원산지: 중앙/남아메리카, 서인도제도

안 될 것은 아랍 이슬람권 선교변화와 선교계의 견해차. 핵심은 '자스민 혁명'과 '예수정신'이 둘이 아니라 하나임을 전제로 글을 전개한다.'

이런 맥락에서 현장 선교사들이 상황화[5] 작업을 지나치게 수용해 선교 전략적인 측만 강조해 균형잡힌 시각(Balenced Perspectives)에서 선교 가이드를 못한 사례가 되었다. 아랍권 이슬람 선교가 문화와 쌍방 소통하려는 의지가 없이 단순히 기능적으로만 앞세우는 것은 앞뒤 행보가 맞지 않다.

한 실례를 들어본다. 이슬람 채권(수쿠크)에 대한 한국 기독교계 움직임도 같은 맥락이다. 수쿠크가 이슬람 테러 자금으로 이용될 우려가 있다는 한가지 이유로 기독교계가 정치권을 압박하는 것은 이슬람 방어기제에서 비롯된 측면이 강하다. 이슬람 수쿠크는 쉐리야 법에 따라 이자(Riva)를 받지 않도록 고안된 일종의 지불 각서이다. 특정 사업에 투자한 뒤 수익을 배당하는 형태이다. 한국적 상황으로 말하면 주택담보 대출을 은행이 집을 사서 임대해 원금과 이자를 수수료로 상환받는 것과 같다. 이슬람에 예민한 국가인 영미에서도 국가 제도인 수쿠크 발행을 수용해 오일 달러를 유치하려는 것이 국제금융의 흐름이다. 한 경제전문가는 한국 기독교계의 수쿠크 정치화에 대해 "중동에서 석유를 사오는 건 이슬람 테러들을 돕는 것이라는 논리와 같다"고 비난했다.

아랍권 '자스민 혁명'은 튀니지아를 시작으로 최근 또 한번의 이집트, 바레인, 예멘, 리비아, 알제리, 시리아, 터키로 도미노 행진이 계속되고 있다. 처절한 아랍권 민주화 운동을 현장에서 지켜보며 역사를 하나님이 움직임을 경험했다. 해답은 간단하다. 아랍 이슬람 블럭 국가들은 하나같이 기득권층 부정부패와 서민층 만성적 갭(Gap)이 실직자들과 살인적

註 5) http://www.clm.or.kr/fruit/ 2017/2/12

인 물가 상승으로 도탄에 빠진 민중들이 스스로 일어난 '제3의 민중운동'이다.

역사를 알면 실패를 반복하지 않는다. 아랍 이슬람 블럭 '자스민 혁명'은 자유와 평등을 향한 민중 운동이 처절한 모습으로 전개되었다. 아랍 국가들은 시민혁명을 거부하는 정부의 폭력대응은 수많은 사상자들의 피를 불렀다. 끝없는 수렁속에 있는 시리아 사태, 또 한번의 진통을 겪고 있는 에집트 콥틱교회 테러, 아직도 터키 민주화 운동은 계엄하에도 계속되고 있다. 여러차례 유엔이 중재로 나섰지만 해법이 묘연하다. 한국 기독교계가 필요한 것은 민주화 혁명이 승리할 수 있도록 국제사회의 여론을 조성해 독재정권들이 물러날 수 있도록 기도하는 것이 해법이다.

튀지지아 '자스민 혁명' 앞에서 선교계가 미리 아랍권 선교를 계산하고 당장 민중들의 피를 멈추고 민주화를 세우는데만 지원하는 것은 어울리지 않는 행태이다. 아랍권 민주화로 독재자들을 몰아내는 일과 민중들의 열망을 지지하고 기도하는 일이 무고하게 죽어가는 생명을 살리는 일이다. 선교적 관점으로 말하면 토착 문화에 대한 존중과 이해이다. 이런 노력은 중장기적으로 '자스민 혁명'이 '예수정신'과 둘이 아니라 하나임을 소통하기 위한 전제라는 점이다. 동시에 맹목적으로 관성화된 서구 제국주의적 선교를 답습하는 오류를 피하는 지름길임을 알아야 한다.

이런 맥락에서 2가지 틀에서 본 글을 전개코자 한다. 첫째, 자스민 혁명 이후 IT산업 환경변화이다. 둘째, 세계 선교 환경 변화과 선교적 대안이다.

註 6) 조 용성, 변화하는 글로벌 선교, 서울: 쿰란출판사, 2013. pp. 123-140

I. 자스민(Jasmine)혁명 이후 IT 산업 변화환경

1. 튀니지아 사태 배경 이해[6]

북아프리카 튀니지아 사태에 대해서 선 이해가 필요하다. 튀니지아는 무혈(無血) 쿠데타로 1987년 11월 7일 대통령이 된 벤 알리의 24년 장기 집권이 불씨가 되었다. 2010년 12월 17일, 튀니지 중부 도시 시디 부지드(Sidi Bouzid)에서 26살 노점 청과상 모함메드 '부아지지' 가 여경(女警)에게 빰을 맞고 청과물과 저울을 빼앗겼다. 하루 하루 생계를 사는 청년 부아지지에겐 모욕적인 사건이었다. 사건은 사소한 이유에서 발단이 되었다. 그는 여경의 모욕적이고 과도한 단속에 항의하며 압수당한 물품을 달라고 요청했지만 묵살당하자 분노를 이기지 못해 분신 자살했다.

한 청년의 아픔이 요원의 불길처럼 번졌다. 청년 부아지지를 동정한 주변 시민들이 위압적이고 오만한 여경에게 분노를 던졌다. 부아지지 사촌 형은 시위 모습을 핸드폰으로 동영상을 찍어 페이스북에 올렸다. 우연히 이 사건을 발견한 중동 카타르 국영방송 알자지라 방송이 지상 보도를 했다. 청년 부아지지를 죽음으로 내몬 경찰은 평소 벤 알리 정권의 시녀(侍女)로 알려졌다. 튀니지인들은 분신한 부아지지 청년의 고통을 자신의 것으로 받아들여 독재정권의 마수에 저항한 것이 사건 발단이다.

이 사건의 심각성을 뒤늦게 눈치챈 현 정권 벤 알리 대통령은 분신한 부아지지에게 최고의 치료와 관련자 문책을 약속하며 민심을 달랬지만 2011년 1월 4일 부아지지가 사망하면서 항의 시위가 요원의 불길처럼 번졌다. 벤 알리 정권은 갖은 방법으로 언로(言路)를 차단하며 사태의 확산을 막아보려 했으나 페이스북 차단에 실패했다. 다행히 정부 군(軍)은 중립을 고수하며 시위대에 발포하지 않았다. 결국 벤 알리 대통령은 1월 14일 정계를 떠나 사우디로 망명했다. 이 사건이 중동 민주화 운동으로 튀니지 국화(國花) 이름을 따서 '자스민혁명'이라고 명명(命名)했다.

2. 아랍권 선교 환경의 변화(Transforming)

자스민 혁명'과 함께 아랍권 민주화 운동의 변화가 빛의 속도처럼 번지고 있다. 아랍 이슬람 블럭의 중요한 선교 화두이다. 향후 아랍 이슬람 블럭의 변화의 속도가 이전과는 비교할 수 없을 것이다. 한국 교회는 선교전략을 정확하게 수립하고 고민해야 시점에 왔다. 역으로 '자스민 혁명'을 가능하게 했던 변화를 짚어보며 새로운 선교방법을 도출해 내야 한다. 국내 이슬람 선교전략도 구태의연한 전략으로 방어태세만 갖지 말고 적극적인 방법으로 복음전파 선교전략으로 선회해야 한다.

2. 1. IT 산업 저변화로 인터넷 세대의 의사소통 확대

아랍권 사태의 동인은 IT 산업 저변화로 인터넷에 익숙한 젊은 세대간의 의사소통 확대로 자국 변화 환경에 대한 객관적인 파악이 가능해졌다. 선교적으로 보면 미디어 확대를 주목해야 할 선교 코드이다. 세계는 빛의 속도처럼 변화하고 있다. 클릭 하나로 세계를 한 눈에 볼 수 있다. 실제로 중동-북아프리카 지역의 페이스북 가입자는 2,130만 명으로 2014년을 기준으로 82%가 증가했다. '자스민 혁명' 진원지 튀니지아의 페이스북 사용자는 415만 명으로 북아프리카에서 가장 많은 젊은 세대 사용자를 보유하고 있다.

2. 2. 아랍권 정부의 부정 부패 표출

진실은 언젠가 수면으로 드러난다. 이슬람교는 어디까지나 '종교' 이지 생명(요14:6)이 아니다. 종교의 이름으로 정치도, 경제도, 사회도, 문화도 지배해왔기 때문에 모순이 심화되었다. 급기야 민주화 급변사태에 다다른 것이다. 사필귀정(事必歸正)이다. 종교는 어디까지나 종교의 자리에 있어야 한다. 이슬람은 잔혹하기까지 한 정치적 암투를 종교의 이름으로 정당화했다. 이 갈등이 결국 수면으로 나온 것이다. 이슬람 세계는 경제 구조와 인간 욕망에 근거한 경제적 선택을 종교의 이름으로 억압하고 통제했다. 사회와 사상을 포함한 다양한 문화도 종교의 이름으로 누르면 어떤 형태로든 터져 나올 수밖에 없다. 아랍권 민주화 '자스민 혁명' 은 이런 '종교의 이름으로 억눌리고 왜곡된 상황' 이 누적돼 폭발한 사례이다.

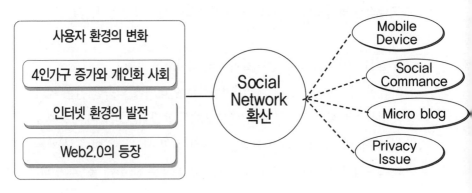

2. 3. 소셜 네트워크 서비스(SNS:Social Networks Service)정보 유통 발전

최근 '자스민 혁명'의 시발점인 튀니지와 여타 아랍 국가들은 인구가 젊은 세대로 구성되어 있다. KOTRA의 2011년 2월 27일 발표에 따르면 아랍 지역 전체 인구 4억1,000만 명 가운데 약 45%가 사회 미디어 사용 비율이 높은 21세 이하의 젊은 층이라는 분석이 나왔다. 인구가 1,000만 명이 조금 넘는 튀니지는 25세 이하 젊은 인구 비율이 60%에 이른다. 이집트도 25세 이하 젊은 세대가 60%에 육박한다. 아랍권의 대형국가 이란도 25세 이하 젊은 세대의 비율이 55%를 상회한다. 터키 역시 25세 이하 젊은 인구가 60%에 육박한다.

그런 맥락에서 아랍 국가들의 갑작스러운 민주화 혁명이 왜 발생했는지를 충분히 유추해 볼 수 있다. 아랍 국가들은 자국의 영향력 확대와 경제성장에 대한 욕심과 이슬람을 확산하라는 종교의 가르침에 따라 '다산(多産)정책'을 수십 년간 추진했다. 선진 국가들의 저출산율과 맞대응하여 무슬림 젊은 세대는 대규모 이민을 떠나도록 권장해 이슬람을 전 세계에 이식하려는 정책과 맞물려 젊은 세대 인구가 폭발적으로 성장한 것이다. 여기에 맞물려 이슬람의 종교교육은 소홀해져 트위터, 페이스북, 소셜 네트워크 서비스(SNS)를 활용한 정보의 유통이 급속도로 발전해 오늘날의 사태를 불렀다.

결국 젊은 세대들의 SNS 통제하는데 실패한 것이다. 여기에 아랍 국가들이 왕정이나 이름만 공화정인 장기간의 독재정권을 유지해 지배층의 부패가 심각한 지경에 이르렀다. 폐쇄적인 의사결정은 소수 엘리트들의 부와 권력의 독점이라는 폐해를 낳았다. 일련의 일로 수반되는 경제의 쇠퇴와 실업율의 폭발적인 증가는 젊은 세대들에게 좌절과 불만을 심화시켰다. 이슬람의 종교적 가르침은 힘을 잃고 정치력은 젊은 세대들에게 교육과 일자리, 결혼같은 기본적인 삶의 필요조차 채워주지 못했다.

한걸음 더 나아가 서구문화에 오랫동안 노출되어 이슬람식 종교적 근본주의에 염증을 느끼던 젊은 세대들 박탈감이 심화되었다. 가뜩이나 삶의 희망을 잃고 가슴앓이를 하던 젊은 세대들에게 종교의 가르침의 한계, 인구 폭파로 인해 사회 구조적 문제, 정치권과 야합한 종교지도자, 경제계 인사들의 '그들만의 리그'의 부패가 자극제가 되어 체제전복의 결과로 나타난 것이다.

II. 아랍권 선교 환경의 변화와 대안

1. 선교환경, 변화의 코드를 읽으라!

세계는 한류(韓流) 드라마가 문화 흐름을 바꾸어 놓았다. 선교 흐름도 변화의 급물살을 타고 있다. 과거 10년 전, 모든 통계 자료는 지금은 진부해져서 박물관으로 보내야 할 형편이다. 변화의 대표적인 실례가 저변화된 인터넷 영향이다. 세계는 한류 바람이 선풍적이다. 동남아시아는 한국 드라마가 익숙해 안방에서 한국과 동시의 시청하고 있다. 중동에도 한류문화는 동일하다. 중동에서 무슬림들을 만나면 대장금, 주몽 드라마를 보지 않고는 대화가 안 될 정도다.

한국 드라마가 세계 흐름을 바꾸어 놓았다. 대장금, 장보고, 이순신, 선덕여왕, 주몽, 상도는 무슬림 안방에서도 인기 드라마로 자리매김이 되었다. 많은 젊은이들이 한국 드라마의 매료되어 인터넷 카페와 페이스북을 통해 한국 전통 문화의 관심이 고조되고 있다. 드라마에서 방영한 한국 음식, 언어, 문화, 역사 등이 젊은 세대들의 관심사다. 비공식 통계지만 터키 인터넷 카페를 통해 한국 문화를 알기 위해 접속하는 회원들이 50만명을 상회하고 있다.(www.koreseviyor.)이스탄불의 한 한국 식당에는 대장금 드라마를 보고 한국 음식과 한국어를 배우고 싶어 주말이면 원근 각처에서 젊은이들이 모여 인산인해를 이룬다. 선교, 변화의 코드를 읽으라!

세계는 국경 블럭이 없어진지 오래이고 클릭세상이다. 한번 클릭으로 세계 정보를 한 눈으로 볼 수 있다. 과거 농경사회와 산업화 사회를 넘어 지금은 정보화 사회이다. 구글(www. google.com)사이트를 열면 세계 정보를 한 눈에 볼 수 있다. 소주(www.sozoo.com)사이트를 열면 세계 드라마를 무료로 볼 수있다. 아프리카 토코(Togo)의 한 젊은이가 인터넷으로 사랑하는 약혼녀에게 프랑스 산 쿠지 핸드백을 주문하여 선물하는 시대다. 터키에서 미국 시카고(Chicago)에 있는 한 여행사로 부터 이티켓(Electronic-ticket)을 구입했다. 멀리있는 얘기가 아니고 필자 얘기이다.

세계 선교 환경도 급물살을 타고 있다.[7] 과거 10/40 창 선교[8]는컴퓨터로 말하면 386 구형(Old model)이 되었다. 2010년에는 세계 선교 전략회의들이 많다. 에딘버러 선교가 100년을 맞이 하는 해이기도 하다.

註 7) www.4/14window 참고하길 바란다.
　 8) 10/40창 선교를 처음 주창한 사람은 Dr, Ralph Winter이다.
　 9) 주님의 지상명령(The Great commision)의 핵심은 '가서 모든 족속으로 제자 삼는 일 (go and make disciples of all the nations)' 이다. 제자 삼는 일(마28:19-20)헬라어의 본동사이다. 그리고 세례를 주고, 가르치고 지키게 하는 일은 보조동사이다. 주님의 유언적 선언은 선교의 고전이다. 이 땅에서 그 어떤 사역보다 선교의 핵심가치는 '제자 삼는일' 이 최우선되어야 한다. 아무리 강조해도 지나치지 않다.

한국, 영국, 남아프리카, 일본 등지에서 크고 작은 선교 전략 회의들이 있다. 에딘버러 선교(1910년)의 핵심 가치는 '선교의 회심(Mission's conversion)이다. 지난 100년 전, 선교 핵심가치는 사도행전적 선교(The Apostle's mission)를 천명했다. 세계 선교역사를 보면서 한국 선교는 본질의 충실하는 선교로 돌아가야 한다. 보이는 가시적인 선교에서 '가서 모든 족속으로 제자를 삼고' 9) 세례를 주고 가르쳐 지키게 하는 선교로 회복돼야 한다.(마28:19-20)

중동 지역은 필리핀이나 동남아시아에서 나약한 여성들이 선교사 신분도 아닌 하녀(Maid)10)들로 새로운 이슬람 선교 패러다임이 일고 있다. 중앙아시아 터키인들이 동질 문화권 선교(Mono - culture mission)전략을 시도하고 있다. 중국 가정교회에서 파송한 사역자들이 중앙아시아에서는 직업과 선교를 실제적으로 시도해 열매를 거두고 있다. 세계의 흩어진 디아스포라인 선교가 새 이슈로 대두되고 있다.

바울은 규례를 따라 유대 동족들이 모이는 회당을 찾았다.(행13:14) 선교를 근시안적으로 보지 말고 총체적인 선교를 보며 로드 맵을 다시 짜야 한다. 혼자 고군분투하는 선교보다 각자의 현장사역을 열어 공동의 장으로 나와야 한다. 변화하는 터키를 보며 구태의연한 선교를 고집하지 말고 변화의 코드를 읽어야 한다. 고기가 모이는 곳을 찾아 그물을 던져야 한다. 한류 바람을 타고 영적 고기가 모이는 전략적인 지역을 간과하지 않아야 한다. 기회를 놓치지 않아야 한다. 변화하는 터키를 보며 주님

註 10) http://www.vulnerablemission.com:80/2012/2/3
11) 비브 그릭(Viv Grigg) , 미션퍽스팩트브스:(도시빈민선교를 하려면), 예수전도단, 1996. (비브 그릭은 세계가 도시화되는 급변화의 흐름속에서 도시선교가 왜 중요한지 성경적 관점(Biblical persptives)에서 선명하게 제시해 준다. 필자주)

의 제자들을 향한 질문이 이 시대에도 동일한 질문인지도 모른다. " 깊은 대로 가서 그물을 내려 고기를 잡으라.(눅5:4)" 열악한 중 소도시의 내려가 여러가지 악조건에서도 고군분투하는 동역자들을 생각하면 격려와 힘찬 박수를 보내지만 전략적인 면에서 점검도 요구된다.

세계가 도시화[11] 되고 있는 시점에서 신분이 금방 드러날 시골이나 지방에 내려가 사역하는 것이 효과적 전략선교인지 고민해야 할 시점이다. 1900만명이 살고 있는 무역 수도 이스탄불만 해도 아시아 관문인 카드쿄이, 유럽쪽 관광도시 술탄하흐멧, 젊은이들이 한곳에 모이는 베이올루, 이동인구가 많은 바크르쿄이 지역은 다 민족(Ethnic Minority)들이 수없이 모여든다. 수많은 젊은이들을 마음만 먹으면 얼마든지 접촉할 수 있다. 고향을 떠나 대 도시에 오면 마음이 가난해져 복음의 수용력도 많아진다. 문제는 전략적 접근이 필요하다.

터키는 정치,경제, 사회적으로 격동의 시기를 지나고 있다. 정치는 제외하고도 경제적으로 눈덩이처럼 불어 난 외채, 매년 늘어나는 인플레이 현상, 무역 역조 현상, 저소득층의 노동력 창출이 없어 젊은이들의 대학을 졸업해도 구직난으로 도시화 현상은 계속될 전망이다. 이런 추세를 감안한다면 선교 로드 맵을 다시 짜야 한다. 지금은 혼자 영웅(Hero)선교사로 백점 선교사보다 서로 협력해 70점 선교를 맞고 30점을 서로 공유하는 선교가 요구된다. 서로 정보를 공유하고 힘을 합쳐 전략적 선교를 해야 한다. 아랍권 선교, 변화의 코드를 읽으라!

2. 약함(Vulnerability)선교

약함(Vulnerability)을 한 산족에서 배웠다. 산족들은 가끔씩 아랫 마을과 불편한 관계가 있으면 위에서 물을 막아 버린다. 막은 물이 모이고 모이다 보면 약한 부분이 터져 다시 흐른다. 이 비유는 세계 선교의 영적 흐름을 보여주는 듯 하다. 한국 선교는 하나님만 의지할 수밖에 없었던 6, 25 동란에서 영적 부흥을 했다. 이젠 조국 근대화와 함께 경제성장으로 강한 모습을 갖게 되었다. 이름모를 시골 소년이 성장해 도시에서 자가용 굴리는 유명한 사업가로 변신한 시대에 살고 있다. 얼굴엔 자신감이 흐르고 다소 교만하기까지 하다. 세계도 코리아 한국을 부러워한다. 세계 시장은 'Made in Korea' 하면 인정한다. 한국 교회는 강함으로 인해 한 산족처럼 물을 막고서 자유롭게 흘러야 할 하나님의 역사를 막고 서있는 모습이 아닌지 점검해야 한다.

주님의 공생애을 보면 언제나 연약한 곳(눅7:22)을 찾으셨다. 그 약함을 통해 말할 수 없는 능력을 부으셨다. 세상이 가이사 총독, 분봉왕, 대제사장과 같은 강한자들을 주목할 때 주님은 빈들의 약한 요한에게 나났다.(눅3:1-2) 요한마저 혼란을 겪고 있을 때 약한 '소경, 앉은뱅이, 문둥이, 귀머거리, 죽은 자, 가난한 자'에게서 타나났다. '너희가 가서 보고 들은 것을 요한에게 고하되 소경이 보며 앉은뱅이가 걸으며 문둥이가 깨끗함을 받으며 귀머거리가 들으며 죽은 자가 살아나며 가난한 자에게 복음이 전파된다 하라.(눅7:22)'

초기 기독교 공동체는 유대인들에겐 이단으로 로마제국에겐 황제숭배 배교자로 이중고를 겪었다. 이리저리 치이며 온갖 핍박을 받으며 나

註 12) 마이클 그린(Michael Green), 홍병룡옮김, 초대교회의 복음전도, 복있는 사람, 2110, p.88

그네로 순례자로 살았다. 초대 그리스도인들은 한없이 약했다. 경제적, 윤리적, 문화적, 지적, 장애물이 산을 넘었다. 로마제국 하에 초대 그리스도인들은 3가지 약함(Vulnerability) 속에 살았다.[12]

첫째, 기독교는 신흥종교로 새로운 것이 없기에 참된 것일 수 없다는 편견속에 살았다.

기독교가 유대교 뿌리에서 나왔지만 신흥종교로 인식되어 로마제국 하에서 인정을 받지 못했다. 기독교가 신흥종교일 뿐아니라 예수의 십자가 선언(가상칠언)이 고대세계에서 우스꽝스러운 종교로 인식되었다. 당시 지성인들은 헬라의 플라톤 철학의 영향을 받아 진리와 지혜는 특수자에게 없고 보편자에게 있다는 사상이 보편화된 고대 세계에서 기독교가 특수자로 인식된 것을 이성적으로 수용하기가 어려웠다.[13] 문제는 예수 십자가 복음이 그리스도인들에게서 로마제국에 전해 질 때 받아 드릴 수 없었다. 소크라테스는 위풍당당하게 인생과 죽음에 관해 담론하고 독약을 마신 인물이었다. 예수는 유대인으로 초라하고 약하게 죽었다. 당시 로마사람들은 예수가 십자가에서 죽을 때 우주와 인간 영혼에 관한 궁극적인 진리계시가 사실이었다면 합리적인 죽음을 맞아야 했어야 한다고 인식했다. 로마의 끔찍한 십자가 형틀에 달린 죄수의 죽음이 무슨 우주의 근본원리를 보여 줄 수 있단 말인가?[14] 로마인들에게 십자가의 처형은 굴종과 연약함, 약함과 죄책을 증명해 주는 하나의 증표였다. 결국

註 13) 마이클 그린(Michael Green), 홍병룡옮김, 초대교회의 복음전도, 복있는 사람, 2110, p.134
    14) 구약시대 모세도 "십자가형이 저주받은 형벌"이라고 언급하고 있다: "나무에 달린 자는 하나님께 저주를 받았음이니라"(신 21:23 하).

초대 그리스도인들은 반지성적인 존재로 간주될 수 밖에 없었다.

둘째, 초대 그리스도인들은 문화적 열등한 수준때문에 멸시를 받았다.

초대 기독교는 하층민들에게 호소력이 있었다. 1세기 고린도 교회 상황이 잘 대변해 준다. '이 땅에 지혜 있는 자가 어디 있느뇨 선비가 어디 있느뇨 이 세대에 변사가 어디 있느뇨 하나님께서 이 세상의 지혜를 미련케 하신 것이 아니뇨 하나님의 지혜에 있어서는 이 세상이 자기 지혜로 하나님을 알지 못하는고로 하나님께서 전도의 미련한 것으로 믿는 자들을 구원하시기를 기뻐하셨도다.(고전1:20-22)' 로마 원로원이었던 켈수스는 말했다. '배우지 못하고 노예근성을 가지고 있는 무식한 사람들이 기독교인이다. 이들의 신앙교리는 지성인을 쫓아버리고 무식하고 비천한 사람들만 환영한다.' 결국 로마 상층부는 기독교가 하층민에게만 어울린다고 생각했다.

셋째, 초대 그리스도인들은 하나님의 지혜가 지위가 높은 사람에게 있는 것이 아니라 비천하고 약한 사람에게 계시된 것을 기뻐했다.

바울은 고전1장에서 이 사실에 대해 기뻐하고 있다. 아테나고라스 '그리스도의 임무(Embassy for Christian, 11장)'의 책[15]에서 이점을묘사하고있다. '여러분은 우리가 가운데 교육받지 못한 사람과 기술공과 늙은 여자를 보게 될 것인데 그들이 우리 교리의 유익을 말로는 증명할

註 15) http://info.catholic.or.kr/dictionary/2017/8/2

수 없을지 몰라도 진리를 믿음으로 행동으로 보여 줄 것이오. 맞더라도 되돌려 때리지 않소. 강도를 만나도 법원에 가지 않소. 달라는 사람에게 주고 이웃을 내몸과 같이 사랑한다오.' 이 모든 행실은 비천한 배경출신과 사회적인 지위가 낮은 사람이 한다. 바울이 왕족에 속한 그리스도인들에게 문안할 때 카이사에게 편지를 쓰는 것이 아니라 카이사에게 처형당한 예수의 종들에게 문안 편지를 한다.' 초대 기독교는 쓰레기 같은 인생에게 보석과 같은 종교였다. 초대 기독교는 금과 은의 종교가 아니라 오직 나사렛 예수의 이름으로 성령의 권능으로 형성된 선교 공동체 교회였다. 복음은 약한 자를 들어 사용하시는 하나님의 역설이다.

역사의 주제는 '하나님 나라' 이다. 하나님 나라 역사를 400년씩 열 시대로 나누어 보면 모두 연결해 주는 주제는 ' 악한 세상(요일 5:19)을 간섭하시는 하나님의 은혜' 이다. 초대 교회사를 통해 이슬람 선교가 약함을 통해 역사하시는 성경적 해답이 있다. 결국 복음은 약함속에 강함이 있다. 약한자를 통해 강한자를 부끄럽게 하신다. 무식한자들의 복음을 통해 지성인들이 돌아왔다. 낮은 자들을 통해서 서슬퍼런 이슬람 왕족과 부유층에 복음이 전해진다. 물은 낮은 곳으로 흐른다. " 한국 선교의 과제는 인종과 문화의 벽을 넘어 선교사들을 보내 돌파구를 여는 이슬람 선교모델을 만들 수 있을 것인가가 관건이다." 한국 교회는 교인 수의 확장이 아니라 하나님의 선교로 질적 성장과 부흥을 맛보는 교회가 되길 희구한다. 무엇보다도 약함의 신학과 약함의 선교가 요청된다. 선교는 대형교회만이 감당할 수 있는 부수적인 사역이 아니라 개척교회 때

註 16) http://www.newsis.com/view/2017/6/13

부터 선교적 교회(Missional Church)로 매진해야 할 최우선의 절대적 사명임을 일깨워야 한다.

3. 노출된 아랍권 지역 선교사들은 유의해야 한다.

수니파 과격 무장세력 이슬람국가(IS)가 파키스탄에서 중국인 2명을 납치해 살해했다.[16] 중국인들는 한국인이 개설한 어학원 교사로 일하면서 선교활동을 벌이다가 변을 당했다. 중국 환구시보(環球時報)는 2017년 6월 10일자 보도를 했다. 두 중국인은 1990년대생으로 작년 11월 한 한국인을 따라 파키스탄 발루치스탄 주 주도 케타에 와서 한국인이 세운 어학원 'ARK 아카데미(Academy)'을 중심으로 다른 중국인 11명과 함께 생활했다고 밝혔다.

중국인들이 묵어온 숙소의 주인은 어학원이 중국어를 현지인에게 가르치기 위해 설립했다지만 중국인 교사들은 우르두어를 배우면서 기독교 선교활동도 펼쳤다고 전했다. 평소에 중국인들은 혼자가 아닌 3~5명씩 짝을 지어서 다녔으며 케타 거리에서 기독교 선교활동을 하고 대부분 무슬림인 현지인을 초청해 기독교 행사했다. 주인은 어학원이 명색일뿐 한국인을 리더로 폐쇄 종교조직처럼 보였다며 매일 기독교 종교 의식을 행했다고 소개했다. 현지 주민도 중국인들이 무슬림들을 찾아 성경 교리를 설명하고 기독교 음악을 들려주곤 했다고 증언했다. 중국인들은 지난 달 24일 낮 케타에서 무장괴한에 끌려간 후 다른 중국인 11명은 파키스탄 경찰과 중국대사관의 주선으로 중국으로 귀국했다고 전했다.

중국 환구시보는 한국 기독교단에서는 지난 수년 동안 해외에 선교사를 대거 파견했으며 중동 이슬람국가에서 선교는 일찍부터 주목을 받았다고 지적했다.

이번에 납치사건이 발생한 파키스탄 발루치스탄 주는 장기간 이슬람 극단주의 세력이 준동해온 지역인 점에서 기독교 선교활동이 범행을 불렀을 가능성이 큰 것으로 매체는 추정했다. IS는 6월 8일 선전매체 아마크 통신을 통해 성명을 내고 납치한 중국인 '리신헝(李欣恒)'과 '멍리(孟麗)'를 처형했다고 밝혔다.

일련의 사건은 2006년 6월 19일, 아프칸 사태와 별반 차이가 없다. 이미 노출된 아랍권 지역 선교사들에게 누구나 올 수 있는 일이다. 문제는 선교를 지혜롭고 순결하게 해야 한다. 한국선교는 열심만 있지 지혜롭게 선교하는데는 아직도 아마추어 수준이다. 또한번의 '소잃고 외양간 고치는' 어리석음을 범한 것이다.

나가는 말

자스민혁명 이후 아랍권 세계는 서서히 지각변동이 일고 있다. 아랍 민주화 운동이 정치와 사회 변화를 넘어 이슬람 종교의 근간을 흔들고 있다. 기득권의 만성적인 부패가 시민혁명으로 표출되며 종교를 등에 업고 정치와 경제를 잡았던 기득권층들이 향방을 잃고 있다. 힘없고 약한 민중의 봉기 앞에 아랍권 기득권 층이 휘청거리고 있다. 종교개혁 500주년을 통해서 배워야 한다. 종교는 종교의 고유자리를 지켜야 한다. 종교가 정치와 야합하면 부패할 수 밖에 없다. 역사가 보여준 교훈이다. 변화하는 아랍권을 보며 긴 선교적 안목으로 전략을 새로 세워야 한다. 서서히 근간이 흔들리는 아랍권 무슬림세계에 새 전략을 세워야 한다.

부활하신 주님이 빌라델비아 교회에게 하신 말씀을 기억해야 한다. '다윗의 열쇠를 가진 이 곧 열면 닫을 사람이 없고 닫으면 열 사람이 없는 그이가 가라사대 볼지어다 내가 네 앞에 열린 문을 두었으되 능히 닫을 사람이 없으리라"(계3:7-8)

9. 터기 이슬람 선교 역사적 관점

정 바나바[1]

I. 이슬람 이전의 터키

투르크[2]로 불리는 터키 민족은 언어상으로 우랄계 (핀란드어, 에스토니아어, 헝가리어 등), 알타이계 (터키어, 몽골어, 만주-퉁구어, 한국어)와 유사성이 있다. 그러나 이것으로 투르크가 몽골,만주,불가르-훈족의 일부였다고 보기에는 불분명하다. 역사가들은 대개 투르크가 외몽고의 바이칼 호수의 남부와 고비(Gobi) 사막의 북부 지역 사이에서 발원한 것으로 본다.[3] 초기에는 목축하는 가족 중심의 사회에서 생존과 번영을 위해서 씨족 또는 부족연합으로 국가의 체계를 갖추어 나갔다. 이들은 주후 5세기 중엽 이전, 스텝지역의 돌궐제국을 세운다. 돌궐의 중국식 표음이 Tu-ki-u이고, 여기서 터키인들을 투르크(Turk)라고 부르게 되었고, 오늘날 터키어로 국가명은 투르키예 (Turkiye)로 사용된다. 투르크는 돌궐제국의 근간이 되는데 주후 6세기 중엽 스텝지역의 강자가 된 돌궐은 7세기 중엽에는 동돌궐, 서돌궐로 나뉘어 발전해 나갔다. 투르크는 종교적인 면에서 네스토리안, 마니즘, 불교를 접촉하게 되지만 대부분은 무속신앙을 따랐다.[4] 돌궐의 특이한 점은 그들의 문자를 만들어 사용한 것이다. 유목민인 투르크가 중국 변경에서 비잔틴 제국 변경까지 세력을 갖고 당시 유라시아(Eurasia)의 기존 정착 세력인 중국, 페르시아, 비잔틴제국에 이르기 까지 안보에 위협적인 영향을 끼쳤다. 아울러 이 지역

註 1) 1995년부터 A시 사역
2) 본고에서는 터키민족 이름은 투르크로, 국가명은 터키로 사용을 한다.
3) Roderic H. Davison, Turkey A Short History, The Eothen Press 1991, 16쪽
4) 상동

을 관통하는 실크로드를 장악하면서 수많은 문물을 접하게 되었다. 그리고 약 2세기에 걸쳐 중앙아시아를 지배하면서 '투르크'는 서구세계에 유라시아 스텝지역에 존재하는 모든 유목민을 총칭하는 용어로 알려졌다.[5]

II. 유목민에서 제국을 이루기까지: 발전과 이슬람과의 조우

7세기 말부터 8세기 초에 제2돌궐제국이 일어난다. 그 후 투르크는 중앙집권적인 국가라기 보다는 부족공동체로서 서쪽으로 이동하며 지속적인 세력을 유지해 나간다. 그들의 유목민적인 권력은 주어지는 것이 아니라 힘으로 획득하는 것으로 생각하였다.[6] 여기서투르크 역사에 있어서 가장 운명적인 조우가 이루어진다. 그것은 이슬람과의 만남이다. 7세기 후반부터 아랍은 페르시아를 정복하고 이슬람화 과정을 진행한다. 그 중 압바스 왕조[7]는 투르크에게 이슬람을 전해 준 왕조인데 특이한 사항은 투르크가 아랍인에게 정복을 당하지 않고,[8] 대개는 이슬람왕조의 용병으로 고용되면서 만남을 통해서 이슬람을 받아들였다는 것이다. 투르크는 압바스왕조의 변방 아랄해 서쪽에 거주해오다가 10세기 경부터 대규모로 이슬람으로 개종을 하게 되는데, 이슬람의 종교, 과학, 문화용어에서 아랍어의 영향을 크게 받았고 무슬림이 된 투르크는 이슬람을 통

註 5) 우덕찬, 중앙아시아개설, 부산외국어대학교출판부, 2001, 53~72쪽. 투르크족은 서진하면서 여러 투르크계의 왕국을 중앙아시아에 세우게 된다. 오늘날 중앙아시아 터키계 국가들의 형성과정은 본고에서는 생략한다.
  6) 김대성, 터키들여다보기, 한국외국어대학교출판부, 2006, 28쪽
  7) 이라크와 페르시아 지역은 주후 637년, 칼리파오마르에 의해 세워진 첫 이슬람제국인 우마이야조(661~750년)에 이어서, 아볼압바즈가 세운 압바즈왕조(750~1256년)가 바그다드를 수도로 통치한다.
  8) 손주영, 이슬람교리, 사상, 역사, 일조각, 2007, 94쪽

해서 법과 국가, 사회, 문화를 배우며 그들의 정체성을 이슬람 신앙의 수호자 및 전사 (Gazi)로 확립해 가며 쇠락해 가는 이슬람 왕조에 충성을 다한다. 1071년 투르크는 현재 터키의 반(Van)호수 북쪽 지역에 있는 말라지케르트(Malazikert)에서 비잔틴제국의 군대와 접전에서 승리하면서 아나톨리아 진입의 문을 연다.9) 투르크는 셀축 제국10)을 아나톨리아에 건설하고 코냐(Konya, 성경명 Iconium)에 수도를 세우고 2세기에 걸쳐 이슬람문명을 수립한다. 몽골의 서진으로 셀축 제국이 멸망하고 투르크는 몇 개의 공국으로 세력이 분산되었는데 그 중에 오스만가에 의해서 통일되어 간다. 오스만 터키조는 아나톨리아 서남부 지역의 부르사(Bursa)를 수도로 정하고 아나톨리아와 발칸 반도로 영토를 확대한다. 1453년 5월 29일, 비잔틴제국의 수도인 콘스탄티노플을 함락시키고 비잔틴 제국의 전성기에 버금가는 이슬람 제국을 세운다.

III. 기독교와의 조우

오스만 제국과 기독교

오스만제국은 다양한 민족, 언어, 종교, 사회와 문화가 상호작용을 하는 사회를 이루었다. 제국을 세운 투르크는 상대적으로 적은 인구에 주로 통치계급을 이루었다. 다민족 통치의 가장 독창적인 방법은 종교에 따라서 크게 제국의 신민을 나누는 밀레트(Millet)시스템이었는데, 정교회,

---

註 9)당시 비잔틴제국 신민은 과대한 세금과 교회의 통제에 반감이 컸는데 투르크는 이런 짐을 덜어주고 친근감을 주어서 많은 사람이 이슬람으로 개종을 한 것으로 보고 있다.
  10) 셀축은 11세기 말 페르시아, 메소포타미아, 팔레스타인과 아나톨리아의 중부에 걸쳐서 큰 제국을 이루었다.

로마카톨릭과 유대교로 이루어진다, 각 밀레트 (Nation)는 그 종교의 수장을 중심으로 그들의 종교, 언어, 교육 및 문화를 실천하며 제국에는 조세와 병역의 의무를 통해서 충성을 하는 것이다. 그러나 제국의 통치 이념은 울라마 (Ulama 이슬람 법학자 및 신학자)에 의한 이슬람적 이상을 구현하는 것이었다. 제국 내에 기독교인들은 비무슬림이 부담해야 하는 인두세의 부담과 신분상승의 제약 등 불이익 때문에 서서히 이슬람으로 개종을 하게 된다. 이렇게 투르크는 명목상의 기독교인을 지배하면서 우위적인 위치에서 복음의 영향을 받지 않는다.

터키어 성경번역과 선교

오스만 제국을 위한 가장 큰 복음적 노력은 단연코 성경번역이라고 하겠다. 투르크를 위한 성경번역에 중요한 동기를 제공하고 문을 연 사람은 종교개혁시기에 기독교 인문주의자인 에라스무스(Erasmus)와 현대 교육의 아버지라고 불리우는 코메니우스(J.A. Comenius)인데 이들은 투르크 무슬림들에게 성경을 번역해 줄 것을 주장했다. 1856년에는 오스만 영토에 개념적으로만 있던 신앙의 자유를 실제적으로 선언하는 칙령이 발표된다. 이 칙령을 축하하며 영국 대사는 술탄 압둘메지드에게 터키어 성경을 선물한다. 1864년에는 오십여 명의 투르크가 복음을 받아들이고 세례를 받는다. 그러나 그 해 7월 17일, 이들은 투옥되거나 행방을

註 11) 터키어 성경번역은 터키선교의 전초가 된다.
  http://historyofturkeishbible.woredpress.com/
  Bruce G.Priveratsky, Ph.D. A History of Turkeish Bible Translation,
  December 2011.
 12) The American Bord of Commissioners for Foreign Missions (ABCFM) 터키어
  로는 Amerikan Bord
  Ayten SEZER ARIG, Dunden Bugune istanbul daki Misyonerlik Faaliyetleri,
  Hecettepe Universitesi, 2009

알 수 없게 되었다. 또 오스만 정부는 영국 대사에게 더 이상 무슬림을 전도하는 것을 금한다고 통보한다. 그러나 성경번역은 멈추지 않고 진행된다.[11] 개신교 선교는 1810년 미국 보스톤 소재 선교단체[12]에서 이스탄불과 이즈밀 등해안 도시에서 시작하여 내륙으로 확대한다. 처음에는 주로 유대인과 무슬림을 대상으로 사역을 했는데 효과적이지 못하자 아르메니안 같은 타민족에게로 전환을 하고 교회개척, 문서출판, 학교 사역들을 전개한다. 영국선교사도 대도시에 학교를 세우고 선교에 집중을 하게 된다.[13]

IV. 역사적 관점과 한인사역자 전망

제1차 세계대전의 패전국이 된 오스만제국은 무너지고, 무스타파 케말에 의해서 국민이 주권을 갖는 근대 자유 민주주의와 정치와 종교를 분리하는 세속주의를 근간으로 하는 공화국이 건설되었다. 이어서 기독교 선교에 있어서 큰 영향을 주는 두 가지 결정이 잇다른다. 첫째는 인구교환이다. 케말은 독립전쟁에서 승리한 후, 1923년 7월 24일 로잔협약에서 거의 지금의 영토를 보장받고 영토 확장이나 과거 오스만 제국의 영광을 복고하려는 유혹을 물리친다. 그는 신생 공화국의 안정에 주력하면서 제국 시대에 거주했던 비터키인과 과거 오스만 영토의 터키인을 강제교환하여 타민족이 혼란을 가져오는 것을 막고자 했다. 이에 많은 기독교인들이 터키를 떠나게 됨으로 터키 내에는 기독교인 공동체는 사라지고, 교회 건물도 폐허가 되거나 용도가 전용되어 사용하게 된다. 둘째

註 13) 상동 1914년 영국 선교사들이 세운 학교가 178개교, 재학생이 12,800명에 이른다.

는 학교가 선교에 더 이상 효과적인 수단이 될 수 없게 된 것이다. 1924년 3월 3일, 종교교육법이 제정되면서 19세기 말에 선교사들이 세운 학교들은 모두 국민교육부에 귀속되었다. 1931년에는 학교 운영규칙이 새롭게 공포되어 선교사들이 학교를 통해서 선교하기 어렵게 되었고, 그 후로는 학생들이 기독교적인 윤리와 세계관을 갖도록 간접적인 방법으로 사역을 하게 된다.

공화국 설립 이후로 사십 여년간은 투르크에게 복음을 듣는 기회는 거의 없었던 선교의 공백 내지는 복음 전파가 전혀 없는 암흑의 시대를 보냈다. 그러나 다가올 1961년부터 열린 선교의 시대를 준비하는 두 가지 중요한 변화가 있었다. 첫째는 1928년 4월 10일, 터키 국회는 헌법에서 '터키 국가의 종교는 이슬람이다' 라는 조항을 제거한 것이다. 둘째는 문자 개혁이다. 아랍 문자와 이란어(Farsi) 문법을 입혀서 사용해 온 오스만 터키어에서 라틴 문자로 누구나 쉽게 사용할 수 있게 되었다.[14] 새로운 터키어 문자는 누구나 읽고 이해할 수 있는 성경 번역의 결정적인 도구가 된다. 새로운 터키어 문자로 된 성경(이후 터키어 성경)이 1930년부터 출판되었다.

20세기 선교의 문이 열리다!

1960년 5월 27일 군사혁명 이후 이듬 해 개정된 헌법에는 터키시민은 누구든지 종교적 신앙과 예배의 자유와 타인에 의해서 자신의 종교가 침해당하지 않을 자유를 보장한다. 그 즈음에 오엠선교회의 설립자인 조

註 14) Vamik D.Volkan, Norman ltzkowitz, ATATURK Anaturk, Alfa Basim Yain, 2011, 464쪽
　　15) Pam Wilson, STRIVING TOGETHER FOR THE FAITH OF THE GOSPEL A United Approach to Mission in Turkey 1961-1996, May 1996, Personal Paper.

지 버워는 두 사역자를 터키로 보낸다.[15] 그들이 토착했을 때에 터키에는 한, 두 명의 터키인 성도가 있었다고 한다. 그들은 교회 개척과 문서 사역을 두 축으로 사역을 시작한다. 낮에는 가가호호 방문하며 기독교서적을 판매했고, 밤에는 전도지를 길거리의 적당한 곳에 놓아두어 사람들이 가져가도록 하면서 사역을 했는데, 사역자들이 체포되어 추방되는 일이 빈번히 일어난다. 이렇게 60년대에는 약 오 십 만 점의 문서를 배포하며 복음을 위한 밭을 일구는 작업을 진행한다. 이 기간 중에 시작된 성경통신 과정은 사서함을 통하여 성경공부 과제물을 주고 받으며 터키 전역으로 확산해 나간다. 60년대에는 경찰의 위협과 추방, 그리고 터키인들이 좀처럼 복음을 받아들이지 않는 것이 사역에 가장 큰 어려움이었다. 1970년대에는 터키 신자들 중에는 거짓 믿음, 잘못된 행실이나 신뢰할 수 없는 행동 등으로 사역자들이 당하는 어려움이 컸지만 그들은 복음의 씨앗을 뿌리는 심정으로 계속 사역을 감당하였다.

1977년에는 사역자들이 터키성서공회와 협력해서 사역하기로 결정한다. 1970년 말부터 1980년대 초까지는 터키사회는 좌우의 유혈대치 중에 1980년 9월 12일에 군사혁명으로 터키인들은 매우 불안한 시간을 보내며 인생의 의미에 대한 답을 찾기 시작한다. 1978년부터 1981년 사이에 터키연합성서공회를 통해 발행된 터키어 성경이 매년 수천 권씩 팔려 나갔다. 이 때 까지 아직도 터키에는 믿음의 공동체가 이루어지지 않았지만 개인적으로 믿음을 갖기 시작한다. 1980년대부터 드디어 복음의 열매가 맺히기 시작한다. 선교사의 숫자는 1983년에는 오십여 명에서 1996년에는 오백여 명으로, 터키인 성도의 숫자는 1983년 오십여 명에서 1996년에는 약 천명으로 성장을 하였다.

Pam Wilson은 1960년대 부터 삼십여년의 터키 사역에 사역자들이 어떻게 기여를 했는지 몇가지 요소를 밝히고 있다. 첫째는 사역자간에 연합의 정신이다. 연례 연합수련회를 통해서는 이 정신을 잘 유지하고자 했다. 1983년부터는 사역 단체와 기간의 대표들이 지도력회의(Leadership Advisory Council)를 구성하고 터키 현지 지도력에도 문을 열어서 함께 복음의 수고를 감당하고 있다. 둘째로는 터키의 정치가 큰 개방성을 갖게 된 점이다. 1983년, 투르구트 외잘 정부는 당시 레이건과 대처의 경제에 손을 내밀었고 유럽관세동맹에도 가입을 하게 되면서 국가의 개방성이 심화되었다. 셋째는 큰 담대함이었다. 신문광고를 통해 성경통신과정 요청자가 1992년에는 11,000명에 이르게 되었는데 이러한 증가는 사역자들에게 큰 용기를 주어 사역에 박차를 가하였다. 넷째는 사역에 더 큰 자유가 주어진 점이다. 사역자들은 체포 및 추방을 당했지만 종교적인 사건에 유능한 변호사를 통해서 재판에서 승소하며 거주와 사역의 자유를 확보해 나갔다.

1988년에는 오십여 명의 현지인 성도와 외국인이 체포되는데 재판의 결과는 무혐의로 모두 풀려나게 되면서 그리스도인으로 사는 두려움에서 벗어나게 된다. 터키 정부는 교회 모임이 주 정부에 신고해서 불법이 되지 않도록 권고했다. 마지막으로 사역을 위한 자료의 준비이다. 그 중 가장 중요한 것은 현대 터키어 성경이다. 1987년에는 신약성경 무즈데(MUJDE)가 출판되는데 신약성경 배포를 통해서 전도하는데 결정적인 역할을 하게 된다.

한인사역자들

1980년 대 중반부터 한인 사역자들이 입국하여 1995년 경에는 사십여명, 2017년 현재는 사백여 명에 이르는데 국가별로는 미국 다음으로 많은 사역자가 터키교회를 세우기 위해서 활동을 하고 있다. 한국교회의 터키선교는 사 반세기를 넘겼고, 이제 반 세기를 향해서 나아가야 할 중요한 시점에 와 있다. 터키교회협의회는 향후 25년 후에 터키교회의 숫적 성장을 예상하고 있다. 그러나 숫적인 성장과 함께 교회의 존재와 사명을 성경적으로 인식하고 현지인 지도자와 선교사가 함께 공동의 노력을 해야 할 것이다. 이런 관점에서 본고의 기고자는 한인선교사가 지금까지 사역을 잠시 멈추고 되돌아 보고 풀어야 할 몇가지 과제를 제안하게 되었다.

우리에게 놓여있는 사역의 과제

■사역의 대상자인 터키인의 정체성과 그들의 종교적 배경을 깊이 연구해야 한다.

터키인 선교의 세가지 어려움이 있다면, 천년이 넘는 이슬람 신앙에 뿌리를 둔 종교적 선입관, 과거 정복을 이룬 영광으로 인한 자부심, 신성이 없는 기독론이라고 하겠다. 투르크에 대한 역사적인 연구가 필요하다고 본다.

■기관 사역에 참여가 필요하다.

1) 다음세대 사역

터키에서는 근래 매년 백만명이 넘는 인구가 증가한다. 다음세대 사

註 16) 출판사를 세우고, 어린이교육자료 및 어린이성경 등을 출판하며 사역을 하고 있다.
Wepsite:www.kucakyayincilik.com

역을 하는 중요한 두 기관이 있는데, 쿠작16)(Kucak, 예수님의 '품'이란 뜻)사역과 디모데교육협회가 있다. 두 단체 모두 주일학교 및 캠프교재 개발과 교사훈련을 진행한다. 현재 인터넷에 어린이들을 위한 콘텐츠를 번역 및 개발하여 제공할 계획을 갖고 있고, 현지 교회 목회자들에게 다음세대 교육을 계몽하고 있다.

2) 방송 사역

터키에도 젊은이들은 공중파보다는 인터넷 라디오나 TV를 통해서 미디어를 접하고 있다. 라디오 쉐마17)(Radio Shema)는 1999년 앙카라 시에서 시작되어, 삼순, 안탈랴 등 도시에서 방송하고 있다. 아랍어가 통용되는 동남부의 고시에도 개국을 하고자 한다. 또 인터넷 TV에 젊은이들이 선호하는 문화를 옷입은 성경공부, 복음전도, 삶, 음악, 기독교 문화 등의 콘텐츠를 만들고자 한다. 비디오, 소셜 미디어, 유투브 등 최대한 사용하며 복음 사역을 해야 할 때이다.

■ 현지와 현지인, 그들의 문화를 더 이해하고, 현지 지도력과 협력을 넓혀야 한다.18) 한인 사역자들은 현지지도력을 동등하게 간주하고 협력을 넓힐 뿐 아니라 신임사역자들이 현지지도력 아래에서 배울 기회도 만들어야 주어야 하겠다.

3)터키교회는 이제 목회자 양성을 위한 힘을 모아야 한다. 1세대 지도자는 선교사에 의해서 도제교육으로, 2세대는 1세대와 선교사에 의해서 목회자로 준비되었다. 그러나 2세대 지도자는 교회를 통해서 재정 공급이 안되기에 생계를 위해서 기관사역이나 일반적인 직업을 가져야 한다. 그들을 위한 지속적인 교육이나 훈련은 현실적으로 불가능하다. 현재 터

註 17) Wepsite:www.radioshema.com
　 18) 현지지도력, 목회자, 기관장들과 인터뷰 한 것을 토대로 작성하였다.

키개신교에는 목회자양성을 위한 공식적인 학교가 없다. 목회자 양성을 위한 비공식 프로그램은 하사트(HASAT)와 토훔(TOHUM)이 있다. 하사트는 1990년대중반에 미국인 사역자들에의해 시작되었는데 지금은 터키의 몇 지역에 코디를 세우고 대도시에서 목회에 필요한 과목을 가르치고 있다. 약간의 한인사역자가 실천분야에서 강의를 하고 있다.

토훔19)은 2004년 뜻을 가진 한인시니어 사역자들이 연합하여 4년 간의 정기모임과 커리큘럼 작성 등 탄탄한 준비과정을 거쳐서 시작되었다. 그 내용은 그리스도인의 인격과 사역의 기본을 이루는 성경학교, 교회를 세우고 섬길 목회자, 현지인 목회자 뿐 아니라 선교사도 지속적인 훈연을 위한 연장교육 등 세 과정을 중심축으로 하고 있다. 지금까지 강사들은 강의를 하며 교육자료를 계발하고 있다. 향후 과제는 터키교회와 함께 목회자 양성을 위한 교육의 법적인 지위를 확보하는 일, 교수가 이 사역에 집중하여 참여, 교육자료 계발, 공부를 위한 온 오프라인 시설을 준비하는 일이라고 하겠다.

V. 마무리

그들이 결정하게 하고 우리는 소망을 갖고 인내해야 한다. 터키인들은 유목민 시절부터 생존을 위해서 수많은 결정을 하면서 현재의 자리에 이르렀기 때문에 지도력의 핵심을 결정력으로 본다. 우리가 그들의 판단과 결정을 무시하고 일방적으로 사역과 지원을 펼친다면 귀한 선교의 자

註 19) 2004년 한사협모임의 신학교육위원회에서 발제하였고, 한사협은 관심자들이 신학교육사역을 열어가는 것을 존중하고 받아드렸다. 교수의 단체배경이 다양하기에 교리적인 차이점은 학생이 속한 교회의 지도자에게 맡기기로 했다. 한인사역자들이 연합해서 현지교회를 위한 사역의 좋은 모델이 되었다.

원을 낭비할 수 있다. 우리가 현지인 사역자들의 필요를 잘 보고 들을수록 우리의 사역의 효율성은 커질 것이다.

한국선교는 걸음을 잠시 멈추고 현지지도자들과 함께 자리를 하고 지난 25년의 평가와 격려와 향후 25년을 향한 방향을 재설정할 때를 맞았다. 터키인들의 유목민적인 기질은 그들의 영적 여정에서도 나타난다. 미디어의 발달로 사회에 드러나는 인간의 죄된 성품을 보면서 기존의 신앙에 회의감을 갖고 진리를 찾는 이들이 늘어나고 있다. 그동안 한국선교사는 터키교회와 지도자를 새우기 위한 사역을 잘 감당해 왔다. 지금은 우리가 세운 현지지도자를 동역자로 함께 사역의 장에 세우고 밀어주고 받쳐주면서 터키교회의 복음의 부흥을 바라보고 인내하면서 경주해야 하겠다.

10. 시아파 이란 무슬림과 선교적 접근[1]

황 종 한[2]

1. 들어가는 말.

1979년 호메이니의 이슬람 혁명으로 서구 선교사들이 다 추방되었다. 그 때까지 이란 선교의 열매는 미미했다. 이제 34년의 세월이 흘렀다. 이란은 이슬람 국가들 가운데 복음에 가장 많이 반응하는 국가가 되었다. 성경과 신학 서적, 리더들의 경험은 아직도 부족하고 핍박과 고난이 있지만 성장하고 있다. 외부적으로는 매우 닫힌 땅이 급격하게 영적으로 열린 땅이 되었다.

이란은 전 세계에서 유일하게 시아 이슬람을 국교로 삼는다. 공식적으로 시아 이슬람 국가이다. 한편 비공식적으로 수피즘의 강한 영향 하에 있다. 작은 마을의 물러로부터 꼼(테헤란 남쪽 도시)의 이슬람 신학교에서 가장 많이 수학한 아야톨라에 이르기까지, 심지어 이슬람 혁명을 일으킨 호메이니조차 꼼에서 수피 스승을 찾아 다녔을 정도다. 수피즘은 이란에서 매우 보편화 되었다. 본 원고는 근, 현대 이란을 이해할 핵심 키워드를 시아 사상, 수피즘으로 정했다. 시아 사상과 수피즘의 세계관을 살핀다. 세계관 연구를 통해 이란인을 이해하고 이란 맞춤형 선교 접근을 모색해 보았다. 이슬람 혁명후 변화하는 시대 이란 선교의 로드맵을 그려보았다.

註 1) 이 글은 '전방 개척 선교' 2013년 9,10월호에 실린 글을 부분적으로 수정한 글입니다.
  2) 연세대학교 영문과(B.A.), 총신대학교 신학대학원(M.Div.), 테헤란 국립대학교 페르시아문학과(M.A.)
    現 GMS 소속, T국에서 현지 E 사역 단체와 연합해 디아스포라 이란인들을 섬기고 있다.

2. 이란인의 세계관 이해 3)

3. 선교적 접근

3.1 시아 이슬람과 선교적 접근

하나님께서 각 민족의 세계관과 문화 속에 숨겨 놓으신 전도의 접촉점이 있다. 그것을 '구속적 유비(Redemptive Analogy)' 4)라고 한다. 선교를 위한 다리다. 그 브릿지를 잘 이용하여 시아 무슬림들이 구속적 실체(Redemptive Reality)에 이르도록 도울 때, 복음의 열매를 많이 맺을 수 있을 것이다. 시아 신앙의 상징들은 기독교, 특히 로마 카톨릭과 유사한 점이 많다.

구원자

시아 이슬람에서 불의를 대항하여 죄없이 고난받은 후세인은 자발적으로 자기를 희생했다. 후세인의 수난은 십자가에서 자신을 제물로 바치신 예수 그리스도의 수난과 흡사한 면이 있다. 자기 가족을 도륙하러 오는 적들을 향하여 후세인이 알리에게 말한다. "아버지여, 이 모두가 죄많

註 3) 2장의 시아 이슬람과 수피즘 내용은 본 원고의 페이지 분량 제한으로 부득이 생략하기로 한다.
　 4) 랄프 윈터, 스티븐 호튼 공저, 미션 퍼스펙티브, 서울: 예수전도단, 1999. p.p.330-335. '구속적 유비' 개념은 '화해의 아이(Peace Child)'의 저자 돈 리챠드슨이 주장한 원리다. 선교사는 사역 종족 집단의 역사와 문화를 주의 깊게 배워야 한다. 현지인에게 메시지가 이해되고 받아들여지도록 하나님이 예비하신 길들을 찾는 것이다. 일반 계시는 하나님의 구속적 사건을 설명해 줄 만큼 구체적이지 못하다. 이에 비해 구속적 유비가 되는 문화적 요소들은 구속사건을 그 문화에 미리 그림자로 보여준 것이라고 리챠드슨은 보았다. 타문화권 커뮤니케이션의 과정에서 구속적 유비로 사용될 수 있는 문화 요소를 발견하는 것은 굉장한 기회다.

은 저들의 구원을 위한 것입니다."[5] 모함마드 역시 손자 후세인의 구속적 힘을 예고했다. "그는 내 백성을 위하여 죽을 것이다."[6] 그의 희생은 순결하다. 시아 이맘은 죄가 없기 때문이다. 선지자와 이맘은 무죄한 존재다. 순니 이슬람에서는 십자가 개념이 없다. 시아 이슬람에서 후세인은 죄없는 의인으로 고난받은 구세주에 비견된다.[7]

이슬람 전도에서 가장 걸림돌이 되는 것이 십자가 수난과 심판이다. 죄없는 선지자가 심판받을 수 없다고 믿기에 예수 십자가를 부인한다. 시아 이슬람의 이맘 후세인은 의로운 이맘으로서 자기 희생적 수난과 죽음을 겪었다. 십자가 대속의 죽음을 무슬림들에 전할 수 있는 좋은 구속적 유비라고 하지 않을 수 없다.

인도자

시아 사상에 의하면 이맘을 신실하게 따랐던 사람들은 구원을 받을 것이라고 한다. 기독교에서 약속한 성령이 오셔서 성도들을 진리로 인도하는 것처럼, 12번째 이맘 메흐디의 주된 역할은 무슬림들을 선지자가 계시한 길로 인도하는 것이다.

중보자

이맘들의 중보를 통하여만 사람들은 천국에 갈 수 있다. 신과 인간 사

註 5) Dwight *Donaldson*, op.cit, p.342
6) ibid, p.341
7) 이슬람에서 의로운 선지자가 신의 심판을 받아 죽는 일은 없다. 예수는 의로운 선지자인데, 그 예수가 십자가에서 죄인처럼 죽을 수가 없다는 것이 이슬람의 사상이다. '예수가 십자가에서 죽은 것이 아니라, 다만 그렇게 보인 것 뿐이다'.(코란, 4:157-158) 가룟 유다가 달려 죽은 것이라 가르친다. 예수의 십자가와 보혈을 완전히 부인한다. 근본적인 원인은 무함마드에게 단성론파의 가르침, 영지주의와 기독교 가현론자들의 가르침이 전해진 까닭이라고 본다.

이의 중보자가 곧 이맘이다. 그들의 중보 없이는 누구도 신의 처벌을 피할 수 없다.[8] 기독교의 기독론과 구원론이 시아 이슬람에서는 이맘의 교리와 역할로 변형되어 있다. 이 까닭에 시아 무슬림들은 이맘의 묘지를 숭배하고 순례하며 기도한다. 이맘의 묘지에 찾아갈 때, 순례자를 향한 이맘의 중보의 힘이 더욱 강하여진다. 이맘의 부활은 단지 영적인 것이지만, 히브리서의 가르침과 매우 유사한 면이 있다.[9] 부활하신 예수께서 천상에서 성도들을 위하여 기도하는 것을 모방했다.

재림

이맘 후세인은 육체적 죽음을 경험했지만, 12번째 이맘 메흐디는 육체적 죽음을 경험하지 아니했다. 여기에 부활의 소망이 있다. 여기에 악이 항상 끝까지 승리하지 못하며 종국적으로 메흐디의 재림시에 이 소망은 승리를 경험할 것이다. 기독교 예수 그리스도의 재림을 카피한 것이다. 조로아스터교에서도 종말에 구원자 샤오샨트의 재림을 기다린다.

성자숭배

특별히 시아 이슬람이 카톨릭과 유사한 점이다. 카톨릭에서 마리아를 숭배하듯 시아 이슬람에서는 후세인의 모친 파티메를 숭배한다. 로마 카톨릭에서 로마 교회의 수장으로서 베드로의 사도권을 중시한다. 베드로로부터 영적 권위가 계승된다고 여긴다. 시아 이슬람에서는 1대 이맘 알리로부터 이 권위가 12이맘에 이르기까지 계승된다고 믿는다. 순교자와 성물, 유물을 카톨릭에서 숭배한다. 기적과 치료를 염원한다. 시아 이슬

註 8) ibid, p.344.
　　9) 히브리서 2:16-18, 이사야 53:12

람도 이맘 친족의 시신이 안치된 '이맘저데'(Imamjadeh)를 찾아간다. 죽은 이맘을 숭배하며 기적, 치료 기도응답을 구한다.

시아 이슬람 사상에 구속적 유비가 많이 존재한다. 시아 무슬림들에게 구원자의 고난과 자기 희생은 낯선 개념이 아니다. 부활, 성령, 종말, 재림이라는 개념도 이미 친숙한 개념이다. 이를 선교의 접촉점으로 잘 활용하자. 시아 이슬람을 향하여 잘못된 진리라고 비판하며 배척하는 부정적인 태도보다, 구속적 유비가 될 개념들을 찾아서 구속적 실재가 되는 예수 그리스도와 기독교의 진리를 밝혀주자. 이들의 마음 문이 더욱 쉽게 열릴 것이다. 복음에 잘 반응할 것이다.

3.2 수피즘과 선교적 접근.

수피즘의 사상과 수련 방법, 단계는 시간과 지역, 수행자들에 따라서 다르다. 그럼에도 불구하고 수피즘이 전세계에 광범위하게 퍼져있다는 사실은 그것이 신을 추구하는 인간의 보편 정서에 기초하고 있음을 말해준다.

정통 이슬람은 신비체험이라든가 신지학적 그노시스같은 것을 받아들이기를 어려워했다. 정통 무슬림은 알라와의 친밀하고 영적인 사랑에서 생겨나는 관계를 받아들일 만큼 대담하지 못했다. 울라마들은 이슬람 신학적 지식과 전문적인 법률 지식을 통해 무슬림 대중들을 이끌기에 충분하다고 생각했을 것이다. 신비적이고 명상적인 이란인들의 심성은 이슬람 법학의 무미건조한 논쟁에 만족할 수 없었다. 신의 존재를 경험하고 싶어했다. 역사속에서 이슬람의 대중적이고 광범위한 전파는 이슬람 수피들의 공헌이었다.

이것은 기독교에 있어서 메마른 지성주의, 영적 세계를 인정하지 않는 이성적 기독교가 갖는 위험성을 우리에게 시사한다. 물론 우리 신앙은 체험에 기초하지 않고 말씀에 기초한다. 그러나 기도와 찬양과 예배를 통하여, 진리를 찾아오는 무슬림들에게, 하나님의 영적 임재를 증거할 수 있는 공동체가 되어야 한다. 특별히 이란 사람들은 영적인 실재에 민감하게 반응한다. 이러한 이들의 특성을 이해하고, 많은 기도를 통하여 성령의 역사와 임재가 풍성하도록 준비한다면 많은 열매를 맺을 수 있을 것이다.

수피즘에 있어서 수피 스승은 자신만의 특별한 지식을 자기 제자들에게만 전수해 주었다. 특수한 사제 관계가 성립이 되고, 입문 의례와 기나긴 교육 과정을 전제한다. Sheikh(쉐이흐, 수피 스승)에 대한 존경이 지나치게 되면, 그 스승을 성인처럼 숭배하는 일까지 생겨난다.[10] 이것은 이들이 제자훈련을 받을 준비가 되어있음을 상기시킨다. 한국은 바쁜 환경 속에서 제자 훈련 시간도 짧게 배정할 수 밖에 없다. 그러나 이란인들을 섬기면서 깨달은 것은 이들이 시간에 구애를 많이 받지 않는다는 것이다. 조급함을 버리고 천천히 지속적으로 이들을 말씀으로 양육할 수

註 10) Lapidus, Ira M., A History of Islamic Societies, Cambridge: *Cambridge University Press*, 2002, p.93-94. 무슬림들에게 수피 스승은 도덕과 뛰어난 영성을 갖춘 단순한 인간이 아니다. 그는 세상 속 신 존재와 능력의 산 표현이다. 그는 신 존재의 지식에 도달한 자로서 인간 이상의 존재가 된다. 신의 유출의 위계에 존재하므로 기적과 능력을 행할 수 있다. 우주의 기둥같은 존재이다.

있다. 이들은 이미 진리의 가르침을 받을 마음의 준비가 되어 있다.

이란 수피즘의 핵심은 영지주의적 신비주의(Mysticism)이다. 신의 실존을 간절히 경험하고 싶어한다. 멀리 있는 신 말고 내가 경험할 수 있는 신을 믿는다. 이슬람에서 가르치는 알라는 친근하지 않다. 종처럼 두려움으로 사는 무슬림들은 아버지를 잃어버린 종의 자녀다.(창 21:9,10) 이들이 예수를 믿을 때, 약속의 자녀가 된다. (갈 4:21-31) 종과 달리 아들은 아버지와 친밀한 관계 속에 산다. 아버지의 사랑을 경험한다. 무슬림들이 목말라 하는 것은 하나님 아버지의 사랑이다. 아버지와의 친밀한 관계. 수피들이 모든 수행 단계를 거쳐서 도달하려 했던 것이 바로 하나님의 실존이다. 이들이 보았던 빛의 실체는 하나님이다. 예수는 세상의 빛이다.(요 8:12) 하나님은 빛이시다(요일 1:5) 이들의 목마름은 생수를 마심으로 해갈될 수 있다.(요7:37-39)

3.3. 변화하는 시대의 선교적 접근

근대화 과정에 있던 이란은 친미, 친서방 정책을 펼쳤다. 이슬람 혁명 이전 이란은 한국보다 잘 살았고, 천연 자원이 부족함이 없는 나라였다. 어느 정도 자유와 세속화를 경험했다. 1979년 이맘 호메이니에 의해서 이슬람 혁명이 성공한 뒤, 이란은 시아 이슬람의 뿌리로 되돌아가는 듯했다. 서구의 선교사들은 모두 철수할 수 밖에 없었다. 이슬람 혁명이 일어난지 34년이 지나고 있다. 유토피아적 이슬람 국가가 세워질 것이라는 국민들의 기대는 산산조각이 났다. 30%가 넘는 실업률, 25%가 넘는 이혼률, 30%에 육박하는 마약 중독과 우울증으로 사회가 신음한다. 이슬람 혁명 수호 위원는 이슬람을 지키려 통제와 감시가 더욱 강화되었다. 정치 고립, 경제 퇴보, 사회 불안 속 이란 교회에[11] 급격한 변화가 일어났다.

아르메니안, 앗수리안 등 소수민족에 허용된 몇 몇 지상 교회 예배에 무슬림들이 찾아오기 시작했다. 무슬림 출신 신자들이 급속히 늘었다. 교회 리더들을 살해했다. 위협을 가했다. 1990년대 중반 이후 교회 리더들은 무슬림 출신 신자들을 향하여 가정 교회로 모일 것을 권했다. 급속히 늘어나는 개종자와 복음 전도를 위해 2001년부터 위성방송 사역 시작했다. 해외 디아스포라 이란인 교회 리더들이 수고했다.[12] 처음엔 아랍 위성 방송 채널 몇 시간을 할애 받아 방송을 보냈다. 지금은 24시간 위성 방송 채널이 4개 이상으로 늘어났다. 필요가 많고 이란 교회가 성장하고 있다는 증거다. 기독교 위성 방송을 통해 이슬람에 대한 신뢰가 깨져버린 많은 이란인들이 주께 돌아오고 있다. 거기엔 아프간인도 포함된다. 이란 지하 교회 성도 수에 대한 정확한 통계를 내기는 어렵다. 분명한 것은 우리 상상 이상으로 핍박과 고난 가운데 이란 교회가 급속한 속도로 성장하고 있다는 사실이다.

註 11) 이란의 교회 역사는 우리가 생각하는 것 이상으로 오래되었다. 근대 이전의 이란 교회사를 이해하기 위해서는 아래를 참조하라.(사무엘 마펫, 아시아 기독 교회사 제1권, 초대 교회부터 1500년까지, 서울:장신대학교 출판사, 1996) 13세기 이후 몽골의 침략, 잇따른 티무르의 침략 이후 대부분의 교회는 불타 없어졌으며 세력을 거의 잃었다. 네스토리안의 후예라고 자칭하는 앗수리안들이 소수민족으로 우루미예를 중심으로 기독교 신앙을 유지했다. 시아 이슬람을 국교로 삼은 이후, 이란으로 건너온 아르메니아인 교회가 이란 왕실의 보호를 받으며 활약했다. 카톨릭의 선교 활동이 있었다. 1812년에는 영국 선교사 헨리마틴이 인도에서 이란에 들러 신약 성경 번역 작업을 최초로 완성하였다. 개신교 선교 활동이 시작되었다. 영국 선교사들, 독일 선교사들, 미국 장로교 선교사들이 사역을 감당했다. 근대화 시기에 학교를 세워 교육에 힘썼다. 병원을 설립하고 환자들을 돌보아 주었다. 마약 중독자 치료 사역을 해 주었다. 사회적 공헌과 기여가 컸다. 기독교에 대한 좋은 인상을 사회에 심어주었다. 그러나 무슬림들의 기독교 개종율은 이 때까지만 해도 아주 미미했다.

12) Dr. H 목사는 미국에서 무슬림 출신 신자 전도로 교회 나와 복음을 듣고 예수 믿고 목회자가 되었다.

한국 선교사들의 이란 입국은 1999년에 시작되었다.[13] 2007년 아프간 피랍 사건이 일어났다. 아프간에서 한국 선교사들이 대거 철수했다. 2009년 8월 이후 이란에서도 한국 선교사들 추방이 시작되었다. 사역의 꽃을 피워 보기도 전에 현지 베이스를 잃어버렸다. 대부분 철수하거나 제 3국으로 이동하게 되었다. 참으로 아픈 경험이었다. 커다란 손실이었다. 사역의 위기는 내부의 문제였다.[14] 현지 베이스를 잃어버리지 않았다면 디아스포라 사역과 함께 더 풍성한 사역의 열매를 거둘 수 있었을 것이다.

지금 이란의 몇 안되는 지상 교회는 강제 폐쇄를 당했다. 금요일, 주일 예배 모임 모두 모일 수 없다. 닫힌 교회 문에는 정부 안내문이 걸려 있다. '수리 중!' 작년 11월에는 테헤란 한인 교회 역시 폐쇄 위협을 받았다. 지상 교회의 리더들, 가정 교회의 리더들이 계속해서 투옥되고 있다. 비밀리에 납치를 당해서 순교하는 형제들이 없다고 말할 수 없다. 이것이 이란 사역을 조심스럽게 접근해야 하는 이유다. 현지와 현지인을 먼저 고려하고 배려해야 한다.

필자는 이란 교회의 부흥이 중동에 파급효과와 영향력을 미칠 것이라

註 13) 테헤란 한인 교회에서 사역을 하신 이만석 목사님은 예외로 하였다.
　 14) 현지문화를 존중하지 않는 무모한 선교적 열심이었다. 현지 사정과 선교사들의 안내를 저버린 일방적 단기 선교팀의 무분별한 활동도 한 몫 했다. 이란은 자유로운 땅이 아니다. 현지인 리더들 역시 보안에 신경을 많이 쓴다. 어휘, 핸드폰, 이메일, 사람 접촉, 모임에 있어서 뱀처럼 지혜로울 필요가 있다. 우리는 추방을 두려워할 필요는 없다. 그러나 추방을 자극할 필요는 더더욱 없다. 이들은 무모하고 무책임한 사역을 믿음이라 생각했다. 지혜를 가지고 보안에 신경 쓰는 것을 믿음이 없다고 나무랐다. 추방을 당해 나가면서도, 추방 당하는 것이 아니라고 했다. 심문을 받고 하루도 안되서 그 압력을 견디기 어려워 모든 사실을 말하고 빨리 나가겠다고 했다. 공항에서 떠나기 전 남아 있는 사역자들을 향하여는 순교할 각오 없이, 이란에서 사역하지 말라고 충고했다. Integrity 의 문제다. 아직까지 공식적 사과를 하지 않고 있다.

고 본다. 그러나 모든 국가의 상황이 이란과 같은 것은 아니다. 이란의 케이스가 다른 이슬람 사역 국가에서도 동일하게 적용되어야 한다고는 보지 않는다. 선교의 주인이신 하나님께서 일하시는 방법은 다양하다. 다만 전능하신 하나님의 손 아래 이란 사람들이 겸손하여졌고, 그 약함 가운데서 하나님의 능력을 경험하고 있다. 복음의 전파 속도가 빠르다. 추수의 호기를 맞이하고 있다. 하나님의 은혜라고 하지 않을 수 없다. 변화하는 시대 몇 가지 선교적 접근을 생각해 보았다.

3.3.1. 선교적 교회론

급속한 교회 성장을 했다고 자랑하던 한국 교회가 오늘날 몸살을 앓고 있다. '선교적 교회론' [15] 이 화두다. 이란 교회가 성장하고 있다. 속도보다 중요한 것은 방향이다. 건강한 신학 없이 건강한 교회 없다. 이란 교회가 바른 방향으로 나아갈 수 있도록 도와야 한다. 바울은 선교사로 복음만 전한 것이 아니다. 영적으로 어린 교회들을 말씀과 바른 교훈으로 권면하고 책망하고, 양육했다. 바울은 목회자였고 동시에 신학자였다. 선교사역이 다만 전도 사역, 교회 개척 사역에 끝나는 것이 아니다. 개종 이후, 교회 성장 이후가 중요하다. 현지 교회의 미래를 바라보며 장기적 안목으로 현지 교회가 건강하게 서갈 수 있도록 도와야 한다.

註 15) 신현수, 선교적 교회론, CLC, 서울, 2011 ; 문상철, "Craig Van Gelder의 선교적 교회론", 제34회 한국 선교학 포럼 강의안, 한국선교연구원, 2009 ; 이현모, "교회론의 변천을 통해 본 선교적 교회론 이해", 유로비전 다름슈타트 자료집, 2011, pp.140-150 ; Alan J. Roxburgh, "선교적 교회란 무엇인가?", 유로비전 다름슈타트 자료집, 2011, pp.159-167

3.3.2. 진리 대결

앞에서 기독교 위성방송의 순기능을 말했지만, 역기능도 있다. 그것은 이단들의 활동이다. 이것은 물론 위성방송의 문제만은 아니다, 여호와의 증인을 비롯, 베뢰아, 안상홍 이단 등 한국의 이단들이 이란에까지 와서 영향을 끼쳤다. 이란 내 유일한 한인교회였던 테헤란 한인 교회 역시 수년간 홍역을 겪었다. 큰믿음 교회 변승우 목사를 절대 추종하는 목회자가 새롭게 부임하고 나서다.16) 신사도 운동과 아이합, 번영신학과 믿음 신학 등 해로운 신학과 이단들에 대한 경계와 대처가 요구된다.17) 신앙의 연륜이 적은 선교지 교회일수록 이단들의 밥이 되기 쉽기 때문이다.

3.3.3. 디아스포라 선교

제3국에서 디아스포라 이란인들을 섬기면서 디아스포라 선교가 또 다른 기회요 열린 문임을 알게 되었다. 디아스포라 선교는18) 이 곳을 방문하는 내지 현지인들을 향한 전도의 장이다. 디아스포라 사역은 내지 현지 지도자들을 잠시 양육할 수 있는 훈련의 장이다. 디아스포라 선교는 제 3국에 나와있는 현지인 리더들과 성도들이 선교를 배우고 훈련할 수 있는 선교 훈련의 장이다. 보안과 지면 관계상 많은 내용들, 사역의 실례들을 소개할 수 없음을 이해해 주기를 바란다. 제 3국에서 여러 방

註 16) 교회가 겪은 어려움과 영향은 J 목사가 수년전에 사임한 이후로도 계속 되었다.
　17) 조용성, 변화하는 글로벌 선교, 서울: 쿰란, 2013 ; 황종한, "성령과 하나님의 백성", GMS 터키지부 수련회 발제안, 2012, pp.1-45. ; 건강, 부, 번영신학을 옳게 비판한 번역서로는 아래를 참고.. 행크 해네그래프, 김성웅 역, 바벨탑에 갇힌 복음, 서울: 새물결 플러스, 2010.
　18) 김성훈, "디아스포라 현상에 대한 신학적 논의", 전방개척선교 저널(KJFM), Vol. 27, 2010년 3,4월호.

면으로 적극적인 현지인 전도가 이루어지며 많은 열매를 거두고 있다. 비밀리에 본국의 현지인 리더들을 오게 해서 양육하는 사역이 진행되고 있다. 디아스포라로 머무는 국가와 주변국에 대한 선교 훈련의 기회가 된다

디아스포라 가운데 난민들의 가장 큰 필요는 물질적 어려움과 자녀 교육과 의료 문제이다. 난민의 신분은 직업을 가질 수 없다. 하루 11시간 이상 일을 하고서도 수당을 못받는 경우가 허다하다. 아이들은 학교에 가서 정식으로 공부하기가 어렵다. 의료보험 혜택을 받지 못한다. 때로는 언어의 문제로 병원에 가도 치료받지 못하고 돌아오는 경우도 있다. 디아스포라 사역은 본국을 떠나 마음이 더욱 가난해진 현지인들이 우리를 기다리고 있다. 이란인이 무비자로 입국하여 3개월간 체류할 수 있는 나라들이 몇 있다. 터어키, 시리아, 말레이시아 등이다. 시리아는 지금 상황이 좋지 않지만, 잠재적 사역의 장이 될 것이다. 터어키는 이란인 난민들과 여행객들이 많다. 말레이시아는 난민보다는 대학생, 사업가, 안정적인 이주자들이 자리를 잡았다. 학생 사역, 캠퍼스 사역, 자립적인 현지인 교회 개척이 가능할 것이다. 두바이는 하루에도 수십편 항공이 운행하는데 좋은 거점이다.

디아스포라 사역에서 일어난 최근 괄목할 만한 변화는 이란인 사역과 모임에 아프간인 대상 전도와 사역이 자리를 차지하게 된 것이다.19) 여

註 19) 근래 들어 디아스포라 이란인 교회 안에 선교적 마인드가 자라고 있다. 우선 같은 언어권인 아프간과 타직스탄에 대한 선교 부담감이 크다. 세계 선교에 쓰임받고자 하는 소원들이 자라가고 있다. 어린이 사역, 장애인 사역, 고아 사역, 인터넷 사역, 방송 사

러 모양으로 이란인 모임에 아프간 형제들이 찾아온다. 개종자들이 늘어나고 있다. 다수는 하자라 족이다. 최근 A도시에서는 아프간 B 형제가 개종을 한 후 주변 아프간 이웃들로부터 여러차례 위협과 협박을 받았다. B 형제는 굴하지 않고 그가 만난 예수를 계속 간증했다. 나중에는 B 형제를 핍박하던 20여명에 가까운 아프간 사람들이 함께 예수를 믿고 교회로 나오게 되었다. G도시, U도시에는 아프간 형제가 리더가 되어서 교회 모임을 이끌고 있다. 지난 주에는 이란 N 자매와 아프간 S 형제가 결혼식을 하고 새로운 지역 교회 리더로 파송식을 받고 떠났다. 이란인들은 선교적 잠재력이 높다. 이란이라는 광활한 땅에 수 많은 종족이 함께 모여 살기에 보통 2개, 3개국의 언어를 구사할 줄 안다. 하나님께서 일하고 계시다. 이란 교회가 선교적 교회로 더욱 자라가길 기대한다.

4. 나가는 말.

이란에서 나올 때, 필자와 함께 제3국에서 동역하지 않겠느냐는 필자의 제안을 거절하고 핍박과 감시와 압력이 강한 그 땅에 끝까지 남아 동족에게 복음을 전하며 살겠다는 Z 형제와의 마지막 만남이 생각난다. 이란은 외부적으로 닫힌 땅이다. 현실적으로도 이란인들은 그 나라 자체를 하나의 커다란 감옥으로 생각하며 살아간다. 그 땅에서 신앙을 유지하며 복음을 전하며 살아간다는 것은 쉬운 일이 아니다. 더구나 최근에 대부분의 공식적인 지상 교회들마저 폐쇄명령을 받고 교회가 문을 닫게 되었다. 함께 모여 예배드릴 수 없는 상황이 되었다. 그럼에도 불구하고 복음

註 역, 문서 사역, 선교 등 개인마다 다양한 사역적인 부르심을 받고 있다. 최근의 변화는 아프간인 전도와 개종자들이 늘어난 것이다.

이 참 진리이고 고난받는 교회를 당신처럼 생각하시는 예수 그리스도의 중보와 사랑이 있기에 핍박과 고난의 상황 가운데서도 찬양하고 기도하며 선교의 하나님께서 계속해서 일하실 것을 기대한다. 닫힌 땅 가운데 복음의 열린 문을 두신 그 분의 섭리를 찬양한다. 인간의 약함을 통하여 복음의 능력을 드러내시는 그 분의 역사를 찬양한다. 고난받는 이란 교회를 섬길 수 있도록 죄인을 불러서 동역자로 삼아주신 하나님께 찬양과 영광을 돌린다.

제4부

중앙 아시아

11. 우즈베키스탄 이슬람과 선교적 전망

I. 들어가는 말

우즈베키스탄의 대부분 국민들은 전통 이슬람이다. 필자가 이 지역에서 15년을 사역하면서 이들 무슬림들과 늘 만났다. 그래서 이들 우즈베키스탄 사람들에 대해 특별한 것 같다. 현재 사역하는 우크라이나에서는 대부분 마른 과일과 건과류를 파는 사람들은 우즈벡인들인데, '앗 샬롬 알렉이 꿈'(안녕하십니까?)하면 너무나 반가워한다. 그리고 하루도 우즈벡인의 제자들과 성도들을 잊지 않고 있다. 인터넷으로 많은 제자들을 만나고 있기에 그 지역을 떠나 온지 7년이 지나도 전혀 낯설지 않다. 그래서 이 글을 나름 생생하게 쓸 수 있는 것 같다. 사실, 이 우즈베키스탄 땅에 이슬람이 들어 오기 전, 이미 초기부터 기독교의 영향을 받았던 곳이다. 그래서 우즈베키스탄의 이슬람 역사와 함께 기독교 역사를 써야 한다. 그리고 1991년 소련으로부터 독립 후 한인 선교사의 역사를 쓰고 그에 대한 반성과 회고 및 전망을 하고자 한다.

II. 우즈베키스탄의 종교 역사

1. 우즈베키스탄의 이슬람화 이전의 복음화

우즈베키스탄이 속해 있는 중앙아시아가 실크로드를 따라 일찍이 복음의 영향을 받았다. 1세기 사도 도마와 그의 제자 아다이(다대오)와 또

註 1) 한양대(B.E), 총신신대원(M.Div), 웨스터민스터신학대학원(Th.M, Ph.D), 우즈베키스탄(96~10)/ 우크라이나(11~현) GMS선교사, 아태아대학원 인준위원(현), 유라시아전략연구소장(현), 에이펜 실행위원

11. 우즈베키스탄 이슬람과 선교적 전망 **189**

아다이 제자 아가이와 마리를 통하여 시리아와 인도로, 실크로드 따라 북방으로 복음이 전하여 졌다. 바르다이산(Bardaisan)과 유세비우스 (Eusebius), A. 민가나(A. Mingana), L. E. 브라운(L. E. Browne), W. 쿠레톤(W. Cureton) 등이 중앙아시아에도 복음의 접촉 가능성에 대하여 언급하고 있다.[2] 이에 5세기 중엽에 우즈베키스탄 사마르칸트에 네스토리안 대교구도 세워졌다. 그 후 중국을 거쳐 고구려와 신라까지 복음의 영향을 미쳤다. 당 태종(635년)은 경교(景敎, 네스토리안)를 공인된 종교로 받아들였다.[3] 그 때는 신라 선덕여왕, 고구려 영류왕, 백제 무왕 때이다. 이로부터 100여 년 후인 신라 경덕왕 10년(751년)에 불국사가 창건이 되었다. 그 불국사에서 김양선 목사(1907~1970)가 1956년 경교 유물을 발굴하였다.

6세기에 페르시아 사산왕조(Persian Sassanid dynasty) 때에 두 명의 네스토리안 요한과 도마가 헤프탈의 훈족들(Hephthalite, Huns)에게 30년 간 그들의 구어체를 문어체로 바꾸어서 가르쳤다. 또한 농업을 가르쳐 정주민족이 되게 하였다.[4] 이렇게 7세기 이슬람이 태동하기 이전에 이 지역은 기독교 영향을 충분히 받았던 지역이었다.

2. 우즈베키스탄의 이슬람 확장사

제6대 우마야드 칼리프 왈리드 1세(Walid I, 705-715)가 중앙아시아를 정복하였다.[5] 그 때에 당 제국 쿠차의 절도사인 고구려인 고선지가

註 2) 최하영, 『실크로드 따라 유목민에게 나타난 천 년의 교회역사』(서울: (주)학술정보, 2007), 71.
  3) 최하영, 실크로드 따라 유목민에게 나타난 천 년의 교회역사, 93~99.
  4) S. H. Moffett, A History of Christianity in Asia, vol. 1: Beginnings to 1500 (Maryknoll, New York: Orbis, 2nd ed., 1998), 207-209.
  5) S. H. Moffett, A History of Christianity in Asia, 366.

변경을 잘 방어하지 못한다고 타슈켄트의 투르크인 투둔(Tudu)을 죽이자, 이에 투둔의 아들이 카를룩 투르크인과 부하라 진압군인 아랍 장군 지야드 이븐 살리흐(Ziyad ibn Salih)군과 연합하여 751년 7월 탈라스강(잠불 근처)에서 전투하여 고선지의 당(唐) 군(軍)을 물리침으로서[6] 소그디아나와 몽골, 중국으로 이슬람이 퍼지기 시작하였다. 이스마일 이븐 하흐마드(Isma'il ibn Ahmad, 892-907)는 893-894년에 탈라스(Талас)와 미르크(Мирк) 도시의 네스토리안 교회들을 모스크로 바꾸기도 했다.[7] 몽골제국 중 차카타이 칸국은 텡그리 신앙 때문에 100여 년간 반 이슬람 정서가 강하였으나 결국17대 타마쉬린 칸이 무슬림이 되면서 이 지역에 기독교에 대한 대량 학살이 이어졌다. 그리고 사마르칸트를 수도로 삼은 티무르(Timor, 1336-1405)는 원정에 나가 교회를 파괴하고 기독교인을 무자비하게 죽였다. 더구나 이 시기 흑사병(1337년경)으로 실크로드를 따라 있었던 기독교 공동체는 거의 사라지다시피 했다.

III. 우즈베키스탄 지역적 특성

15세기 중엽 투르크계 압알하일 칸이 킵착크 초원에 유목국가를 건설하여 그의 일족과 그를 따르던 자들을 '우즈벡'이라 하였다. 그 후예들이 1507년 티무르 왕조를 섬멸하고 샤이바니(Sheiban) 왕조를 세웠다. 그 후 부하라칸국(Bukhara Khanate) · 히바 칸국(Khiva Khanate)

註 6) Rene Grousset, 『유라시아유목제국사』(L'Empire des Steppes), 김호동, 유원수, 정재훈 역 (서울: 사계절출판사, 2002), 187-192. 이미 소그디아나는 713년 우마이야 세습 칼리프조를 위해 후라산을 통치하던 쿠타이바 이븐 무슬림(Qutayba ibn Muslim, 705-715)이 점령하면서 이슬람의 영향을 받기 시작했다.

7) R. N. Frye, trans. The History of Bukhara (Cambridge : The Medieval Academy of America, 1954), 53.

· 코칸드 칸국(Kokand Khanate)을 세웠다. 그러나 1868년에 러시아의 지배하에 들어갔다가 1917년 러시아의 10월 혁명 후 이 지역이 공산주의가 되면서 이슬람의 정체성의 혼란을 겪었다. 1991년 9월 1일에 독립한 우즈베키스탄 공화국(Republic of Uzbekistan)은 종교적으로 이슬람에서 그 정체성(Identity)을 찾고자 했었다.[8] 현재 전 인구의 90%가 이슬람의 문화와 전통에 속해 있다. 그 중 80%가 수니파이고 20%가 시아파이다. 우즈베키스탄 공화국은 면적 44만 7,400㎢(남한의 4.5배)에 인구 2,700만이다.

IV. 우즈베키스탄 한인 선교사의 역사와 전망

우즈베키스탄은 갑자기 찾아 온 개방과 자유, 세계화, 민주화로 영적으로 공허해 있었다. 이때에 1990년부터 불기 시작한 한국교회의 선교부흥의 시대와 맞아 떨어지면서 이 지역에 많은 한국인 선교사가 들어왔다.

1. 우즈베키스탄 한인선교사의 개척기(1991~2000)

우즈베키스탄은 중앙아시아 5개국 중 중심 국가이며 한국과는 1992년에 대사급 외교관계를 맺었다. 이 시기에 한인 선교사들은 스탈린 때에 강제 이주하여 살았던 디아스포라 한국인[9] (고려인)들의 통역을 통하여 교회를 개척하여 등록을 하였다. 한편 우즈베키스탄에는 공산주의의

註 8) 최하영, "우즈베키스탄 한인 선교 역사의 어제와 오늘 그리고 내일", 제2회 실크로드 포럼(홍콩), 2009. 05. 11.
　9) 1937년 8월 21일 소련 인민위원회 의장인 Molotov와 전소공산당 중앙위원회 서기인 스탈린은 "극동 변경에 일본 첩자의 침투를 근절시키기 위한 목적으로" 한인들의 강제 이주를 결정하였다. 권희영․한 발레리(Han Valery)․반병률 공저, 우즈베키스탄 한인의 정체성 연구 (성남: 한국정신문화연구원, 2001), 30, 37.

통치하에 고난 가운데 견뎌왔던 전통 러시아 침례교회와 오순절교회가 있었다. 이들 교단은 한인 선교사들에게 직간접으로 많은 도움을 주었다. 더불어 한국의 사업체들이 대거 들어오면서[10]

소수 민족이었던 우즈베키스탄 고려인들은 영적인 것과 육적인 것에 동시에 영향을 받았다.

이렇게 개척기에 교회가 부흥이 되자 우즈베키스탄 교역자 연합회의 회원도 많아지게 되어 1992년 2월 7일에 우즈베키스탄 교역자 협의회가 세워졌다. 이어 1995년 9월 28일에 타슈켄트 연합 신학교(Tashkent Alliance Seminary, T.A.S)를 세웠다. 이미 사마르칸트에서는 1991년에 사마르칸트 연합신학교를 정부로부터 정식 등록 받아 우즈베키스탄 중부지역을 복음화 하는데 큰 역할을 감당하였다. 한편, 우즈베키스탄 한인선교 개척기에 전문인 사역자 대부분은 처음부터 현지 언어인 우즈벡어를 철저히 준비하여 큰 미전도 종족인 우즈벡인들을 향하여 많은 그룹을 인도하였다. 한편, 1998년에 교회의 재등록을 위한 새 법령이 발표되면서 몇몇 선교사들이 추방되거나 비자 연장에 어려움을 당하기 시작하였다. 그 새 종교법에는 '외국인 종교행위 금지' 법령까지 정하여 졌다. 따라서 대부분 선교사들은 현지인 사역자들에게 교회의 설교권과 대표권을 위임하였다.

이렇게 새 종교법에 따라 등록을 받지 못한 타쉬켄트연합신학교는 몇 년이 못 되어 각 교단과 개인별로 흩어져 지하 성경학교로 운영하게 되었다. 이에GMS실크로드중부지부는 1997. 8. 25~28에 전략모임을 갖고 성경학교(학생모집은 초교파)를 시작하였다. 이런 어려운 상황 가운

註 10) 초창기 우즈벡의 한국 기업은 (주)대우 자동차(1993년, 생산 18만대. 안지잔), 삼성전자, 신동, 홍중, 갑을이다.

데서도 한인 선교사들이 등록한 한인 기독교회는 59개나 되었다(2002년 통계). 당시 전통 현지인 교회인 러시아 오순절 36개와 러시아 침례교회 21개, 루터 교회 3개, 그 외 이단그룹 3개 교회[11]를 감안할 때 한인기독교회는 큰 부흥을 일으켰던 것이다. 그러나 1999년 2월 16일 타슈켄트 시내 6군데의 폭탄 테러로 인한 카리모프 대통령 암살 미수 사건으로 더 외국인들에 대한 감시가 심해지면서 선교사들의 선교 사역에도 상당한 영향을 미쳤다.[12]

2. 우즈베키스탄 한인선교사의 성숙기(2001~2010)

이제 한인 선교사들은 외국인으로서 등록된 교회에서 설교를 할 수 없게 되자 비밀히 지하 교회인 가정교회를 개척하는 계기가 되었다. 그리고 이 시기를 보다 성숙기라 할 수 있는 것은 현지 지도자에게 자연스럽게 이양이 되어가고 있었기 때문이다. 한편, 2001년 9월 11일 미국의 아프칸의 침공을 기점으로 해서 우즈베키스탄 한인 선교사는 비자 받기가 더 어려워졌다. 종교비자는 단회 적으로만 해주었기 때문에 목사 선

註 11) 우즈베키스탄 종교청 등록 종교기관(2002년 1월)
  12) 최하영, "구소련권 선교운동사와 미래", 「한국교회의 아시아선교역사 포럼」(2012.02.06~09, 마닐라), 138~152.
  13) 당시 우즈베키스탄에 외무부에 등록된 NGO 단체는 30여개, 그 중 M.를 목적으로 하는 NGO는 CAFE, IACD, N. H., FHI/Uzbekistan, 영락, World Concern, CCC, YWAM, 열*병원과 치과병원, 사마르칸트 나조트 병원 등이었다.
  14) 필자도 2006년에 첫 추방을 당할 때 죄목은 "선교활동을 하고 다른 사람을 개종시켰다"는 것이다. 그리고 "양심의 자유법"에 따라 추방을 시켰다. 2008년에 다시 들어왔지만 2010년 다시 추방될 때까지 그리 긴 시간이 요구되지 않았다. 이번에는 정부는 인터넷 사이트(uz.com)에 필자의 추방 이유를 간결하면서도 아주 정확하게 적어 놓았다. "가명을 써 가면서 비즈니스 한다고 하면서 극 비밀히 모임을 가지면서 그들에게 과제를 내주면서 자기 종교를 가르쳤으며 처음부터 신학교 사역에 참여했었다"라고 하였다.
  15) 우즈벡인들은 우리 나라 두레와 같은 마할라(Mahalla) 공동체가 있다. 마할라에는 마할라콤(Mahallacomb)이 행정상의 위계와는 별도로 사회적 문화적 기능을 지도한다. 주민들의 각종 송사 문제나 결혼, 축제, 공휴일 등의 예식 등은 마할라가 주도가 된다. 최하영, 셀 그룹 운동의 역사와 선교적 적용(2002학년도, 석사학위청구논문(Th. M)), 57, 주 145.

교사들은 다른 비자를 찾던 중에 NGO(Non-Governmental Organization)를 도구로 삼았다. 처음에는 국가적으로 많은 특혜(준 외교관)를 받기도 했다.[13] 전문인 한인 선교사들은 개척기부터 비밀히 우즈벡언어권 우즈벡인들을 위해 셀 그룹으로 사역해 왔었기 때문에 별 큰 어려움 없이 계속적으로 전문인 사역이나 NGO 사역을 하였다. 무슬림 우즈벡인들은 환대문화로 손님대접하거나 가정행사를 위해 큰 홀은 하나씩 가지고 있다. 이는 이중적인 투자 없이 바로 이 홀에서 바로 가정교회를 시작할 수 있었다. 이렇게 등록된 모(母)교회와 유대관계를 가지면서 가정교회를 지원하였다. 그러나 우크라이나 오렌지 혁명(2004년)과 키르기스스탄의 장미 혁명으로 인한 정권 교체 배후에 NGO가 있었다는 소문으로 여전히 독재를 유지하는 우즈베키스탄 정부한테 영향을 미쳤다. 이에 각 NGO단체들의 인원과 재정, 종교 활동 등에 대해 더욱 민감하게 조사와 관리를 하였고 이러한 과정에서 또 한 번 수많은 한국인 선교사들이 추방 및 비자거부를 당해 우즈베키스탄을 떠나야 했다.[14] 또한 전체적으로 교회도 상당히 위축되면서 신학생도 점점 줄게 되어 등록된 사마르칸트 연합신학교도 2004년 9월에 타슈켄트로 옮겨 타슈켄트 연합신학교를 세웠다. 이에2006. 4. 20 GMS지부 신학교도 이 신학교와 합동하였다. 그런데 2005년 봄에 있었던 우즈베키스탄 안지잔의 폭동은 어두운 기운을 한층 더하게 했다. 이 폭동에 대한 조사를 원했던 미국을 거부하면서 미대사관과 미국인 선교사도 철수하면서 일부 셀 우즈벡족 교회들은 재정적인 후원과 멘토들의 부재로 상당히 어려움을 겪게 되었다. 더구나 2001년 이후부터 각 마을마다 세워졌던 가정교회에 대하여 각 마할라콤(행정권)[15]과 그 지역 학교 교장(교육권), 지역 경찰(사법권)이 구체적으로 감시하기 시작하였다. 이때부터 가정교회 사역을 하던 전문인 선교사들도 하나 둘 추방 혹은 철수를 하게 되었다. 이런 어려운 위기 속에서도 남아 있는 한인 선교사들은 2006년부터 '우즈베키스탄 사역자 포럼'을 통해 네트워크를 구축하여 추방 방지 혹은 사역의 효율화를 위한 전략모임을 갖기 시작하였다. 우즈베키스탄은 NGO 단체까지 제한하고 있었기 때문에 새로운 전략으로 비즈니스 사역이 활성화되어 다시 회복기를 맞이하는 듯했다. 곧 우즈베키스탄 정부는 비즈니스 사무소만 차려 놓고 리서치만 하는 외국인 투자자들이 선교사임을 알게 되었다. 이에 2008. 11. 18정부는 회사 설립자본금을 5만불에서 40만불로 8배로 상향조정하였다. 한편, 비즈니스 특성상 유동인구가 많은 대도시에 집중할 수 밖에 없어 우즈베키스탄 한인 선교사들은 모처럼 초교파 초단체적으로 연대 및 연합 사역을 하게 되었다. 그리고 이러한 어려운 상황에 초창기부터 조직되어 내려왔던 우즈베키스탄 사역자 연합회와 2006년부터 전문인 사역자 중심으로 운영되어 왔던 포럼팀과 연합하는 계기도 되었다.[16]

3. 우즈베키스탄 한인선교사의 확장기(2010~2017년 현재)

사실 선교사가 한번 추방당하게 되면 건물과 센터중심 사역을 했던 선교사 자신과 가정, 후원교회와 단체 등 모두에게 큰 충격을 받게 되었다. 외형적으로 더 이상 교회 등록뿐만 아니라 건축도 허용되지 않을 뿐만 아니라 등록된 교회 이외에서는 어떤 모양이라도 모임을 가질 수 없

---

16) 2009. 6. 우즈 컨설테이션 준비위원 구성(위원: 이상정, 김경용, 이영우, 김대오, 최하영, 김민호, 이*남), 이들 모두도 2012까지 다른 국가로 사역지 변경하였다.

17) 오픈도어선교회가 발표한 '2012년 기독교 박해국가(World Watch List)에 1위 북한, 2위 아프가니스탄, 3위 사우디아라비아, 4위 소말리아, 5위 이란, 6위 몰디브, 7위 우즈베키스탄, 8위 예멘, 9위 이라크, 10위 파키스탄이다. 기독일보(chdaily.com), 2012. 01. 07.

게 되었다. 우즈베키스탄은 세계 10위 안에 드는 창의적 접근 지역이다.[17] 앞의 20년간의 우즈베키스탄 한인선교사 역사를 보면서 하나님의 복음의 역사는 더 풍성하게 확장되고 있음을 볼 수 있다. 현재 한국 내 우즈베키스탄 출신이 3만명이나 된다. 그리고 우즈베키스탄 나보이 항공 물류와 서부와 남부지역의 지하자원 채굴과 동부지역의 자동차 등 제조업 투자로 더 많은 한국인들이 우즈베키스탄으로 들어오고 있다. 이러한 때에 더 많은 선교사들이 창의적 접근이나 총체적인 선교방법을 갖고 들어와 이슬람의 문화를 변혁시켜 나가야 할 것이다.

V. 우즈베키스탄에서의 사역 전망

필자는 전에 우즈베키스탄에서 사역 했고 현재도 재배치 되어 사역하고 있는 동료 선교사들에게 8개 문항을 만들어 설문지를 보내 총 18명으로부터 응답을 받았다. 그에 따라 다음과 같이 분석하여 우즈베키스탄 사역을 전망해 보고자 한다.

첫째, '얼마 동안 우즈베키스탄에서 사역하였습니까?' 에 10년 이상 사역했던 선교사가 61.1%(11명)이나 되었다. 당시 필자도 15년 사역했었는데, 주로 10년 이상 된 선교사가 추방 대상이 되었다. 그 다음 '우즈베키스탄에 있을 때에 누구를 대상으로 사역하였습니까?' (중복 가능)에 러시아어 그룹(고려인, 러시아인 등)에 82.4%(14명)가 사역했고, 우즈벡어 그룹(우즈벡인)에 47.1%(8명)가 사역했고, 타직어 그룹(타직인)에 5.9%(1명)이 사역하였다. 필자도 처음 러시아어 그룹만 사역하다 우즈벡인들을 위해 우즈벡어 그룹도 분리해서 사역하였었다. 지금도 필자의 제자들 중 엠바벨은 러시아어 그룹(찰힌교회), 노드르와 앗뜨무룻은 우즈벡어 그룹(가정교회)으로 예배를 드리고 있다. 둘째, 향후 '우즈베키스탄에서의 사역 전망을 어떻게 보십니까?'에 대해 많은 선교사들이 '전 보다 더 좋아 질 것이다'(64.7%, 11명)이라고 긍정적으로 내려다 봤다. 2016년부터 새 대통령이 세워졌고 한국과 관계도 좋기에 충분히 선교환경이 좋아질 것이라 전망이 된다. 그러면서 '우즈베키스탄에서 뿌려 놓았던 사역의 지속성은 어떻습니까?'에 대부분 선교사들이 '제자들이 계속 잘 사역하고 있다'(72.2%, 13명)고 하였다. 사실 우즈베키스탄에서 대부분 추방 혹은 떠날 수밖에 없는 환경에서 어쩔 수 없이 이양이 되었지만, 결과적으로 잘 된 것 같다. 셋째, 우즈베키스탄에 '남겨 놓은 제자혹은 성도들과 연락은 어떻게 하고 있습니까?(중복 가능)에 대부분이 '전화나 SNS로 통화하거나 메시지를 나눈다'(82.4%, 14명)고 하였다. 요즘은 인터넷이 발달되어 한국 사람들과 주로 '카카오톡' 하듯이 우즈베키스탄의 성도들과는 주로 'imo'로 우크라이나의 성도들과는 'Viber'를 많이 사용한다. 그렇다면, '우즈베키스탄을 떠나 어디에서 사역하고 있습니까? (중복 가능)의 응답자 대부분이 우크라이나(72.2%, 13명)로 가장 많았다.

VI. 결 론

우즈베키스탄 한인선교 26년 동안 한인 선교사 수백 가정이 추방되었지만, 그들의 뿌린 씨앗은 현지인들을 통해 물을 주면서(고전 3:6) 계속적으로 복음이 확장되고 있음을 볼 수 있다. 우즈베키스탄의 대부분 민족들이 우리와 비슷한 투르크 몽골 계통이면서 언어학적으로 우랄알타이계이다. 또한 아시아적 사고와 정서를 가지고 있어 더 친근감이 간다. 그래서 그런지 우즈베키스탄에는 한류(韓流) 열풍이 대단하다. 따라서 네스토리안의 개혁과 선교정신을 이어받아 언어와 민족적으로 유사한 실크로드 지역 교차로에 있는 우즈베키스탄에 한인선교사에게 특별한 사명을 주셨음을 고백해 본다. 이에 보다 전략적으로 전인격적으로 총체적으로 임하여서 성령의 바람을 일으켜 이 무슬림 땅을 축복의 땅으로 회복(回復)하길 소망한다.

참고 문헌

권희영 한 발레리(Han Valery) 반병률 공저, 우즈베키스탄 한인의 정체성 연구. 성남: 한국정신문화연구원, 2001.

최하영, "중앙아시아에 있어서 네스토리안 교회의 선교활동에 관한 研究"(A. D. 431-A. D. 1600), 제2004년도 박사학위 (Ph. D.) 청구논문, 웨스트민스터신학대학원대학교.

_____, 실크로드 따라 유목민에게 나타난 천 년의 교회역사, 서울: (주)학술정보, 2007.

_____, "셀 그룹 운동의 역사와 선교적 적용", 2002학년도 석사학위(Th.M)청구논문, 웨스 트민스터신학대학원대학교

_____, "구소련권 선교운동사와 미래", 「한국교회의 아시아선교역사 포럼」(2012.02.06~09, 마닐라), 138~152.

_____, "우즈베키스탄 한인 선교 역사의 어제와 오늘 그리고 내일", 제2회 실크로드 포럼(홍콩), 2009. 05. 11.

_____, "우크라이나 한인 선교사의 교회 개척 상황과 그 선교적 과제" 「ACTS 신학저널」 제24집, 2015.9, 227~261.

Grousset, Rene. The Empire of the Steppes: A History of Central Asia, trans. N. Walford. New Brunswick, NJ: Rutgers Univ. Press, 1970.

Frye, R. N. trans. The History of Bukhara. Cambridge : The Medieval Academy of America, 1954.

Moffett, S. H. A History of Christianity in Asia, vol. 1: Beginnings to 1500, Maryknoll, New York: Orbis, 2nd ed., 1998.

12. 타직 이슬람 이해와 선교전략

윤 성 환[1]

1. 서론

필자는 타직종족을 선교전략적 개념으로 이해할 때 타지키스탄이라는 국가로 한정하지 않고 타직종족이 사는 모든 곳, 즉 넓은 의미로 받아들인다. 타직종족에 대해서 논할 때, 한 가지 유의할 사항은 '타지키스탄'과 '타직종족'의 구별이다. 타지키스탄의 사전적 정의만을 가지고는 타직종족을 올바르게 이해하는데 어려움이 있다. 타지키스탄의 '정치적' 개념과 '문화적' 개념을 구분해야 한다.

"현재의 타지키스탄은 1924년 10월 모스크바의 공산정부에 의해 인위적으로 그어진 정치적 공간에 불과하다. 실제로 타직종족이 활약했던 문화적 공간은 현재 타지키스탄 국토의 3배가 넘어 우즈베키스탄, 아프가니스탄 등과 같은 인근지역의 일부도 이 공간에 포함 된다."[2]

본 논고에서는 타직 이슬람을 이해할 수 있는 중요한 도구중의 하나인 정체성과 세계관을 통하여 타직 이슬람을 살펴보고 그 이해의 바탕위에 보다 효과적인 선교전략을 논하고자 한다.

2. 타직종족의 정체성

타직종족은 타지키스탄의 독립 후 자신들의 국가와 민족의 뿌리이자 정체성을 다음에서 찾았다.

註 1) GMS 사역자(타직-키르기즈)이다(2000년 파송). 벧엘나침반신학교(타직소재) 학장이며 중앙아시아목회아카데미를 섬기고 있다. 리폼드신학교(RTS)에서 공부했다(D.Min).
2) 정세진. 2007.「아시아 민족정체성 및 민족주의 연구」.국제지역연구11-2호.

"타지키스탄은 1991년 구소련으로부터 독립하면서 국가와 민족의 정체성을 소모니온 왕조(AD 874-999)에 두고 있다. 소모니온 왕조가 타직종족이 처음이자 마지막으로 세운 독립왕조이기 때문이다. 초대 왕인 나스르(Nasr b. Ahmad AD 874-892재위)는 지금의 우즈베키스탄에 속해 있는 사마르칸드, 페르가나와 부하라를 점령하면서 소모니온 왕조의 기틀을 세웠다. 그의 동생인 이스모일(Ismail b. Ahmad AD 892-907재위)이 왕이 되면서 전성기를 맞이했다. 이스모일 왕은 통치기간에 영토를 크게 확장하였고 수도를 사마르칸드에서 부하라로 옮기면서 이란의 서부 전(全)지역을 점령하여 서투르키스탄(지금의 중앙아시아 지역)을 지배하게 되었다. 그는 소모니온 왕조의 왕들 가운데 가장 강하고 지혜로우며 신앙심(무슬림) 깊은 완벽한 왕으로 묘사되고 있다. 타직 곳곳에 레닌동상이 있었던 자리에 레닌을 없애고 이스모일 왕의 동상을 세우고 기념하고 있다. 화폐의 이름도 '소모니(Somoni)'이고 국가행사가 있을 때는 소모니온 광장에서 하며, 대통령궁을 위시해서 주요한 관공서들은 소모니온 광장 주위에 집중되어 있다."[3]

타직인들은 이스모일 왕이 서투르키스탄 즉 중앙아시아 전체를 다스렸던 그 때의 영광이 재현되기를 소망한다. 수도(首都) 두샨베에 3층 규모의 박물관에 선사시대부터 현시대까지 타직 역사를 볼 수 있다. 소모니온 왕조와 이스모일 왕 관련 자료가 한 층 전체를 차지할 정도로 타직인들에게 소모니온 왕조와 이스모일 왕은 유일한 자긍심이다. 안타까운 것은 그 시대의 유물과 유적은 대부분 우즈베키스탄의 부하라와 사마르칸트에 집중되어 있다는 것이다. 타직 사람들이 우즈벡 사람들을 '나에

註 3) 윤성환. 2014. 「타직 디아스포라 선교전략연구」. 박사논문 리폼드신학대학교. p.26.

게 무엇인가를 주더라도 미운사람'이 된 이유 중의 하나이다.

2,500년의 타직 역사는 100여 년(소모니온 왕조)을 제외하고 약 2,400년 동안 여러 강대국에 의해 식민 지배를 당한 아픈 역사였다. 예를 들어 2,500페이지 타직 국사(國史)책에 100여 페이지를 제외한 2,400페이지가 피지배계층으로서의 타직 역사만 기록되었다고 생각하면 어떨까! 타직 사람들이 이 국사책을 읽을 때마다 어떤 느낌일지 짐작할 수 있다. 이러한 흔적이 지금도 타직 사람들의 의식과 문화와 세계관에 면면히 흐르고 있다. 그들의 삶 속에 낮은 자존감과 운명론에 찌든 모습이 행동양식으로 드러나고 있다. 그들과 18년 동안 같이 살아오면서 자주 느끼는 안타까움이다.

역사에는 '만약'이 없지만 그래도 만약 100여 년의 소모니온 왕조가 타직의 역사에 없었다면 구소련에서 여러 나라가 독립할 때, 타지키스탄이라는 나라로 독립이 가능했을까! 타직의 정치가이자 위대한 작가인 사드리딘 아이니(1878-1954)라는 사람이 있는데 이 분은 스탈린에게 직접 찾아가서 타직의 역사를 설명했고 우즈벡과 다름을 설파했다. 우즈벡 또한 스탈린에게 로비를 했지만 결국 스탈린이 아이니의 손을 들어주었고 타직 공화국이라는 이름이 영토와 함께 남게 되었다. 소모니온 왕조가 없었다면 어쩌면 타직종족은 나라 없는 민족으로 우즈베키스탄의 여러 종족 중에 한 종족으로 살아야 했을지 모른다.

3. 타직 이슬람 이해

타직의 주종족인 타직종족은 제정러시아와 구소련에 의한 공산주의 기간에도 그들의 정체성은 '타직 사람인 우리는 무슬림이다' 였다. '종교는 아편'이라고 철저하게 사상교육을 하였음에도 불구하고 1991년 독립하자마자 타지키스탄은 요원의 불길처럼 이슬람화(化)되었다.

타직은 이슬람 수니파이며 이슬람의 4개 학파 중 하나인 하나피 학파4)를 따른다. 2009년에는 하나피 학파의 아버지라 할 수 있는 아부 하니파 즉, '이맘 아이잠5)의 해(年)'로 정하고 국가차원에서 대규모 학술행사를 비롯하여 다양한 행사를 하였다.

독립한 후 10년이 되기도 전에 200여 개였던 이슬람사원이 3,000개 이상 세워졌고, 20여 년이 지난 지금은 5,000개 정도로 추산하고 있다. 오히려 학교보다 더 많아서 라흐몬 대통령이 이슬람을 억제할 정도로 확산되고 있다. 매 주 금요일이면 마스짓(회교사원)마다 인산인해(人山人海)를 이룬다. 내부 공간이 부족해서 마당과 도로까지 나와서 예배를 드리고 있다. 큰 규모의 모스크에는 교통경찰이 와서 통제를 할 만큼 대단한 위세를 드러내고 있다.

이슬람 금식월인 라마단 기간이면 해(年)가 거듭 될수록 남녀노소 불문하고 금식하며 대부분의 식당들도 문을 닫고 동참하고 있다. 중동의

註 4) http://terms.naver.com(두산백과사전) 수니파 4개 학파 중의 가장 오래된 학파이다. 아부 하니파는 이슬람 법학자들 중 이성과 자유의지를 강조하는 이성주의자의 대표적 인물이었으며, 따라서 하나피 학파는 자유롭고 융통성 있게 합리성을 추구하므로, 다른 법학파보다 교리상의 해석에 대해 더 유연하고 그만큼 덜 엄격하다. 오늘날 하나피 학파는 터키, 시리아, 요르단, 중앙아시아 , 북인도, 이집트 북부 지역에서 지배적이다.
　 5) 압바스 조(祖) 초기에 이라크 쿠파에서 태어나 바그다드에서 사망한 아부 하니파(Abu Hanifa: 699~767)는 하나피 학파를 창설하고 이맘 '아잠'으로 존칭되고 있다.

부국(富國)인 카타르로부터 지원을 받아 자칭 중앙아시아에서 가장 큰 규모의 모스크(수용인원 약15만 명)를 몇 년 째 건축하고 있다.

타직인구 8,451,512명(2016년 기준)중에 러시아정교회와 가톨릭을 제외한 개신교인은 약 4,200여 명(여호수아 프로젝터 보고)이고 이 중에 무슬림에서 기독교인으로 개종한 인원은 1,000명 미만이다. 3,000여 명은 기독교 배경의 러시아인, 고려인, 혼혈인이다. 복음에 대한 이슬람의 방어벽이 얼마나 견고한지를 단적으로 보여주고 있다.

4. 세계관을 통해 본 타직 이슬람 이해

타직인들이 입버릇처럼 하는 말이 있다. '후도 호하드(Худо хо Над)', '나시브(Насиб)'란 말이 그것인데 이는 중동 아랍권의 '인샬라'라는 말과 같은 뜻으로, 원래 의미는 '알라가 원하면', '운명이라면'이라는 말로써 '그렇게 되면 참 좋겠다'는 의미를 갖고 있다. 이 말은 무슬림들이 알라를 믿는 믿음에서 비롯된 상당히 종교적인 말인 것 같지만, 실제로 타직 민족에게 있어 이 말은 숙명적이면서도 체념적인 감정을 담은 표현이다. 오랜 기간 타민족의 지배를 당해오면서 약자로서 형성되고 굳혀진 세계관에서 기인되는 표현이다.

이와 비슷한 표현이 있는데 '인조 토직(Инчо Точик, 여기는 타직)'이라는 말이다. 대학에서 돈으로 학점을 주고 살 때, 서류 하나를 만들려고 며칠을 쫓아다닐 때, 주유소에 기름이 떨어졌을 때, 마땅히 되어야 할 일이 안 될 때, 되지 말아야 할 일이 될 때 '여기는 타직'이라는 말로 무마하기도 하고 위로를 얻기도 한다. 자신의 나라를 비하하는 발언이지만 그 말을 사용하는 것을 부끄럽게 여기지 않는다.

위의 두 가지 표현은 다르지만 내용은 같다. '알라가 원하면' 이란 표현
은 미래에 있을 어떤 일들에 대한 것이라면 '여기는 타직' 이라는 말은
이미 일어난 일들에 대한 것이다. 두 가지 표현이 다 약자로서 자신의 책
임을 회피하고 그 상황 속에 안주하고 체념하며 받아들이는 운명론적 세
계관에 기인하는 것이라고 생각된다.

남편이 아내와 이혼하기를 원하면 "세탈록(Се талок) '나는 너
와 이혼 한다' 라고 세 번 말하는 것"이라는 말만 하면 된다. 일반적이지
는 않지만 심지어 전화 또는 문자 메시지로도 가능하다. 그 말을 입 밖에
낸 경우에는 무조건 이혼해야 한다. 이혼을 하고 다시 그 아내를 받아들
일 경우는 그 아내는 다른 남자와 동침을 하고 들어와야 한다. 평생 수치
를 안고 살아가라는 일종의 가혹한 형벌이다.

필자가 훈련했던 학생 중에 니고라 라는 자매가 있다. 청소년 때부터
교회에 열심히 다녔다. 결혼한 후부터는 교회에 나오지 않았다. 우연히
만나게 되었는데 다음의 얘기를 해주었다.

결혼을 하고 시어머니와 함께 살았는데 시어머니가 교회 다니는 것
을 강하게 반대했고 2년 후에 이혼을 당했다. 계속된 시어머니의 심한구
박이 이유였고 남편은 시어머니의 말을 듣고 자신을 세탈록을 했다. 몇
달 후 시어머니로부터 연락이 왔는데 다시 집으로 들어오기를 원하면 다
른 남자와 동침을 하고 들어오라는 것이었다. 아이도 있는 상황이고 세
탈록을 당한 과부로서 타직에서 산다는 것이 어렵지만 결국 거절을 하고

혼자 아이와 살고 있다"는 것이다.

타직 이슬람은 각 지역의 성인숭배, 정령숭배, 주술 등 샤머니즘과 이슬람이 함께 혼합된 이슬람으로 민속적인 부분이 이슬람에 첨가되었기 때문에 민속이슬람이라고 부른다. 이들은 이슬람에만 있는 지역별 특징을 따르는 동시에 일반적인 이슬람의 가르침을 믿는다.

타직에서는 만난 지 얼마 되지 않아도 식사를 같이 했다면, 함께 '빵을 쪼갠 사이'라고 해서 상대방에게 기도해 주기를 원한다고 하면 대부분 수용한다. 특별히 '마세히 물로(기독교 목사)'라고 하면 자세까지 가다듬으며 구체적인 기도제목을 말하며 기도받기를 원한다. 심지어 필자가 사역하는 지역을 담당하는 KGB요원이 병원에 입원해 있을 때 병문안을 간적이 있는데 기도를 부탁해서 기도를 해 준적이 있다.

이런 기복주의적인 민속이슬람에서는 물로와 조두가르(Чодугар, 주술사, 점쟁이)의 중재 역할이 중요하다. 사원을 찾아가 신에게 기도하기보다는 죽은 자의 무덤을 크게 만들어 숭배하거나 복을 비는 것, 그리고 신성한 지역과 나무를 특별하게 지정하여 복을 비는 행위를 한다. 영들은 선한 영과 악한 영으로 구별되는데, 이 구별의 기준이 되는 것은 어떤 절대 진리나 선이 있는 것이 아니라, 개인의 삶에서 축복을 주거나 저주를 가져다주는 것에 따라 선과 악을 구분한다.

필자가 사역하는 교회로 이웃의 무슬림 한 분이 찾아와서 '마세히 물로(기독교 목사)'가 어디 있냐며 도움을 요청했다.

"나의 이름은 주마혼이고 꿈인지 생시인지 밤낮을 가리지 않고 귀신들이 자주 나타나서 괴롭히고 있다. 나와 사이가 안 좋은 사람들이 나를 저주하기 때문이다. 그래서 물로들과 조두가르를 불러서 축사와 기도를 했지만 효험이 없었다. 이제는 더 이상 물로와 조두가르에게 줄 돈이 없어서 그들에게 요청할 수 없다. 칼리소(교회)에 가면 돈을 받지 않고 기도해 준다는 얘기를 듣고 교회의 물로인 당신을 찾아왔다"는 것이다.

주마혼과 함께 그의 집을 방문하였고 집의 곳곳을 보여주었다. 바늘쌈지를 싼 봉지들을 여러 곳에 숨겨놓았고, 마른가시나무들을 묶어서 곳곳에 놓아두었다. 벽에는 흉악 눈(Evil eye)들을 부적처럼 걸어두었다.

대부분의 타직 사람들 집에는 보이게 또는 보이지 않게 영험이 있다는 부적들을 걸어 놓거나 숨겨놓는다. 타직 사람들에게는 개인과 가정의 축복과 저주가 가장 중요한 관심사이다. 축복, 저주할 수 있는 능력 있는 중재자를 필요로 하기 때문에 물로뿐만 아니라 조두가르의 활동도 활발하다. 심지어는 기복적인 병 고치는 집회가 순회적으로 열리기도 한다. 그런 집회에서는 능력 있는 중재자를 만나서 그들이 제시한 각종의 방법으로 병 고침을 받기 위한 많은 환자들이 모이기도 한다.

타직에는 지역마다 영험하다는 곳이 있는데 대표적인 곳 중의 하나가 '칠루초르 차쉬마(Чилу чор чашма, 44개의 샘)'이다. 그곳에는 수십 개의 샘들이 있어서 물이 항상 시원하고 맑다. 그 물을 먹고 바르면 액운이 없어지고 질병이 낫는다고 믿는다. 그 샘물에 사는 물고기들까지도 신령하다고 믿는다. 수 백 킬로미터 떨어진 지역에서도 와서 몇 일간 머물면서 질병이 낫기를 위해 물을 먹고 바른다.

타직에는 '마조르(Ｍａｚｏｐ, 성지, 성스러운 무덤)' 라는 곳이 곳곳에 있다. 능력이 있었던 물로나 위대한 사람이 죽으면 그 사람을 위한 사당을 만든다. 그리고 문제가 있으면 그곳에 가서 기도한다. 한 두 명이라도 문제가 해결 된 곳이라면 성지처럼 여긴다.

타직을 여행하다보면 큰 나무에 가지마다 다양한 색깔의 작은 천 조각을 묶어 놓은 것을 어렵지 않게 볼 수 있다. 천 조각에 글을 써놓은 것도 있고 자신만 알 수 있도록 마음만을 담아 걸어놓은 것도 있다. 이러한 곳이 대부분 그렇듯이 유명한 물로나 이적이나 기적이 있었던 곳임에는 두 말할 필요가 없다.

타직 민속 이슬람은 산악국가의 특성상 나타나는 것으로?대부분 자신이 악령의 저주에 묶여 있다는 생각에 사로잡혀있거나 두려움을?주는 미신들을 믿는 경우가 많다. 그래서 미신이 주는 두려움과 악령의 저주로부터 벗어나기 위해 알라의 이름이나, 코란구절, 부적을 사용하고 무속행위 등을 한다.

고질적으로 계속되는 경제 불황으로 최근에는 이슬람 성자의 무덤을 찾아가서 성자를 축복하고 기도하면 성자가 소원을 이루어준다는 믿음으로 소원을 비는 무슬림들도 늘어나고 있는데 특히 청년층의 수가 많다.

어느 날 낮 선 사람이 새벽예배에 참석했다. 그의 고백을 들으면서 함께 있던 모든 사람들이 놀랐다.

"나는 신실한 무슬림이고 어느 날 꿈을 꾸었는데 꿈에 한 사람이 나타났다. 누구냐고 물으니 자신을 예수라고 하였다. 그러면서 성경을 읽으라고 했다. 그리고 교회를 가라고 했다. 무시했지만 동일한 꿈을 몇 차례 반복해서 꾸었다. 잠을 못자고 고민하다가 새벽에 이곳을 찾아왔다."

그는 다음 주일부터 모든 가족을 데리고 교회에 와서 예배를 드렸고 자신의 간증을 주위의 사람들에게 들려주며 전도했다.

필자는 종교비자를 받으며 공개적으로 교회개척사역과 신학교 사역을 했기 때문에 현지인 목회자들과 리더들을 많이 만날 수 있었다. 그들과 개인적인 만남을 통해서 예수 믿게 된 동기를 들어보면 30% 정도는 꿈과 이적을 통해서 예수님을 영접하게 되었다는 것을 알게 되었다. 순수하게 전도자의 전도를 통해서, 성경공부를 통해서 믿게 되었다고 말하는 사람들은 소수였고 오히려 꿈이나 이적을 통해서, 기도를 받다가 믿게 되었다고 말하는 사람이 더 많았다.

타직 사람들이 예수를 믿는 것도 쉽지 않지만, 믿음을 고백 한 후 꾸준히 예배에 참석하고 성경을 공부하는 것도 어렵다. 제일 어려운 것 중의 하나가 세례를 받겠다고 결단하고 고백 할 때이다. 왜냐하면 자신의 믿음을 공개적으로 모든 사람에게 고백하기 때문이다. 결국에는 자신과 관계된 사람들이 알게 되기 때문이다. 그러므로 세례를 받겠다고 할 때는 대단한 믿음과 결단이 요구된다. 세례받기 전까지 다양한 유혹과 어려움들이 발생한다.

"평소 잘 알고 지내던 여선교사님이 필자에게 찾아와서 자신의 제자들에게 세례를 베풀어 주기를 원했다. 타직에서는 침례교의 영향이 강하고 여름 같은 경우는 강으로 가서 침례나 세례를 베푼다. 강에서 세례를 주려고 하는데 물뱀들이 몰려왔다. 두 번에 걸쳐서 시도를 했으나 그때마다 물뱀들이 왔다. 세례자들에게 두려움이 엄습했다. 세례를 받겠다고 할 정도의 신앙을 가졌는데 그들 안에 잠재되어 있던 무슬림적인 경험들이 그들을 주저하게 만들었다. 다시 한 번 말씀으로 도전하고 기도한 후 강으로 들어갔다. 3명 모두에게 세례를 줄때까지 물뱀들이 보이지 않았다."

타직인들은 믿는 자들 가운데서도 영적인 어떤 존재에 대하여 과다하게 민감하거나 두려움을 가지고 있다. 이러한 이유로 믿음에서 멀어져간 사람들이 적지 않다.

인질(복음서)도 중요하고 예수도 위대한 선지자이지만 자신들이 믿는 이슬람이 더 위대하기 때문이라고 믿기 때문이다. 코란은 잘 모르지만 이 한 문장이 그들을 감싸고 있다. 결국에는 꿈과 환상과 이적을 통해서 그들의 견고한 세계관이 흔들리고, 다양한 사회변화를 통해서 이슬람의 한계를 경험 할 때에야 생각과 마음이 열려질 것이다. 그래서 기도가 사역이며 사역이 곧 기도여야 한다. 더욱 기도네트워크를 결성해서 성령의 강력한 역사를 통해 꿈으로, 치유로, 말씀과 성경공부를 통한 깨달음으로 이슬람의 견고한 진에서 벗어나도록 해야 한다.

5. 효과적인 선교전략 제언

타직이슬람의 정체성과 세계관을 통해서 그들에게 보다 효과적인 선교전략이 무엇인지 살펴보고자 한다. 선교사들에 의해서 세워진 대부분의 타직 교회와 선교사들로부터 직간접적으로 후원을 받고 있는 교회는 태생적으로 NGO를 통한 구호사역과 지역개발을 통해서 시작되었다. 선교사들은 대사회적인 문제에 민감하게 반응하여 고아와 과부와 장애인들에게 관심과 열정을 쏟았다. 시대상황과 당시의 필요가 그러했다. 교회가 지역사회를 품는 것은 필요하며 옳은 일이다. 그러나 교회의 본질적인 사명은 구호와 개발이 아니라 복음을 전하여 그들로 하여금 예수의 제자를 삼는 것이다. 그래서 필자는 너무나 잘 알고 있는 선교전략 세 가지를 제언하고자 한다. 첫째는 제자양육이다. 둘째는 타직기독교 역사복원과 기독교순례길을 조성하는 것이다. 셋째는 기도네트워크이다.

5.1. 제자양육

타직 교회는 더욱 본질적인 사역을 해야 한다. 선교사들은 할 수 있는 한 예수의 제자를 삼는 일에 매진해야 한다. 제자가 세워지지 않는 가운데 선교사들이 갑자기 떠나게 되면 교회건물과 만들어 놓은 기관들 때문에 문제가 발생한다. 자연스럽게 재정문제와 헤게모니 싸움으로 이어지게 된다. 그러므로 제자를 세워놓지 않고 하는 프로젝트형 사역은 상식적으로도 알듯이 매우 위험하다. 타직에서 우선적으로 초점을 맞추어야 하는 사역이 제자양육이어야 하는 이유는 아래와 같다.[6]

첫째, 타직 교회 중 건강하게 성장하는 교회가 제자훈련 하는 교회이

註 6) Ibid,.

고, 새로 세워지는 가정교회의 대부분이 제자훈련을 하는 교회에 의해서 세워지고 있다. 이들 교회의 목회자들이 타직선교에도 주도적인 역할을 하고 있다.

둘째, 그 동안의 선교사역을 점검하면서 NGO, 비지니스적인 사역의 한계(현지인들의 전문성부족)와 선교방식(재정, 프로그램, 지역개발 등)이 자신들에게는 한계가 있음을 인식하고 있기 때문이다. 자신들이 잘 할 수 있는 것은 재정이 없어도, 건물이 없어도 할 수 있는 그것 즉 제자를 양육하는 것이다.

셋째, 제자양육 통하여 그들의 모슬렘적 가치관, 세계관, 정체성이 변하고 있기 때문이다. 그들의 삶을 엮고 있는 그물망 같은 모슬렘의 조직망에서 벗어날 수 있는 길은 말씀에 근거한 확신이다.

넷째, 2010년 이후부터는 NGO적 사역형태의 교회보다는 제자양육하는 교회가 더 건실하게 성장하고 있고 선교하는데도 앞장서고 있다. 현지인 목회자 모임에도 제자를 양육하는 교회의 목회자들이 더 많이 활동하며 지도력과 영향력을 미치고 있다.

5.2. 타직 기독교 역사 복원과 순례길 조성

타직지역은 네스토리안(경교)이 13세기까지 활동했던 곳이다. 이슬람 이전에 이미 기독교가 왕성했던 지역이다. 동서남북 곳곳에 네스토리안의 유적지가 있다. 유적지에는 역사적인 비문과 유물들이 정리되지 않은 채 흩어져 있다. 타직 고전(古典)들에서 당시 기독교 상황을 알려주는 글과 시(詩)들이 있으며, 각 지역의 박물관에도 기독교 흔적들을 쉽게 발견할 수 있다.

타직교회들이 힘을 합쳐서 기독교역사를 복원하고 교회가 순례길을 만들어서 활성화시킨다면 기독교인들의 자긍심과 자부심이 살아 날 것이다. 또한 타직은 처음부터 이슬람이라는 의식을 가지고 있는 사람들에게 도전이 될 것이다.

5.3. 기도네트워크 결성

사역에 있어서 아무리 강조해도 지나치지 않는 것은 기도이다. 내가 있는 지역과 관계없이 한마음으로 연합하여 그 지역을 위해서 기도하면 역사는 일어날 것이다. 그 시기는 알 수 없지만 기도의 결과는 분명 있음을 믿음으로 확신하기 때문이다.

6. 결론

서론에서 언급한 것처럼 타직인의 정체성과 타직이슬람 세계관을 살펴보았다. 깊숙한 그들의 내면은 그야 말로 샤머니즘과 이슬람이 혼합된 민속이슬람이다. 물론 민속 이슬람의 경계선과 맞물려 정통 이슬람의 모습(코란, 물로, 회교사원)이 어우러져 있는 것도 사실이다.

그리고 이러한 그들의 배경을 근거로 보다 효과적인 선교전략을 기술하였다. 지금도 타직에서 사역하는 선교사들은 타직 사람들과 '빵을 쪼갠 사이'가 되어서 더 깊숙이 그들에게 들어가 다양한 방법으로 떡과 복음을 전하고 있다.

7. 참고문헌

압두사토르. 2004. 'Государственное строительство в Таджикистане'

김광주. 1971. 「동방기독교사」. 서울: 기독교문사.

벧엘나침반신학교. 2012. 「선교와 교회성장 세미나-타지키스탄 교회현황」. 두샨베.

윤성환. 2014. 「타직 디아스포라 선교연구」. 박사논문. 리폼드신학대학교.

정세진. 2007. 「아시아 민족정체성 및 민족주의 연구」. 국제지역연구 11-2호.

타직한인사역자연합회. 2013 「전도와 교회개척세미나-효과적인 타직전도」. 두샨베.

타직한인사역자연합회. 2012 「선교와 교회성장 세미나」. 두샨베.

니키틴. 2007. 'Христианство в Центральной Азии'. Компания Оптима

타직인파트너쉽. 2013. 「전도와 교회개척」. 두샨베.

타직한인사역자연합회. 2013. 「이슬람세미나」. 두샨베.

www.kscoramdeo.com 2015년 8월 11일

http://terms.naver.com 2015년 8월 12일

http://blog.daum.net(이슬람역사/민속이슬람) 2015년 8월 12일

http//biog.naver.com/keltis 2015년 8월 14일

13. 키르기즈인의 '땡이르칠릭'[1] 이해

아 스 만

1. 들어가면서

2017년 4월 29일 현재, 키르기즈스탄에는 2,704개의 모스크가 있으며 그중 500개는 최근 5년 내에 세워졌다.[2] 그리고 500개가 추가 건축 중이다. 전국 약 2천개의 학교보다도 많다. 거리에서 히잡을 쓰고 다니는 소녀들의 수는 증가일로에 있고 머리끝부터 발끝까지 검은 천을 휘감고 다니는 여성들도 목격이 된다. 2016년 6월 28일 이스탄불공항에서, 2017년 4월 3일에는 러시아의 샹트빼째르부르그에서 키르기즈 국적자가 테러를 일으켰다.

2개월 전 완공된 사우디 모스크에는 친절한 다방과 주차장까지 있다. "이맘의 설교는 다른 곳과 달라 우리를 편안하게 만들어준다"는 택시 기사의 말이 갑갑하다. 외형적으로는 이슬람 국가라 칭하여도 무리가 없어 보인다. 그런데 키르기즈의 매스미디어에서는 이슬람 국가라고 이야기하는 것을 조심스러워 하며 증가일로의 모스크를 검증해야한다고 주장하기도 한다. TV 토론 방송에서는 모스크의 이맘과 땡이르칠릭의 대표를 초청해서 격렬한 토론을 벌인다. 토론 방송의 패널로 종종 등장하는

註 1) 필자의 이 글은 2016년 4월, 키르기즈스탄 내부의 자체 이슬람 포럼에 처음 회람이 되었고 갈렙에 의해 논찬되었다. 그 후 토론방송의 설명을 추가하였고 논찬자의 비평을 수용한 후에 2017년 3월 28일, 4차 국제다문화 포럼에 실렸다. 추후 부족한 이해에 대해 재차 땡이르치와 인터뷰를 하였고 일반인들의 관점을 좀 더 가까이서 지켜본 인터뷰를 추가하였다. 키르기즈 대담토론 방송 TUSHUNUK 에서는 이슬람이 키르기즈인의 정체성인지 땡이르칠릭의 정체성인지에 대해 격렬한 논쟁이 있었다. 최근 키르기즈인들에게 있어서 이 주제는 민족의 정체성이 반영된 주요한 화두 중의 하나이다. 자세한 것은 다음을 참조하라. https://www.youtube.com/watch?v=s-Ua98cMk9A
2) http://m.akipress.com/news:576492&#

땅이르칠릭을 보면서 키르기즈인들의 정서 속에 녹아든 땅이르에 대한 정도를 발견할 수 있다. "키르기즈스탄은 이슬람국가가 아니다. 키르기즈인들의 전통을 땅이르칠릭을 중심으로 회복해야 한다"고 말이다. 그리고 그들은 "고대로부터 있어온 땅이르가 키르기즈인들의 조상이 모셨던 신이고 우리를 지켜주기 때문에 땅이르칠릭을 중심으로 이 민족이 하나가 되어야 한다. 조상 때부터 내려온 땅이르에 대한 정서를 회복해야 한다"고 주장한다.

과연 키르기즈인들의 정서 속에는 이슬람에 선행하는 땅이르칠릭에 대한 이해가 있는가? 만일 있다면 일반 키르기즈인들이 얼마만큼 깊이 이해하고 있거나 존중하는지 그리고 이슬람 혹은 기독교와 어떤 관계가 있는지에 대해 끝없는 호기심이 발생하였다. 그리고 그 궁금증이 본 연구의 거름이 되었다.

필자는 서두에 '땅이르칠릭과 관련해서 다음과 같은 다섯가지의 놀라운 경험이 있었음을 알린다. 첫 번째는 10년이라는 시간 동안 '땅이르칠릭이라는 말은 처음 접해보았다. 두 번째로는 키르기즈인들은 '땅이르칠릭에 대해서 젖먹이를 제외하고는 모두가 정도의 차이가 있을지언정 듣지 못한 사람이 없다는 것이었다. 세 번째로 '땅이르칠릭에 대해 제대로 알고 있는 사람 역시 발견할 수 없었다.[3] 네 번째로 서로 다른 神의 개념에 대한 동일한 명칭이 사용되어지고 있었다. 지금 이 순간에도 '땅이르치'와 이슬람 몰도들의 기도에도 그리고 키르기즈 성도들의 찬송과 기도

註 3) 인터뷰: sb, 키르기즈인들의 기독교 연합체 〈키르기즈 알리안스〉의 대표, 2017년 7월 7일

중에도 동일하게 불려지고 있다. 마지막으로 '땡이르칠릭'이 동양적인 정서를 가지고 있는 한국인들에게 일맥상통한 정서와 문화를 공유하고 있다는 것이었다.

1.1 연구주제 및 질문

첫째 '땡이르칠릭'은 무엇이고 그 역사는 어떻게 되는지를 알아보겠다. 둘째 '땡이르칠릭'이 이 땅의 키르기즈 민족들에게 어떤 의미인가? 셋째 이 땅의 절대 다수로 알려져 있는 무슬림들은 과연 '땡이르칠릭에 대해서 어떻게 생각하고 있는가? 넷째 키르기즈 기독교인들은 '땡이르'라는 신(神)의 개념에 대해서 어떤 생각을 가지고 있는가? 다섯째 '땡이르칠릭이 이 땅에서 추구하는 목표는 무엇이고 복음의 증거자로 와 있는 우리는 어떤 선교적 자세를 견지해야 하는가?

1.2 연구의 방법과 한계

첫째, 도서관을 통한 1차 문헌적 접근을 시도했다.[4] 둘째는 인터넷 사이트를 통한 해당 분야의 학술자료 및 동영상을 찾아보았다. 셋째는 '땡이르칠릭을 대표할 수 있는 해당 단체의 대표 혹은 그에 준하는 사람, 그리고 상반된 주장을 펼치는 이슬람 물도와의 인터뷰를 통하여 해당 지식을 획득하였다. 넷째, 문화인류학적인 학습의 한계: 키르기즈인들의 문화에 대한 기본 요소들을 이해하고 어떻게 교차문화 혹은 타문화적 상황에서 성경적 영향력을 행사할 수 있을런지에 대한 문화인류학적 이해의

註 4) 키르기즈 국립 도서관에는 '땡이르칠릭에 대한 서적이 단 두 권 밖에 없었다. 겨우 사서의 도움을 받아 직접 미로같은 통로를 겹겹이 걸어올라 두 권의 책을 손에 쥘 수 있었다.

한계를 체험할 수밖에 없었다. 다섯째, 키르기즈 문화 및 언어학적인 한계: 문서들을 해독하는데는 상당한 시간과 인내가 수반될 수밖에 없었고 특히나 전문적인 어휘는 낯선 이방인을 쉽게 피곤하게 만들어 버렸다.

1.3 연구 목표

이 땅의 이방인들이 키르기즈인들의 세계관에 깊이 내재되어있는 '땡이르칠릭 이해를 돕는 것이다. 자문화 중심적인 사고방식을 버리고 상대방의 문화와 동일한 안목으로 유일한 하나님의 말씀을 나누는 것이 본 연구의 목표이다.

2 '땡이르칠릭이란 무엇인가?

2.1 '땡이르치'가 이야기하는 일반적 의미

아주 먼 옛날 4천년 전 아시아 대륙 전체에 영향을 준 땡그리가 있었다고 한다. 그것을 '땡그리즘'이라고 하고 키르기즈어로는 '땡이르칠릭이라고 한다.[5]

2.2 방송을 통한 확인

필자는 11개 TUSHUNUK 대담 방송을 통해 그들의 성격과 주장을 확인해 보았다. 또한 부족한 부분은 TV 토론에 참석한 '땡이르치' 베르

註 5) 인터뷰 : VRDB JMVF, 2016년 4월, 2017년 6월, 4천년 전의 땡그리즘과 조로아스터교의 기원은 상당한 차이가 존재하기는 하지만 일단 그의 인터뷰에 무게를 실어 필자의 글을 진행한다. 그는 조로아스트는 중앙아시아 페르가나에서 기원했다고 주장한다.
　6) 인터뷰: VRDB JMVF, 2016년 4월, 2017년 6월, 그는 국립대학교의 이공계 물리학 교수로서 '땡이르칠릭핵심 교리를 담당하고 있다. 필자는 고대 중국의 철학사상과 도교와도 밀접한 연관이 있다는 이야기가 신기했다. 방송에서 비춰졌던 유약한 이미지에 비해 유일신 사상과 "키르기즈인들은 '땡이르칠릭'을 통해 하나가 되어야 한다"는 부분에는 힘을 주어 이야기했다.

디벡 주마바에프[6])와의 인터뷰를 통해 다음과 같은 키르기즈인들의 '땡이르칠릭'의 정체성을 확인할 수 있었다.

2.2.1 '땡이르치'들은 "나는 무슬림이 아니다. 키르기즈인이다."라고 강력히 주장한다.[7]

2.2.1.1 무슬림 몰도가 땡이르치에게 이야기한 '카피르'라는 의미는?[8] 무신론자, 알라의 자리에 다른 것을 놓는 자, 이슬람을 믿는다고 하면서 기도와 금식 등을 잘 지키지 않는 자, 무함마드와 그의 메시지를 거부하는 자, 이슬람의 법인 샤리아를 거부하는 비무슬림이다.[9]

2.2.1.2 무슬림 몰도는 '땡이르칠릭 대표에게 공공장소에서 '타크피르'를 했다. '타크피르'에 대해서 공일주 박사는 그의 책에서 다음과 같이 간략히 서술한다.[10] 이는 상대를 이슬람으로부터 박탈시키고 그를 이슬람 집단으로부터 내 보내는 것을 의미했다. 그래서 타크피르는 이슬람 종교를 누리지 못하게 하는 것이다.

2.2.2 땡이르는 창조주이며 우리는 그의 창조물들을 보호하고 존중한다.

2.2.3 거룩한 곳, 마자르를 존중한다.[11]

2.2.4 아루박(조상신들)을 존경해야한다.[12]

2.2.5 '땡이르칠릭'에는 검은 샤머니즘과 하얀 샤머니즘이 있다. 검은

註 7) 땡이르치의 대표 아나르벡의 신앙고백과도 같은 주장과 반대패널의 정죄하는 토론 영상은 다음 정보의 3분 40초 지점을 참조하라. http://namba.kg/#!/video/1138331/
8) 공일주, 꾸란의 이해, 한국외국어대학교, 서울, 2010, p. 20.
9) Ibid, p. 34.
10) 공일주, 이슬람과 IS, CLC, 서울, 2015, p. 404.
11) 마자르는 무속신앙의 형태로 신내림을 받거나 신을 만나 기도하는 장소이다. '존중'이라는 단어에 суйлоо (suilo)를 사용했다. 어떤 이는 숭배(崇拜)라고도 했지만 유일신을 주장하는 '땡이르치'의 의견상 '존중'이라는 의미가 더 적절해보인다.
12) 왜즈백 아즈는 말하기를 무슬림들은 조상신들에게 도움을 구하라고 하지 않는다.
13) 인터뷰 : VRDB JMVF, 2016년 4월.

샤마니즘에는 점을 치는 무당과 접신 행위가 있다.[13]

　2.2.6 노루스 명절은 이슬람 명절이 아니라 우리 조상들의 명절이다.[14]

　2.2.7 태어날 때부터 키르기즈 부모로부터 태어났고 죽을 때 키르기즈로 죽는다. 키르기즈 언어를 배우고 이야기한다. 심지어 이슬람의 경전 쿠란도 키르기즈어로 읽을 뿐이다.

　2.2.8 땡이르께 죄를 고하기도 한다. 태어날 때부터 키르기즈는 무슬림이 아니다.

　2.2.9 이슬람은 세상의 분쟁을 야기하고 있다.

　2.2.10 마나스도 땡이르치였던 이유에 대해 베르디벡 교수는 "마나스 서사시에 마나스가 '괵괘 땡이르'에게 기도한 내용이 많기 때문이다"라고 역설한다.

2.3 '땡이르칠릭' 유래

　2.3.1 김효정의 연구에 나타난 개념은 다음과 같다.[15] 고대 튀르크어 기록에서 나타난 텡그리의 첫 번째 의미는 '하늘에 계신 위대한 신'의 의미이다. 돌궐비문에 묘사된 '텡그리'의 두 번째 의미는 '하늘'이다. 퀼티긴 비문에서는 '괵괘 땡이르'라고 묘사되어 있는데, 돌궐어에서 '괵'

註 14) 황종한, 페르시아와 중앙아시아의 문화교류, GMS 실크로드 지역선교부, 실크로드 연구, 2016, p. 238.
　　노루스는 페르시아말인데 '노'라는 말은 새로운(new)의 뜻이고, 루즈라는 말은 날(day)라는 말이다. 우즈벡에서는 나부루즈, 카자흐스탄에서는 나으르즈, 터키에서는 네브루즈라고 하는데, 어원은 같다. 대담에서 '땡이르치' VRDB JMVF가 "노루스는 조상들의 명절"이라고 하자 몰도 추박 아즈가 긍정으로 답한다.
　15) 김효정, 튀르크족의 기록에 나타난 '텡그리(Tengri)'의 의미, 한국중동학회, 2007, pp. 387-406.
　16) Анара Табышалиека, Вера в Туркестане, Бишкек, АЗ-МАК, 1993, p. 32.

은 '하늘' 혹은 '푸른빛' 의 의미이다.

2.3.2 아나라의 연구는 좀 더 상세하다.[16] 4천년전 세상을 관할한 '땡이르' 로부터 왔으며 언어적으로는 몽골 언어로 파급이 되었다고 본다. 텡그리즘과 동일어이다. 세상은 3개의 층으로 나뉘어져있는데 상부, 중부, 산중턱 아래의 검은 허공으로 나눈다. 그것들은 KEK TYY TEHИ P(괵튜 땡이르), 땅과 물을 KEK TYY TEHИ P가 다스렸고 검은 땅 밑은 Эрылик хан(에를릭 왕)이 지배한다고 여겼다.

2.4 '땡이르칠릭 파급

운동경기와 깊은 연관이 있다.[17] 캄바르텝은 중앙아시아에서 가장 오래된 젊은 청년들의 신체 단련이다. 마치 스포츠처럼 보이는 캄바르텝에는 태권도와 유사한 무도, 마상씨름, 쿵후, 요가 등이 포함되어있다.

2.5 가장 첫째 되는 지식과 으름–지름을 통해 그 비밀을 알리기도 한다.[18]

2.6 고유의 문양과 상징을 사용한다.

2.6.1 사람이 동서남북 사방의 가운데에서 땅을 딛고 서서 하늘을 향해 손을 들고 찬양하는 모습[19]이 가장 널리 사용되어진다.

註 17) 국립도서관의 사서가 '땡이르칠릭' 관련된 책으로 가장 먼저 소개한 것으로서 책의 크기와 다양한 그림을 소개한 이 책은 마치 어린이 동화책처럼 보였다. 자세한 것은 다음을 참조하라. Назаров Кубанычбек, Канбартеп, Бий иктик Киев, 2006, p. 7.

18) 땡이르가 선조에게 준 지혜의 격언, 김경용은 1차 포럼의 발표를 통해 미신행위라고 이야기한다. – 키르기즈 1차 이슬람 포럼, 비쉬켁, 2015, p. 60.

19) Ч ОЮН ?М?РАЛИЕВ, ТЕ?ИРЧИЛИК, ИЛИМИ ПОПУЛЯРД УУ, КАНТ, 1994, p. 35.

20) Ibid, p. 155.

2.6.2 태극 문양[20] 역시 좌우의 조화를 이루는 그들의 상징이다.

2.6.3 십텡그리 형상, 유르따의 천정인 튠둑과 둥근 원 내부의 십자가 형상[21]는 동서남북 사방과 음양오행을 나타내는 전통 문양이자 상징이다.

2.7 마나스도 '땡이르치' 였으며 약 5천명의 '땡이르치' 가 있다.

키르기즈 민족들은 19세기 말까지만 해도 샤머니즘과 KӨЗ AЧЫK (괘즈 아측 무속인), KӨK KӨ TEHИP(괵괘 땡이르)의 구분을 명확히 하지 않고 이들에게 경배했다고 알려져 있다.[22]

2.8 유일신 사상이라고 주장한다.

이 주장에 땡이르치는 그들을 신으로 섬기지 않고 단지 존경할 따름 이며 신은 오직 유일한 땡이르일 뿐이라고 한다.[23]

2.9 두 가지의 세상이 있다.[24]

세상은 참세상과 거짓 세상으로 나뉘어지며 우리가 살고 있는 이 세 상은 거짓세상이며 하늘의 정해진 시간에 죽기 위하여 모든 사람이 태어 났다고 주장한다.

3. 현대 키르기즈인들의 생활 속 '땡이르칠릭'

일반인들이 자주 시청하는 키르기즈 방송 튜슈눅은(Tushunuk) 인기

註 21) Ibid, p. 15.
22) АБДИЕВА Ж.К., ТОКОБАЕВА Г.Ш. ?МАНАС?ЭПОСУ ЖАН А ШАМАН ДИНИ. p. 5.
23) 인터뷰 : VRDB JMVF, 2016년 4월.
24) Анара Табышалиека, Вера в Туркестане, Бишк ек, АЗ-МАК, 1993, p. 32.

있는 토론 방송이다. 첨예하게 대립하는 키르기즈의 사회 현상에 대해 각각의 두 패널을 초청해서 거침없이 뜨거운 토론을 갖는다.[25] 일반 키르기즈인들의 정서에 '땡이르칠릭' 대한 깊은 사고가 반영되지 않고서는 이 토론의 전체 분위기를 이해할 수 없다.

3.1 대담토론에 거의 예외없이 참석하는 종교 패널들 중에는 땡이르치가 자주 등장한다.

땡이르치는 아나르벡 우습바에프, 베르디벡 주마바에프가 그리고 무슬림 몰도는 쉐이흐 추박 아즈, 왜즈백아즈, 사드박카스 도올로프이며 무슬림의 선생들은 아킴반 에르게쇼프, 샤이로벡 우루큰바에프가 자주 등장해서 토론의 상대 패널들과 자웅을 겨룬다.

4. 현대 '땡이르칠릭' 성향

인터뷰를 통해서 땡이르칠릭들은 무슬림으로부터 위협을 받고 있다는 것을 확인할 수 있었다.

4.1 그들은 '땡이르칠릭' 정식종교로 등록하고자 한다.[26]

2012년 10월 25일, 종교로서의 등록을 위해 서류를 제출했다.[27] 두번째로 2013년 5월에 다시 서류를 재구성해서 제출했다. 최종적으로 종교

註 25) 매주 월요일 저녁 7:40 에 방영된다. 울룩벡 카르벡 우울루가 토론을 이끌어간다.
26) http://barakelde.turmush.kg/news:202592
27) 쿠르만잔 다트카의 제작자 Sadyk Sher Niyaz 와 이슬람 교리와 실제 역사에 반하는 영화내용에 대해 비평하는 Guljigit Isakof 의 의견 중에 '땡이르칠릭종교 등록관련 내용이 등장한다. 자세한 것은 다음 정보의 34분 20초를 참조하라. https://www.youtube.com/watch?v=UPP_JDCTCX0

성은 '땡이르칠릭 등록을 거부하기로 결정을 내렸다. 2016년 5월 현재, 종교로서의 지위를 인정받지 못하고 있다.

4.2 민족주의를 표상하고 있다.[28]

'땡이르칠릭 조직에서는 향후 20년간 여러 종교의 선교사들이 들어와 이 나라에 영향을 미칠 것이고 키르기즈인들의 마음이 나뉘어질 것이라는 논리를 가지고 있다. 이 길을 해결할 수 있는 방법은 키르기즈인들의 '땡이르칠릭이 유일한 해결책이라고 주장을 한다.[29]

5. '땡이르칠릭을 바라보는 무슬림들의 이해

5.1 이슬람 몰도들도 '땡이르'를 부르며 기도를 한다.

필자는 2015년 9월, 이스쿨[30]의 촐폰아타에서 개최된 국제 КӨК бӨРY(곡베류)[31] 대회 개회식때에 이슬람 몰도가 다음과 같이 기도하였다. "천지만물을 창조하신 전능하신 땡이르, 저희들이 이곳에서 콕보루 경기를 갖습니다. 참여한 사람들이 다치지 않게 하시고 땡이르께서 지켜주시고 땡이르의 영광을 위해 정정당당하게 경기를 진행케 하여주

註 28) ЧЮЮН ?М?РАЛИЕВ, Коом мамлекет ТЕ?ИРЧИЛИК, БИШКЕК, КЫРГЫЗ ЖЕР, 2012, p. 186.

29) "향후 20년 내로 이 땅에는 여러 다양한 종교의 선교사들이 들어와 이 땅을 덮을 것이다. 그들은 그들의 길을 제시할 것이고 이를 방지하기 위해서 이 땅의 땡이르치들이 모여 정부에 등록을 요구해야한다." 자세한 것은 다음 정보를 참조하라.
http://aimak.kg/sayasat_jana_koom/1248-teirchilik-tshng-dinbi-zhe-syyynuu-zhrlgsb.html

30) 제주도의 2.5배 면적의 호수, 남미 키티카카 호수 다음으로 산정 호수 중에서는 크다. 널리 알려져 있는 휴양지 이다.

31) 단체 마상 경기의 일종으로써 잡은 염소를 럭비의 공과 같이 상대팀의 골대에 넣어 정해진 시간에 많이 넣는 팀이 승리한다. 투르크 중앙 아시아의 오래된 민속 경기이다.

시옵소서(중략)"

5.2 이슬람 학자의 인식

필자는 키르기즈 무슬림들이 인지하고 있는 '땡이르칠릭'에 대한 의문을 해소하기 위해 중앙사원 옆에 소재한 이슬람 대학교의 학장과 인터뷰를 하였다.[32]

5.2.1 몰도들은 751년 달라스 전투 이후에 이곳이 이슬람화 되었음을 알고 있다.

5.2.2 이슬람화 이후, '땡이르'는 '알라'로 그 개념이 바뀌었고[33] '땡이르치'들이 이야기하는 '땡이르'는 샤머니즘이고 이단이다.[34]

5.2.3 '땡이르치'들은 여러 신을 믿고 있다. 태양, 달, 물에도 바위에도 나무에도 신이 있고 그들에게 기도한다.

5.2.4 무슬림들의 땡이르는 쿠다이, 알라와 동일하다. 세 가지 모두 동일한 의미이다.

5.2.5 키르기즈어로 번역된 쿠란에는 '땡이르'라는 단어로 번역된 것이 없다.[35]

5.2.6 종교는 오직 유일한 알라를 믿는 이슬람 밖에 없다. 알라 외에 다른 신은 없다.

註 32) 인터뷰: VRSP AZ, I 대학 학장, 2016년 4월 중순, 이름의 말미에 아즈가 있으면 메카 순례를 다녀온 사람을 일컬으며 키르기즈 무슬림 사회에서는 큰 존경을 받는다. 그들은 구분된 표시로 머리 위에 하얗고 원통 모양의 각진 모자를 쓴다.
33) 인터뷰:김경량 교수, 2017년 3월, 이슬람에서는 코란을 아랍어에서 현지어로 번역할 때 현지문화에 특화된 신의 호칭을 받아들이는 것을 전략적으로 선택한다. 그런 의미에서 키르기즈인들의 땡이르를 알라로 특화시켜 받아들인 것은 안타깝지만 성공적인 이슬람 선교 전략이라고 본다.
34) 이단이라는 대목에는 '섹타'라고 힘주어 이야기했다.
35) 땡이르를 사용해서 여러 저서를 가지고 있는 두 사람이 있는데 그들은 몰도 사브르, 듀쉔벡 아즈이다.

5.2.7 무슬림들은 무함마드에게 기도하지 않는다. 그는 선지자이다. 하지만 '땡이르칠릭'에는 선지자가 없다. 그리고 중보자가 필요없다. 바로 기도하면 된다고 가르친다.

6. 키르기즈 성경의 '땡이르'

키르기즈 성도들에게 가장 많이 보급된 성경, ЫИЫК КИТЕП (으이윽 기텝;HOLY BOOK) 2004년판에서 구약과 신약에 각각 6,098회와 624회의 땡이르가 언급되어져있다.

구 약	횟 수	신 약	횟 수
모세오경	1,592	복음서	171
역사서	1,643	사도행전	106
시가서	832	서신서	321
선지서	2,031	계시록	26
합 계	6,098	합 계	624

하지만 놀랍게도 새로운 번역 INJIL[36] 에는 '땡이르'가 전혀 언급되지 않는다. 새 번역본 INJIL에서 땡이르를 삭제한 이유에 대해 번역업무에 참여한 현지인 묵타르는[37] 다음과 같이 필자에게 설명했다. "땡이르는 적

註 36) 2005년 성서공회에 의해 번역이 되어진 신약성경이다. 키르기즈어 표기 〈ИНЖИЛ〉, 혹은 영어식 'INJIL' 혹은 표지의 색깔에 따라 'RED BIBLE'로 불려지기도 한다. 필자의 글에서는 'INJIL'과 'RED BIBLE' 두 가지를 혼용해서 쓴다. 2015년 1월 31일에는 이 번역본에 해설을 첨가한 녹색 표지의 해설판 〈ИНЖИЛ〉이 별도로 출간되기도 했다.
37) 인터뷰: MTR, 키르기즈인 성경번역위원, 2016년 4월, 그를 포함한 성서공회팀이 2005년에 신약성경 〈Injil ; Red Bible〉을 번역했으며 현재는 구약의 여러 책을 번역 중에 있다. 최근 2016년 5월, 번역이 완료된 구약의 〈요나, 룻기, 에스더〉는 배포 작업에 들어가 있다.

절하지 않은 단어였기 때문에 사용하지 않았다. 'Lord'를 기존 성경은 '땡이르'로 번역했다. 하지만 키르기즈인들에게 '땡이르'는 'Lord'의 뜻이 아니다. 막연한 '하늘' 혹은 '하늘神'의 의미를 가지고 있다."

6.1 '땡이르'로 번역되어진 기존의 언어는 다음과 같다.

한국어	주님	히브리	Adonai
영 어	Lord	헬라어	Kurios

6.2 땡이르를 대체한 두가지 단어; 성서공회의 Injil에서 (Red Bible)

신, 창조주, God, Elohim
주인, 천지의 주인, Lord

6.3 사역현장에서의 질문

'그렇다면 기존 성경을 이미 대중적으로 사용하는 교회와 성도들은 '땡이르'를 사용해서는 안되는 것인가?'에 대해 폴 히버트의 주장이 정답에 가까와 보인다.[38]

선교사가 일상생활의 문제에 대해 기독교적 해결을 제시해 주는데 있어서 혼합주의를 용납해서는 안된다. 그렇게 되면 기독교는 새로운 형태의 마술로 전락하는 것이다. 기독교의 방언과 치유와 같은 현상이 그들에게 그대로 나타난다 해도 놀랄 필요가 없다. 우리는 메시지의 촛점을 하나님과 사람의 화해, 사람과 사람 간의 화해에 맞추도록 노력해야한다. 오늘날 선교의 최대문제는 신학적, 종교적 다원론에 관한 것이다. 가장 손쉬운 대응방법은 우리의 신학 외에 다른 모든 신학을 배격하고 모든 타종교를 정죄하는 것이다. 그러나 이러한 접근 방식을 취하게 되면

註 38) 폴 히버트, 선교와 문화인류학, 조이출판부, 1996, 서울, p. 324-325.

복음전도와 교회 성장의 문은 닫히고 만다.

그리고 키르기즈인 땡이르 교회의 담임 kb도 다음과 같이 이야기한다.[39]

새로운 번역본에 '땡이르'가 사용되지 않고 있음은 나도 인지하지 못했다. 번역가의 주장처럼 그렇다면 우리 교회명을 '에게 교회'로 변경해야 하는가? 당연히 그렇게 해서는 안된다고 본다. '땡이르'는 모든 키르기즈인들에게 친숙하기 때문이다. 교회 성도들뿐만 아니라 무슬림들도 사용하고 있다. 하지만 '땡이르'는 우리 키르기즈인들 안에서 의미적 차이가 있는 것도 사실이다. 그래서 성도들에게 분명한 차이에 대해 주지시켜 사용하면 될 일이다. "새번역 INJIL에서 '땡이르'를 지움으로 인해 우리의 신앙생활에 널리 사용되어지고 있는 '땡이르'를 없애는 것은 키르기즈 성도들의 생활양식과는 다분히 위배된다.

7. 기독교에 미치는 영향과 선교적인 적용

'땡이르칠릭'은 민족주의를 표방하고 있었다. 그들은 새로운 종교로 등록을 시도하고 있는 중이다. 지금까지 언급한 여러 인터넷 대담방송에 등장한 이슬람 몰도들은 한결같이 땡이르치들에게 낯 뜨거우리만큼 적대적이었다. 그 파급효과는 이 땅의 기독교인들에게 어떤 파장을 미칠런지 예상하기가 쉽지 않지만, 우리들의 입장에서는 이슬람이 아닌 '땡이르칠릭'은 좀 더 복음적으로 가까운 접근이 용이하리라 예상할 수 있다.

7.1 선교적 적용

키르기즈인들을 이해하는 순서를 교정해보자; 이 땅의 키르기즈인들

註 39) 인터뷰: KIV, 담임목사, 학장, 2016년 2월.

은 대부분 이슬람을 믿는 무슬림이니만큼 이슬람에 대한 이해가 필수불가결하다. 두번째로 키르기즈인들의 목축문화에 대한 이해는 외국인인 우리들에게는 선택사항처럼 보인다. 하지만 이슬람에 대해 몰라서 생기는 실수보다도 목축문화를 이해하지 못해서 발생하는 실수는 필연적이다. 서구인에게 있어서 시간은 돈이자 신뢰이며, 지위와 책임의 상징이기도 하다.40) 하지만 목축문화 속에서 시간은 시작도 없고 끝도 없으며 시간이 가져올 책임감은 서구문화에 비해 지극히 관대하고 자유롭다.

7.2 키르기즈인에게 적합한 복음의 접촉점을 활용해야한다.

7.2.1 위대한 키르기즈의 어머니: 키르기즈인들에게는 멀지 않은 역사에 있는 쿠르만잔 다트카41)가 있다. 그녀는 제국주의 러시아인들과 맞서 싸우는 방법을 택하지 않고 오히려 자기 아들을 교수대의 이슬로 내어주면서까지 조상의 땅을 지키고 평화의 방법을 선택하였다. 쿠르만잔 다트카는 제국주의 러시아 민족이 키르기즈인들을 바라보는 소중한 인식의 첫발걸음이었다. 그리고 그것은 자기희생으로 부족을 지켜낸 위해한 모습이었다.

7.2.2 민속 이슬람의 장례습성: 사람이 죽고 나면 그 영혼에게로 다른 영혼이 저승세계에서 찾아오는데 주로 그것은 가까운 친척의 영혼이다. 이들은 같이 40일 동안 자신의 장례식의 절차가 만족스러우면 그 이후에 저승의 세계로 떠난다. 그러나 만족스럽지 못한 영혼들은 샤먼의 인

註 40) 에드워드 홀, 생명의 춤, 한길사, 경기, 2013, p. 108.
　　41) 민족의 어머니로 추앙받고 있는 그녀는 20세기 초, 제정 러시아의 압박 당시, 키르기즈의 땅을 외세세력으로 부터 지켜내었다. 자세한 것은 다음의 정보를 참조하라. https://www.youtube.com/watch?v=O8QSe-r7G-c&list= PLxk8YwnZvReHeCrp7XfK5hRSAIeQwbd9R

도함으로 저승으로 갈 수가 있다.[42]

8. 나가면서

오늘날 '땡이르칠릭'을 믿는 이 땅의 '땡이르치' 들은 그들의 영향력을 미치기 위해 혼신의 힘을 쏟고 있다. 향후 20년 내에 이 땅에 이슬람을 포함한 다양한 종교의 이방 선교사들로 인해 국론이 분열되고 키르기즈인들의 정체성에 위해가 될 수 있다는 명분을 내세웠다. 그들은 조상을 등에 업고 전통 신앙의 옷을 입어 지상으로 나왔다. "나는 무슬림이 아니다. 키르기즈인이다"라는 간단명료한 논리는 무슬림들에게도 정체성의 의문을 자아내게 만들고 있는 것 같다. "피도 키르기즈, 영혼도 키르기즈, 태어날 때부터 키르기즈인이고 키르기즈어를 말하기 때문에 '땡이르치' 이다"라는 논리는 민족주의의 발호가 될 수 있기 때문에 정부는 계속 그들을 예의주시하고 있는 분위기이다.

본 연구를 마무리하면서 이 땅의 복음 전파자와 번역가들은 각자의 분야에서 '키르기즈 현지인들은 '땡이르칠릭'을 어떻게 바라보고 있는지' 에 대해서 인식해야 하겠다. 이 땅의 주인이라고 일컫는 무슬림들과 그들의 정체성을 '땡이르칠릭'에서 찾고 있는 키르기즈인들에 대항해서 우리가 할 수 있는 것은 기도이다. 그것은 막힌 담을 허물며 견고한 진을 파하는 강력이기 때문이다. 우리는 키르기즈인들의 문화와 세계관에 지대한 관심을 가지고 있다.

註 42) M. C. Орынбеков, ГЕНЕЗИС РЕЛИОЗНОСТИ В КАЗАХСТАНЕ, Алматы, Дайк Пресс, 2005, p. 15.

14. 키르기스스탄 이슬람 연구

김 바 울[1]

들어가는 말

공산권이었던 구소련의 중앙아시아에는 5천만 무슬림들이 살고있다. 중앙아시아가 포함된 유라시아 지역은 세계에서 가장 큰 대륙이고 지정학적 중추이다. 그래서 "유라시아를 지배하는 나라는 전 세계에서 가장 선진적이고 경제적 생산성이 높은 세 지역중 두 지역(아프리카, 서반구와 오세아니아)도 장악하게 되는 것"이라고 브레진스키는 말했다.[2] 1991년 이전에는 중앙아시아 이슬람권 나라들이 자기들의 이슬람 사상과 힘을 발휘하지 못했다. 소련이 무너진 이후에 중앙아시아에서 이슬람종교 부흥이 시작되었다.[3] 키르기스스탄도 이제 독립 국가로서 종교지도자들은 이슬람 신앙과 사상을 자국민들에게 심어주면서 이슬람 문화를 부흥시키려고 부단히 노력하고 있다.

제 1장 키르기스스탄의 일반적 이슬람 역사

1. 키르기스스탄의 고대 이슬람 역사

고대 키르기즈[4]족은 샤머니즘을 믿었으며[5] 10세기까지 자연숭배를

註 1) GMS 실크로드 지역대표. 키르기즈 한국어(학)교수협 회장. 키르기즈 승리교회 담임목사.
　　2) 브레진스키, "거대한 체스판" 김명섭 역 (서울: 도서출판 삼인,2004),53.
　　3) 전호진(편), "CIS를 바로알자" (서울: 도서출판 횃불, 1994),63.
　　4) 키르기즈는 '멸망하지 않는 자' 라는 뜻으로 이 민족의 스스로 부르는 명칭이다. 고대 키르기즈족에 대한 공통적인 묘사는 붉은 머리, 흰 피부 및 녹색 눈동자 등으로서, 중앙아시아 서부 또는 서아시아 북동부 초원 지역을 발상지로 하는 아리아계 백인종으로 추정된다.
　　5) 다바타히사오, "중국소수민족입문" (현학사 2006), 113.

하였다. 당시 이들은 유목에 종사하였기에 목축에 많은 영향을 주는 물의 신(水神)과 풀의 신(草神)과 하늘의 현상을 주로 믿었다.[6] 이후 키르기즈족은 이슬람교를 믿게 되었는데 이를 역사적으로 살펴보면 다음과 같다.[7] 10세기 부터 17세기 초까지 키르기즈족은 당초 발상지였던 시베리아지역의 예니세이강 상류에서 천산(天山)산맥 지역으로 이동하는 과정에서 주변의 여러 이민족들과 많은 교류를 하면서 서로 융합되었는데 이슬람교를 신봉하던 주민들이 키르기즈족에게 흡수되면서 이슬람교가 키르기즈족 사회에 전파되었다. 18세기 중엽에 신강지역을 정복한 청나라가 강제로 흑룡강성 부유현 지역으로 이주시킨 키르기즈족은 거주 환경의 영향을 받아 그 지역의 주요 종교인 샤머니즘을 신봉하게 되었는데, 이들은 샤머니즘의 뱀신을 믿었다. 이에 따라 키르기즈족 가정은 집마다 천으로 뱀 모양을 오려내어 벽에 있는 신단에 모시고, 또한 천마신(天馬神), 나무신, 금성신(金星神), 북두칠성신 등도 신봉하며, 병 치료나 장례 때는 샤먼을 청하여 굿을 한다.[8] 키르기즈인들은 무슬림이라고 하지만 일반적으로 신앙생활은 엄격하지 않고 대다수가 이슬람교 교리에 익숙하지 않다. 또한 이슬람교를 믿는 키르기즈인들도 죽은 조상에 대한 제사 등 과거 조상숭배의 전통을 계속 이어나가고 있다. 신강위구르자치구 북부의 액민현(額敏縣) 지역과 흑룡강부유현(富裕縣) 지역의 키르기즈인은 라마교 또는 샤머니즘을 신봉한다.

註 6) 허휘훈, "중국소수민족 종교신앙" (태학사,1997), 169.
　　7) 서기 10세기 전반기에 아랍 여행가 "미셸"은 키르기즈족의 종교생활에 관하여 다음과 같이 묘사하였다. "그들에게는 특수한 풍속, 법규, 의식, 문자와 사원이 있다. 그들은 향기로운 물건을 앞에놓고 기도하면서 그것을 신봉한다, 하늘을 숭배하고 남쪽을 향하여 기도하며 천산(天山)에 있다는 '주하러' 와 금성, 토성을 숭배하고 화성은 불길하게 여긴다."
　　8) Ibid. 169-171.

2. 키르기즈 이슬람 개요

키르기스스탄은 전체 인구의 약80%가 이슬람 교도이며 순니파가 압도적이다. 19세기 후반 기독교 국가인 러시아왕조의 점령과 공산혁명으로 인한 무신론적 이데올로기 강화로 이 지역의 이슬람교도들은 많은 수난을 겪었다. 1991년에 민주주의 공화국으로 독립되었으며 정부는 어떠한 이데올로기나 종교와 상관없는 비종교 국가라고 선포하였지만 이슬람의 영향이 꾸준히 증가하고 있는 중이다. 9세기~12세기 사이에 남쪽에서부터 전파된 이슬람은 먼저 남부지역에 뿌리를 내려 이미 16세기에 모스크와 마드라사(madrassah)가 생겨났다. 키르기즈무슬림이 가장 신성한 성지로 여기고, 과거 소비에트 무슬림이 제2의 메카(Mecca)로 부르기도 했던 유명한 순례지 '슐레이만의 옥좌(theThrone of Suleyman)' 도오쉬(Osh)시 서쪽에 있다.[9] 이와 비교해 북부 키르기스스탄에는 이슬람이 상대적으로 늦게 전파되었으며 더 유연하게 현지화되었다. 생활의 많은 부분을 자연의 힘에 의존하는 유목민의 관습상 동물이나 자연물을 숭배의 대상으로 삼는 원시종교 형태가 키르기즈인의 신념체계 속에 자리 잡고 있었기 때문에, 토테미즘(totemism), 애니미즘(animism), 무속신앙 등을 포괄하는 토착신앙과 관례 등과 공존하고 융합하는 방식으로 뿌리내렸던 것이다. 19세기 말엽까지 대다수의 키르기즈인은 피상적으로나마 이슬람 의례를 준수하는 무슬림으로 개종했다.[10]

註 9) "Kyrgyz: Religion and Expressive Culture,"
    10) www.everyculture.com(검색일:2017.3.18) "Kyrgyzstan — Religion," countriesstudies.us/kyrgyzstan/14.htm(검색일: 2017.3.18)

3. 샤머니즘과 수피주의무슬림

중앙아시아에 이슬람이 들어오기 전에는 각종 숭배와 신앙이 모자이 크처럼 다양하게 존재했었다. 이슬람교, 불교, 유대교, 기독교, 조로아스 터교 등의 종교들이 있었다.[11] 키르기즈인들이 믿고 있는 신앙들에는 공 통점이 있는데 그것은 한결같이 신비주의적이고 영적이고 체험적인 성 향을 추구한다. 중앙아시아무슬림 안에서 샤머니즘의 양상은 일정한 역 할을 담당하고 있을 뿐 아니라 지역에 따라서는 광범위하게 이슬람의 한 계를 벗어나 있음에도 그것을 이슬람으로 이해할 정도로 키르기즈인의 신앙의 여러 영역에서 샤머니즘은 이미 한 축을 이루어 나타나는 것이 현실이다. 중앙아시아의 수피주의이슬람과 샤머니즘의 공통점은 신비주 의에 그 뿌리를 두고 있기 때문에 두 종교가 자연스럽게 하나가 되었다. 이러한 관점에서 왜 수피즘이 중앙아시아에서 꽃을 피웠을까 라는 의문 에 희미하게나마 해답을 줄 수 있을 것이다. 이슬람을 전파하고 뿌리내 린 수피 '형제단(tariqas, brotherhoods)'은 4개이다. 부하라에서 시작 한 가장 대중적이며 강력한 형제단인 '낙시반디야(the Naqshbandiya)' 와고대로부터 있었던 형제단인 '카디리야(the Qadiriya)', 남카자흐스 탄에 유래된 형제단 '야사위야(the Yasawiya)', 그리고 호레즘형제단인 '쿠브라위야(the Kubrawiya)' 등이다. 또 다른 토착 수피교단은 '헤어 리이샨(the Order of the Hairy Ishans)'이다.

4. 고대 유목민의 세계관인 '텐기르칠릭'(Tengirchilik)

오늘날 키르기즈 지식인들이 고대 유목민의 세계관인 '텐기르칠릭 (Tengirchilik)'을 부흥하려고 하는 시도가 있는데 이도 역시 '정체성의

註 11) 최한우, "중앙아시아학 입문", (서울: 도서출판 펴내기, 1997), 236-237.

정치'에서 전체 이슬람의 역할과 비중을 약화하는 사례이다. 키르기즈
는 전통적인 유목생활에서 유래한 관습과 믿음이 외래종교인 원리주의
이슬람의 의례관념과 충돌하는 부분이 많기 때문에, 고대로부터 튀르크
인이 공유하는 토착종교의 믿음과 의례를 모두 체계화해 키르기즈 민족
고유의 새로운 세계관으로 삼겠다는 것이다. '텐기르칠릭'은 '하늘' 혹
은 '하느님'을 의미하는 튀르크 고어인 '탱그리(Tangri)'에서 나온 말이
다. 옹호자들은 텐기르칠릭이 이슬람이나 기독교 같은 세계 종교보다도
삶과 세계에 대해 더 정교한 견해를 가진 고대 세계관이라고 주장한
다.[12] 이러한 키르기즈 이슬람의 특성으로 인해 독립 후 국가민족 건설
과정에서 종교의 정치적 동원 역할은 거의 없었으며, 키르기즈인이 무슬
림이라는 동일한 종교적 정체성 역시 국가민족정체성 형성에서 이념적
결속의 역할을 하지 못했다.

제2장 키르기스스탄 이슬람 역사의 지역적 특성

중앙아시아에서는 샤머니즘적 요소인 영적인 힘이 강조되며, 형식주
의적인 코란의 율법에 순종하기보다는삶의 신앙행위에서 '신을 체험하
는 것'을 강조한다. 키르기스스탄의 소수 종족의 분포를 보면, 인구의
11%를 차지하는 러시아인은 주로 북부의 도시지역에 거주하며, 14%를
차지하는 우즈베크인은 오쉬를 중심으로 한 남부지역에 주로 거주한다.
동일한 키르기즈인 무슬림이라도 이러한 지역별종족적 특성에 따라 신
앙생활의 행태도 차이점이 있다. 특히 러시아문화의 영향을 더 크게 받

註 12) Elmira Kuchumkulova, "Kyrgyz Nomadic Customs and the Impact of Re-
    Islamization after Independence", Ph.D.Dissertation(University of
    Washington, 2007).

은 북부 무슬림은 일상 이슬람 의례의 실천과 이슬람의 문화적 관행에 엄격하지 않는 편이다. 이에 비해 우즈벡인이 많이 거주하는 오쉬와잘랄아바드(Jalal-Abad) 등 남부지역에서 이슬람은 일상생활에서 더 큰 의미를 갖고 있으며, 정통 이슬람 의례의 준수에 더욱 충실하다.[13]

다른 한편으로 키르기스스탄의 이슬람 정체성 역시 씨족, 부족을 매개로 발현된다는 점을 간과해서는 안 된다. 즉 일상 생활 속에서의 이슬람 의례의 실천은 전통적인 부족 의례의 영향을 받아 그것과 융합되어 이루어진다. 그리고 이슬람 신앙생활은 씨족 내에서 씨족에 종속되는 형태로 비공식적으로 제도화되어 있다. 어떤 종교지도자가 마드라사에서 종교교육을 받고 훈련되었다고 하더라도, 그는 무엇보다 먼저 특정 지방의 씨족에 속하는 인물이기 때문에 해당 공동체의 무슬림들로부터 종교적 권위를 인정받아야만 되는 구조이다.[14]

제3장. 키르기즈이슬람을 역사적 관점에서 재조명

중앙아시아 이슬람을 연구 할 때 역사적으로 두 가지 중요한 시기를 간과해서는 안 된다. 첫째 시기는 중앙아시아와 그 주변의 역학관계로 인한 전쟁과 무역을 통해서 중앙아시아로 이슬람의 영역이확대해 들어오는 시기였고, 둘째 시기는 중앙아시아를 확보한 아랍인들이 이슬람을 조직적으로 확산시키는 시기였다.[15] 아랍인들이 이란지역과 전쟁에서

註 13) Joseph F. Fletcher and Boris Sergeyev, "Islam and Intolerance in Central Asia: the Case of Kyrgyzstan," Europe-Asia Studies, 54-2(March 2002), 253~254.

　14) Kathleen Collins, "The Political Role of Clans in Central Asia", Comparative Politics, 35-2(January 2003),181.

　15) H, Abdurasulova , "Islam and Atheism" ,(Tashkent, 1986), 96.

15년의 시간이 필요했다면 중앙아시아지역에서는 100년 이상이 소요되었다는 역사가들의 진술이 역사에서 사실로인정된 만큼, 중앙아시아인들은 이슬람에 대해서 격렬히 저항했지만 역효과였다.

1. 전쟁을 통한 영토 확장 시기

아랍인들은 각각644-704년과705-713년 두 차례 중앙아시아로 원정을 와서 그 기반을 놓았고, 결정적으로 751년 7월의 "탈라스 전투"로 말미암아 중앙아시아에서 패권을 확보할 때부터 중앙아시아는 이슬람의 영향권으로 들어갔다. 당시 움마이야 왕조는 티벳과투르크족들에 대해 화해와 정벌이라는 양날을 적절히 사용하면서, 서 투르케스탄의 현상유지에만 급급했는데 이것은 결국 마왈리(비 아랍계무슬림)의 세력을 강화하게 해주는 결과를 초래하여 왕조가 약화되었다.[16] 당나라도 현종(713-755년)이 즉위하자 정치적인 안정을 바탕으로 이슬람군에 약화된 변방 투르크 국가들에 대한 적극적인 평정을 계속하여 서역 경영의 책임자로 고구려 유민 출신의 고선지 장군을 임명한다.[17] 이후 당나라군과 아랍군은 탈라스에서 만나 5일간의 대 격전을 벌였고 이슬람군의 완전한 승리로 끝났다. 러시아의 역사가 바르톨드(Barthold)는 이 역사적인 날이 중앙아시아의 운명을 바꾸었다고 했다.[18]

註 16) Ibid. 96.
　　17) Ibid. 183-84.
　　18) 탈라스 전투에서 당나라 고선지 장군이 싸웠던 상대는 아랍권의 장군"지야드 이븐 살리흐"와 여기에 가세한 돌궐의 일족 "카를룩(Karluk)"의 군대로 이루어진 연합군이었다(결국 압바스 왕조의 "사라센제국"과의 싸움). 이 연합군에게탈라스 강가 즉 현재 아울리에 아타(Aulie Ata 잠불) 근처에서 패배했다. 이 패배로 인해 중앙아시아는 중국이 아니라 아랍권 쪽으로 방향을 돌리게 된 것이다. 중국은 단 한번의 패배로 중앙아시아 즉 실크로드를 잃은 것이었다. SvatSoucek, "A History of Inner Asia", (Cambridge UniversityPress, 2000), 57-61.

2. 이슬람 확장 이유

a) 무역으로 통한 성장(A.D. 800-1200): 두 개의 무역로는 국제 무역로로서 중세시대에 특별한 중요성을 가지는데, 하나는 북쪽과 남쪽을 연결하는 불가 강을 따라 형성된 무역로로 모피길(Fur Road)이며 또 하나는 서쪽과 동쪽을 연결하는 무역로로 실크로드(Silk Road)이다. 9세기 초에는 모피길을 통해 아랍의 상인들과 사절들이 불가르(Bulgar)왕국에 이슬람을 전파하였고 11세기와 12세기에는 현재의 바쉬끼리아(Bashkiria) 지역으로까지 확대되었다. 비단길을 통한 이슬람의 전파는 아랍과 이란, 투르키즈 산악지방으로 이뤄졌고, 이 시기 말에는 동 투르키스탄까지 이슬람이 전해졌다.

b) 적극적인 포교를 통한 확산 시기: 9-10 세기경 이슬람을 확산시키기 위해 안으로는 강압보다 중앙아시아 토착신앙을 자연적으로 흡수했다. 이는 이슬람을 적극적으로 민간에 확산시키는 역할을 했다.[19] 이와 같은 정책이 주효해서 이슬람 무역상들은 다른 무역상들보다 다수를 점하게 되었다. 이들로 말미암아 아랍 무슬림은 상인이가는 곳마다 이슬람 신앙이 전해지게 되었고 대상무역의 경로를 따라 거의대부분 도시들에는 상인들과 이슬람선교사들을 위한 이슬람 사원이 세워졌다. 이런 노력으로 중앙아시아에서 이슬람이 타교를 누르고 우세해진때는 9-10세기 중반 무렵이었다.[20]

3. 러시아 팽창(A.D. 1550-1900)

15세기 중반에 들어서면서 중앙집권 체제를 확립한 러시아제국은 무

註 19) SvatSoucek, "A History of Inner Asia", (Cambridge UniversityPress, 2000), 57-61.
20) http://www.gms.or.kr 의 미션저널 2000년30호.

슬림화 되어 버린큡착(Kipchak) 지역의 몽골세력을 약화시키기 시작했
다. 러시아가 팽창하는 과정에서 무슬림들을 무참히 핍박했는데, 무서운
이반(Ivan the Terrible)이라고 불리는 러시아 왕 이반 4세의 무자비한
이슬람 핍박은 유명하다. 몽골제국 붕괴 후에몽골제국의튀르크계 장군
들에 의해서 세워진 카잔공국, 아스트라칸(Astrakhan)과 서부 시베리
아의 주요 무슬림 영역들은 17세기 말엽까지 러시아제국에 의해 완전히
합병되거나 정복되었다. 장기화된 러시아의 집권 하에서 많은 무슬림들
이 기독교 정교로 전향하게 되었다. 대표적인 것이 이반 4세로부터 가장
잔인한 핍박을 받았던 카잔공국의 튀르크계 타타르인들이다.[21]

4. 소비에트 통치 시기의 이슬람

1920년대에 이르러 소련에 합병된 후, 이 지역 사람들의 종교도 변화
되었다. 원주민들은 무신론(無神論)과 소비에트 정부 주도하의 세속(世
俗)화 정책에 굴복하였으며, 기독교와 함께 이슬람교도 강한 핍박을 받
게 되었다.[22] 그러나 소비에트 연방으로부터 독립하면서, 중동 국가들
의 도움으로 수 백 개의 이슬람 사원이 증축되고, 이슬람교 지도자 양성
학교들이 건립되었으며, 많은 회교 성직자들이 파견되었다. 공산주의의
몰락으로 초래된 이념 공백을 메우기 위하여 이란과 사우디아라비아를
비롯한 각지의 이슬람교 전도사들이 몰려든 것이다. 특히 이란은 수백명
의 이슬람 학자들을 선교사로 보내고 있는데, 이란은 중앙아시아 지역에
서 이슬람 공화국을 탄생시킬 목적으로 우즈베키스탄, 투르크메니스탄,
아제르바이잔에 이슬람 운동을 적극 지원하고 있다. 터키의 천만불 이상

註 21) 최한우,"중앙아시아학 입문", (서울, 도서출판 펴내기, 1997), 266.
　　22) 김상복(편), "구소련선교핸드북", (서울:도서출판 햇불, 1992), 82.

지원을 받아키르기즈 수도 비슈케크에는 중앙아시아 최대 규모의 보르보르둑(Borborduk 중앙)사원이 완공 단계에 있다. 이들 중앙아시아 공화국의 지도자들은 이란이나 사우디아라비아처럼 급진적이거나 지나치게 정통적인 이슬람교의 부활을 경계하고 있으며, 온건한 이슬람과 시장경제와 결합된 터키에 관심을 집중하고 있다. 시간이 갈수록 반 러시아 감정이 격해지고 있는 중앙아시아지역에는 반기독교 감정도 동반 상승하여 민간에는 이슬람이 갈수록 강화되고 있다.[23]

제4장. 역사적 고찰에 기초한 분석-현대 키르기스스탄 실제

1. 키르기스스탄의 종교현황

현재 키르기스스탄에는 2,245개의 이슬람 및 기독교 종교단체들이 활동하고 있다. 즉, 전통 종교단체, 신흥 종교운동 단체, 종교기관(사원 신학교 기도의 집)등이다. 오스만알리예브 종교위원회 위원장에 따르면 키르기즈 이슬람은 '키르기즈 영적 무슬만' 총회가 최고기관으로 모든 이슬람 기관을 관리하고 있는데 이슬람의 9개 파, 1,705 사원, 9개 신학교(1개 종합대학,8개 인스티투트), 60개 메드레스(이슬람 종교 학교), 49개 펀드, 사우디 아라비아, 터키 등 아랍권 나라로부터 지원받고 있는 NGO, 3개 이슬람 선교단체 등이 소속되어 있다. 이 뿐 아니라 아크라미야, 투르케스탄 이슬람 운동, 히즈브우트타흐리르, 사라피야등무슬림 극단주의 운동 단체들이 은밀히 활동하고 있다.

그리고 키르기즈에는 여러 기독교 관련 종교 단체가 등록되어 있

註 23) 최한우,Op.cit.,259.
24) kyrgyz newspaper, "aki press", (2009.12.4 자료)

다.[24] 러시아정교(46), 여성수도원(1) 천주교(4), 개신교(31), 침례교(49), 루터교(21), 카리즈마틱(43), 오순절파(53), 안식교(31), 장로교(33), 여호와증인(41), 초교파단체(16), 외국기독선교단체(24), 신학교(15) 신흥기독단체(14), 유대교(1) 등이 있다.

2. 키르기즈 종교 상황에 대한 정치지도자 및 주요 종교지도자들의 인식

청년 종교 단체가 더욱 진보적 경향을 보인다. 키르기즈를 가장 걱정스럽게 하는 단체는 종교정당 히지브우트타흐리르(HizbutTahrir)이다. 이 정당은 2003년 10월부터 공식 활동이 금지되었다. 최근엔 추이주, 이쉬쿨주, 심지어 비슈케크 시내에서도 잠입 활동하고 있다고 추정한다. 현재, 키르기즈 국가 안보를 위협하는 극단주의 단체는 살라피야이다. 이러한 살라피야 단체들은 추이주 및 비슈케크에서 활동하고 있다. 최근 몇 년간 키르기즈내 개종이라는 현상이 두드러지게 나타나고 있다. 무슬림이 개신교 신앙을 갖게 되는 것이다. 이러한 현상 앞에 이슬람 종교지도자들은 정부를 압박하고 있다. 종교위원회 위원장 오스만알리예브의 발표에 따르면, 총 개종자중 약 45%가 키르기즈인이다. 개종한 키르기즈인들중 약 70-80%가 30살 미만의 젊은이들이다. 이것이 가족내 화합과 안정을 방해하고 충돌을 가져올 것이라 염려하고 있다. 한편 키르기즈 사회민주당 다미르니야잘리에브 의원은 말하기를 "개종이 나쁠 것이 없다고 생각한다. 왜냐하면 종교 신념을 바꾸는 것은 전적으로 개인의 고유 권리이기 때문이다. 또한 자기 고유의 신앙관과 가치관을 가질 수 있기 때문이다. 개인은 종교 선택의 자유를 가지고 있다. 다만 중요한 것은 다른 종교나 신앙을 방해하거나 무시하지 않는 것이다" 라고 말했다.

제5장. 하나님 나라 완성 관점에서 전망

1. 키르기스스탄 선교 상황

한국 선교사들에 의해 세워졌던 교회들이 처음으로 국가에 등록되었고 조사 결과에 의하면 346곳의 교회가 세워져 있다고 한다.[26] 그러나 비밀모임으로 허가를 받지 못한 가정교회는 이 숫자에 포함이 되어 있지 않는데 200곳 이상의 가정교회 모임이 있을 것으로 본다.[27] 키르기스스탄에서 다른 종족 선교활동은 어느 정도 허용되어 있다. 하지만 키르기즈 종족 선교는 강력히 제한되고 있어 우선 고려인을 대상으로 사역을 시작하였다.[28] 그러나 복음은 고려인으로부터 러시아인에게는 잘 전달되지만, 키르기즈 종족까지는 잘 이르지 못하고 있는 실정이다. 교회개척 분야에서 가장 큰 관건은 선교사가 얼마나 빠른 시일 안에 현지인에게 교회의 지도력을 인계하느냐에 달려 있다. 그런데 한인 선교사들에 의해 세워진 교회들의 공통점은 인계가 점점 더 어려워지는 쪽으로 가고 있다는 것이다. 그 이유는 한인선교사들의 다수가 정착 지향적인 선교사역을 하고 있어서 현지인에게 인계할 책임과 부담을 갖고 있지 않기 때문이라고 본다. 이것은 선교사가 한국적인 소유개념과 개척교회의 성공 지향적인 사역에 몰두되어 있어서 현지 교회의 부흥을 볼 수 있는 안목이 부족하기 때문이다.

註 25) kyrgyznewspaper, "akipress", (2009.11.30 특집기사 자료)
　　26) http://cafe.daum.net/kyrgyz/XEe/2223 (2012.04.12자료)
　　27) 현재 거주하는 사역자 숫자 중 절반 정도가 개척 사역을 한다고 가정하여 산정한 숫자임.
　　28) 1937년 9월21일부터 그 해 말까지 약 172,00명의 소련 극동주에서 강제 이주된 자들을 일컬어 고려인이라고 부른다. 현재 중앙아시아 전 지역에 흩어져 있는데 47만명 정도(2014기준). 키르기즈는 2만 여명 정도이며 선교 초기에는 언어적인(북한식 언어) 소통의 유익과 한민족이라는 의식으로 인해 유대감이 컸다.

2. 키르기스스탄에서의 구체적인 선교전략과 교회개척 전략

1) 문화사역을 통한 가정교회 개척

문화사역은 이지역에서 새로운 전략으로 급부상하고 있다. 키르기즈는 200명 이상의 발기인이 있어야 교회 등록을 허가하는 2008년 신종교법으로 인해 이미 많은 교회들이 어려움에 처해있고, 돌파구를 찾아 가정교회로 대부분 전환하였다. 전략적인 접근이었다고 보기보다는 상황과 필요에 따른 전환이었기에 앞으로 가정교회를 중앙아시아 선교에 깊게 뿌리내리도록 하려면 전략적인 접근과 방안을 강구해야만 할 것이다. 특히 한류의 열풍이 불고 있는 이곳에서 문화사역을 통해 접촉하는 청소년들이 자연스럽게 가정교회로 인도되어 오는 모습들을 보면서 아주 중요한 사역의 모델이 되고 있는 것이라고 본다. 이슬람 문화는 문화적 충돌이 일어날 경우 다른 종교인들을 이슬람에 입교하도록 한다.[29] 이 움마를 헤집고 들어가 한류 문화로 접근하는 것은 효과적인 접근이다.

2)전문인선교

전문인 선교는 긴급하고 중요한 선교 전략으로 인식되고 있다. 이웃인 카자흐스탄에는 새로운 종교법이 발효되어 기존의 모든 종교단체는 50명 이상의 발기인을 통해 모두 재등록을 해야 한다. 비즈니스를 베이스로 하는 전문인사역으로 재편한다면 새로운 가능성을 열 수 있게 될 것이다.

註 29) 공일주, "이슬람과 IS" (서울: 기독교 문서선교회, 2015), 38.

3)캠퍼스사역

한국어와 태권도 한국음악을 가르치는 목적으로 캠퍼스에 들어가 사역하는 한국 사역자 들이 많이 있다. 한국어 전공자들이 아닌 일반인들도 한국어를 배우기 시작하였고, 대학에 진학해 한국어를 전공하려는 젊은 사람이 늘어나게 되었다. 한국어를 배우는 청소년들이 증가하고 있어서 초중고등학교, 외국어 학원에서도 한국어를 가르치고 있다. 올해 6월에 열린 중앙아시아 한국학 교수협의회 통계에 의하면 5000여명이 한국어를 학습 중에 있다.[30]

나가는 말

1991년 한국 선교사들이 키르기스스탄에 처음으로 들어온 이래로 많은 공헌을 하였다. 그러나 종교적인 활동이 제한된 환경에서 오랫동안 생활하다 보니 알게 모르게 사역에 대한 담대함이 위축되었고 모임에서 전해 듣는 '조심하라' 는 말 한마디 조차도 마음을 더욱 불안하게 만들어 버린다. 사탄은 우리로 하여금 불안하도록 만들어서 오늘 할 일을 '내일 해도 된다' 고 미루도록 만든다. 사역이 미루어지다 보니 조바심은 더욱 커지고 불안감과 함께 '내가 이래도 되는가?' 하는 자책감 마저 들면서 스트레스와 질병으로 쓰러지는 사역자가 한둘이 아니다.

사실은 이슬람 사역에 있어서는 쉬운 성공 보다 실패의 경우가 훨씬 더 많다. 즉 선교의 가장 큰 장애는 이슬람 자체보다도 기독교와의 충돌했던 역사 속에 그들이 겪었던고통과 상처와 분노이다. 그러므로 오래

註 30) 2017년6월23-24일비슈케크 인문대학교, 중앙아시아 한국학
　　 세미나에서 발표된 자료집(발표자 백태현교수)

참고 기다려야 한다. 한국 선교사들은 추방당할 위험과 핍박 속에서도 복음의 씨를 뿌렸고, 현지인 지도자들이 하나 둘 세워져서 한걸음씩 스스로 교회를 목양하고 헌신하는 중이다. 아울러 한국 선교사들의 사역 기간이 벌써 30년을 바라보는데 사역의 이양과 위임에 대한 책임감을 가지고 이양에 대한 전략도 필요하다고 본다.

이슬람 선교는 하나님의 능력이 알라보다 사탄보다 훨씬 크다는 사실을 자각하고 절대적으로 믿는 믿음을 통해서 이루어질 수 있다. 예수 그리스도 그 이름의 권세가 이슬람교 현장에서 나타나야 한다. 모든 약한 것과 병든 것이 회복되고 불안과 조바심, 자괴감에서 자유하며 사탄과 귀신이 떠나가는 성령의능력이 영적 전쟁의 현장 가운데 나타나야 한다. 이슬람지역에서 영적으로 답답하고 견고한 듯 보이는 현장일지라도 기도와 사랑과 능력 그리고 전도전략의 힘을 모으면 견고한 이슬람의 진은 깨어지고 회심과 큰 부흥의 역사는 분명히 일어날 것이다.

참고자료

공일주, "이슬람과 IS", 서울: 기독교 문서선교회, 2015.

김상복(편), "구소련선교핸드북", 서울:도서출판 횃불, 1992.

다바타히사오, "중국소수민족입문", 현학사, 2006,

브레진스키, "거대한 체스판" 김명섭 역, 서울: 도서출판 삼인, 2004.

전호진(편), "CIS를 바로알자", 서울: 도서출판 횃불, 1994.

최한우, "중앙아시아학입문", 서울: 도서출판, 1997.

허휘훈, "중국소수민족 종교신앙", 태학사,1997.

Elmira Kuchumkulova, "Kyrgyz Nomadic Customs and the Impact of Re-Islamization after Independence," Ph.D. Dissertation (University of Washington, 2007).

H, Abdurasulova , "Islam and Atheism" , Tashkent, 1986.

Joseph F. Fletcher and Boris Sergeyev, "Islam and Intolerance in Central Asia: the Case of Kyrgyzstan," Europe-Asia Studies, 54-2(March 2002).

Kathleen Collins, "The Political Role of Clans in Central Asia", Comparative Politics,35-2 (January 2003).

kyrgyz newspaper, "aki press", (2009.11.30 특집기사 자료)

Kyrgyz newspaper, "akipress",(2009.12.4 자료)

"Kyrgyz: Religion and Expressive Culture," www.everyculture.com(검색일:2017.3.18)

"Kyrgyzstan —Religion," countrystudies.us/kyrgyzstan/14.htm(검색일:2017.3.18)

http://cafe.daum.net/kyrgyz/XEe/2223 (2012.4.12 자료)

http://www.gms.or.kr 미션저널 2000년 30호

제5부

유럽

15. 유럽 이슬람의 현 상황과 전망

최 하 영[1]

Ⅰ 들어가는 말

최근 시리아의 내전 등으로 유럽으로 많은 난민 및 이주민이 몰려오면서 유럽인들은 위기감을 느끼고 있다. 더구나 2015, 16년의 난민들 대부분이 무슬림이라 곧 유럽이 이슬람화되지 않을까 염려하며 두려워한다. 이에 유럽 이슬람의 현황과 그 문제점, 그리고 그에 따른 유럽 이슬람 사역의 전략적 방향과 그 준비에 대해 논의하고자 한다.

Ⅱ 유럽 이슬람의 현황

1. 이주민 증가로 인한 유럽의 이슬람화

유럽 이슬람화의 시작은 2차대전 이후 유럽의 식민지인 이슬람 국가로부터의 값싼 노동력의 이주이다. 대개 모로코와 소말리아, 이집트로부터 이탈리아와 그리스로 이주해 왔고[2], 모로코와 알제리, 튀니지, 라틴아메리카로부터 스페인과 포르투갈, 프랑스로 이주해 왔고, 인도와 파키스탄, 방글라데시, 자마이카로부터 영국에 이주해 왔고, 터키로부터 연맹국이었던 독일로 이주해 왔다. 그리고 1985년 셍겐조약(Schengen Agreement) 이후 2008년 동유럽의 경제위기로 인한 발칸의 무슬림의

註 1) 한양대(B.E), 총신신대원(M.Div), 웨스터민스터신학대학원(Th.M, Ph.D), 우즈베키스탄(96~10)/우크라이나(11~현) GMS 선교사, 아태아대학원 인준위원(현), 유라시아전략연구소 소장(현), 에이펜 실행위원 및 연구코디(현)
2) Wikipedia, "Immigration to Europe", 2017. 1.
   https://en.wikipedia.org/wiki/Immigration_to_Europe
3) United Nations, 2015 World Population Ageing (New York: UN, 2015), 63.

서유럽으로의 대거 이주가 있었다.[3] 이에 2010년 유럽 무슬림인구는 1,900만 명(5.9%)이고, 2050년에는 10.2%가 될 것으로 내다보고 있다.[4] 2016년 전세계 무슬림은 23%인데, 2050년에는 30%가 될 것으로 예상하고 있다.[5]

유럽의 주요 5개국(전 유럽의 63%)의 이주민 표(필자 종합 작성)[6]

국가	총인구(명)	해외태생 총이주민(명)	총인구대비 총이주민 비율(%)	총인구대비 비유럽출신 비율(%)	2010년도 인구대비 무슬림(명)	2014년도 총이주민 (명)	2014년도 총이주민중 비유럽비율
독일	80,689,000	10,200,400	12.6	7.6	5.0	884,900	42.1
영국	64,716,000	8,411,000	13.0	8.2	4.6	632,000	45.4
프랑스	64,395,000	7,908,700	11.9	8.6	7.5	339,900	38.3
스페인	46,122,000	5,891,200	12.7	8.4	2.3	305,500	53.8
이탈리아	59,798,000	5,805,300	9.5	6.6	2.6	277,600	64.9

2. 유럽의 무슬림의 출산율과 비종교인 증가

퓨 센터(Pew Research Center)에서는 2050년까지 유럽의 무슬림이 10.2%가 되는 조건이 그들의 고향에 살던 지역만큼의 평균출산율 5.0~8.0명을 가정할 때이다. 그러나 실상은 2005~2010년 독일의 무슬

註 4) 참고출처: United Nations, World Population Prospects The 2015 Revision, 40.
     ; EUROSTAT, "Migration and migrant population statistics", 2016.05; Pew Research Center, "THE FUTURE OF THE GLOBAL MUSLIM POPULATION.
   5) 나무위키, "유라비아", 2016.10.17, https://namu.wiki/w/유라비아.
   6) Pew Research Center, "The Future of World Religions: Population Growth Projections, 2010-2050.
   7) Pew Research Center, "THE FUTURE OF THE GLOBAL MUSLIM POPULATION, Region: Europe", 2011.01.27.

림의 출산율은 1.8명이고 이탈리아는 1.9명, 스페인은 1.6명, 프랑스는 2.8명, 영국은 3.0명 등 평균 2.2명이다.[7] 그러므로 유럽의 무슬림의 출산율이 평균 6.5명이 아닌 2.2명으로 할 때 2050년까지 유럽의 무슬림은 7.3%로 세계 무슬림 30%의 증가율에 1/4에 불과하다.[8] 그런데 유럽의 이슬람화보다 더 무서운 세력이 있는데, 그것은 바로 유럽의 비종교인(unaffiliated, atheists or agnostics)의 증가이다. 더가디언(theguardian)에 따르면, 이들 비종교인은 2050년이 되면 유럽인의 23%나 된다고 한다. 위의 유럽의 무슬림 7.3%와 비교해 보라. 독일의 수도 베를린(Berlin)은 현재 60%가 비종교인이라고 한다. 이는 2009년 베를린의 학교가 기독교적인 종교과목을 폐지하였기 때문이다.[9] 그래서 이 베를린은 비종교인의 수도가 되었다.

한편, 유럽의 타 종교인들도 성장하는데, 2050년 유럽의 힌두교는 0.4%(2천 7백만명)이고 불교도 0.4%(2천 5백만명)로 성장될 것이라 한다.[10] 그러므로 2050년 유럽에는 비종교인 23%와 무슬림 7.3%, 힌두교 0.4%, 불교 0.4% 등으로 인해 그나마 명목상 기독교인도 60%도 안될 것이다. 사실, 오늘날 세계화되어 있다고 하지만 대부분 기독교인들은 무슬림과 불교인, 힌두인과 접촉하지 않는다고 한다. 또한 이들 세 종교인 86%도 기독교를 알지 못한다.[11] 그러므로 유럽의 무슬림뿐만 아니라 비종교인과 타종교인에게도 복음의 씨를 뿌려야 할 것이다.

註 8) United Nations, World Population Prospects The 2015 Revision(New York: UN, 2015), 40.
   9) Theguardian, "Where is the world's most 'godless' city?",
      https://www.theguardian.com/cities/2016/dec/07/.
   10) Pew Research Center, "The Future of World Religions: Population Growth Projections, 2010-2050.
   11) Johnson. Todd M. and Kenneth R. Ross , "The Atlas of Global Christianity: Its Findings", 3.
      http://www.edinburgh2010.org/en/resources/papersdocumentsd4bd.pdf

Ⅲ 유럽 이슬람 이슈와 문제점

1. 유럽 이슬람의 게토화

유럽의 무슬림은 그들의 독특한 종교생활로 경제적 문제와 고용과 차별의 문제, 주거의 문제, 자녀의 문제, 가정생활의 문제 등 복합적인 문제를 안고 있다. 이런 문제에 적응 및 해결을 하지 못한 유럽의 무슬림은 결국 동질집단(Homogeneous Unit, HU)[12]으로 모여 살면서 유럽의 기독교 문화와 동떨어진 이슬람문화를 형성하면서 게토화(ghettoize)되고 있다. 2015년 독일 전체인구 8,140만명 중 무슬림은 470만명(5.7%)이다.[13] 그 중 약 300만명의 터키 무슬림들은 독일어를 잘 하지 못해도 생활에 불편함이 없이 디아스포라 터키공동체를 이루고 있다. 이렇게 이슬람의 게토화가 심화된 한 요인은 독일이 이주민을 '일꾼으로 온 손님' (gastarbeiter -guestworker)으로 보기 때문이다.[14] 프랑스도 이주민들 개개인의 종교와 민족, 언어를 용납하지만, 공적으로는 동화정책이다. 특히 마르세유(Marseille)의 인구 30%가 이슬람의 게토화지역이다. 이 지역은 '가지 않는, 거친' (no-go, rough)곳이 되었다.[15] 영국은 인구의 5%인 약 300만명이 무슬림으로, 25개 지역에서 샤리아법에 따라 이슬람식 통치(Islamic Emirates)를 한다.[16] 이렇게 유럽의 무슬림의 게토

註 12) 도날드 맥가브란(Donald A. McGavran), 『교회성장학(Understanding Church Growth)』, 고원용 역(대구: 보문출판사, 1993), 124, 125, 126, 422, 423, 545.

13) The Local De, "How the number of Muslims in Germany is way lower than people think", 2016.12.14, https://www.thelocal.de/20161214/this-is-how-many-muslims-actually-live-in-germany.

14) Andrew F. Walls, "MISSION AND MIGRATION: THE DIASPORA FACTOR IN CHRISTIAN HISTORY", Global Diasporas and Mission, Volume 23, Edited by Chandler H. Im Amos Yong(Oxford: REGNUM, 2014), 34.

15) Akbar Ahmed, "Why Right Now Is a Crucial Time for Islam in Europe", 2015.03.10. http://www.huffingtonpost.com/akbar-ahmed/paris-attack-europe-islam_b_6439418.html

화와 샤리아법 통치 구역 등이 사회의 범죄의 온상을 만든다. 그래서 최근 유럽에서의 테러는 그 나라 그 지역에서 태어난 무슬림 2, 3세인 자생적 이슬람근본주의자들에 의해서 자행되어 왔다.[17] 그러므로 이런 유럽 무슬림의 게토화되어 동질집단으로 모여 있는 지역으로 침투하는 전략을 가져야 한다.

2. 유럽의 이슬람화에 대한 유럽인들의 생각

유럽인은 이슬람화된 생활방식에 대해 마치 석기시대 사는 것, 혹은 정글에서 동물처럼 사는 것과 같다고 한다.[18] 영국인들은 샤리아법을 적용하여 사는 무슬림을 마치 나치와 스페인의 침공쯤으로 여기고 있다. 반대로 영국의 무슬림들은 부르카를 못 착용하게 하는 영국인들을 향하여 인종차별주의자 및 전체주의자(혹은 공산주의자)로 매도한다. 더구나 정부와 언론은 무슬림을 비판할 경우 '차별금지법'에 위배된다고 하면서 오히려 이슬람을 옹호하고 있다.[19] 독일은 2016년 신년을 맞이하여 쾰른(Cologne)지역에서 북아프리카와 중동 출신들에 의한 대규모 강간사건이 있었다. 이런 난민 및 이주민 무슬림의 비무슬림을 향한 빈번한 성폭행으로 이들을 '강간민'(Rapefuge, rape+refuge)이라고도 불러지게 되었다.[20] 이렇게 유럽인들 안에서는 점점 이슬람 공포증 혹은 이슬람 혐

註 17) 김영한, "한국교회는 21세기의 새로운 도전 세력인 이슬람의 정체성을 제대로 알고 준비해야 한다", 『제24회 기독교학술원영성포럼 자료집(PDF)』, 2015.11.6,7; 장훈택, "이슬람의 선교전략; 이슬람의 세계선교 전략과 대응", 『제24회 기독교학술원영성포럼 자료집(PDF)』, 94.
18) Mail Online News, "As Islamic extremists declare Britain's first Sharia law zone…
19) 전경웅, "무슬림 이민자와의 공존은 불가능", 미래한국, 2016.07.20.
20) 나무위키, "2016년 쾰른 집단 성폭행 사건", 2017.01.30, https://namu.wiki/w/2016 %20쾰른%20집단%20성폭행%20사건.
21) Wikipedia, https://ko.wikipedia.org/wiki/이슬람_공포증.

오중, 즉 이슬라모포비아(Islamophobia)가 더 심화되고[21] 반무슬림주의(Anti-Muslimism)가 더 팽배해졌다. 유럽의 무슬림들은 유러비아(Eurabia), 즉 유럽(Europe)과 아라비아(Arabia)의 합성어로 유럽을 이슬람제국을 세울 것이며 그 수도로는 런더니스탄이 될 것이라 한다.[22] 이렇게 유럽인은 '이슬람 쓰나미가 몰려 온다'식으로 두려워한다. 유럽 국가 중 무슬림에 대하여 가장 비호적인 국가 순서로 보면 헝가리(72%)이고 다음이 이탈리아(69%), 폴란드(66%), 그리스(65%), 스페인(50%), 네덜란드(35%), 스웨덴(35%), 프랑스(29%), 독일(29%), 영국(28%) 등이다.[23] 그 동안 난민 및 이민자의 어머니 역할을 했던 메르켈 총리(Merkel)도 2016년 12월 6일에 이슬람에 대해 종교적으로 쓰는 부르카(burqa)에 대해 처음으로 금지법안을 내렸다.[24] 우리는 이런 유럽의 무슬림의 변화를 간파해서 그 틈새로 장기적 전략으로 접근하여 이들을 복음화시켜야 할 것이다.

Ⅳ 유럽 이슬람 사역의 전략적 방향

1. 유럽의 기독교인을 깨우고 교회를 부흥시키자

예수님이 오시기 700년 전 이사야 선지자는 앗수르는 회개치 않는 이스라엘에 대한 하나님의 진노의 회초리(이사야 10장)라고 한 것처럼 유럽의 무슬림도 그렇다. 2016년 신년에 뉴콤베(Dr. Jerry Newcombe)는 "유럽의 유일한 희망은 기독교의 부흥(Europe's Only Hope Is

---

註 22) 나무위키, "유라비아", 2016.10.17, https://namu.wiki/w/유라비아..
  23) Conrad Hackett, "5 facts about the Muslim population in Europe", Pew Research Center, 2016.07.16.
  24) The Washington Post. "Angela Merkel calls for widespread ban on 'full veil' Islamic coverings", 2016.12.06.

Christian Revival)"이라는 칼럼을 썼다.[25] 사실, 1960년대 초에 영국에 이민 온 무슬림들에게 영국인은 복음을 전할 기회를 놓쳤다. 또한 독일은 성경오류설을 받아 들이면서 신학적 기반이 약화 되어 교회부흥을 잃어버렸다. 유럽의 기독교인들은 전도와 부흥의 동력을 잃은 지 오래되었다. 이런 상황에 하나님은 한인교회와 사역자를 사용하신다.

2. 유럽 GMS선교사의 무슬림을 향한 현황

필자는 GMS유럽지역 56명의 선교사 중 9개의 질문을 통해 28명에게 응답을 받았다. 첫째, '내가 사역하는 지역 및 이웃에서 하루에 한 번은 무슬림을 만나는 지요?' 에 78.6%(22명)이 무슬림을 만난다고 하였다. 그리고 이들 무슬림 대상으로 실제로 사역하는 지에 대한 질문에 53.6%(15명)이 사역한다고 하였다. 이렇게 응답자 중 무슬림을 향해 사역하는 곳은 영국(4명)과 독일(3명), 코소보(3명), 그리스(2명), 알바니아(1명), 프랑스(1명), 오스트리아(1명)이다. 둘째, '유럽의 무슬림에 대해 어떻게 대합니까?' (중복 가능)에 대부분 선교사들은 '미래의 성도' (92.6%, 25명), '강도 만난 이웃' (33.3%, 9명)으로 보았다. 따라서 유럽의 '무슬림을 어떻게 전도하면 좋겠습니까?' (중복 가능)에 대해, '친구로 이웃으로 다가 간다' (85.2%, 23명), '예수를 믿는 무슬림을 통해 복음을 전한다' (55.6%, 15명)고 하였다. 따라서 유럽의 무슬림선교에 있어서도 오랜 시간을 두고 전도해야 할 필요가 있음을 알 수 있다. 셋째, '유럽의 이슬람화에 대해서 어떻게 생각하시는지요?' (중복 가능)에 대해, '유럽에 부흥의 역사가 일어난다면 이슬람화되지 못할 것이다' (60.7%,

---

註 26) 최하영, 『실크로드를 따라 유목민에게 나타난 천년의 교회역사』(서울:학술정보, 2007)164~259.

17명)라고 하였다. 따라서 유럽 이슬람화의 최대 방어는 교회의 부흥에 있음을 알 수 있다.

V 나가는 말

하나님은 유럽을 이슬람화 시키지 않는다. 그 이유는 역사가 증명해 준다. 무함마드의 죽음 후 우마야드(Umayyad) 군대는 711년 스페인을 정복하면서 유럽이 이슬람화하기 시작하였다. 그 후 1240년 징기스칸 손자 바투의 키예프 점령과 동시에 킵착칸국을 세워 바투의 동생 베리케 가 이슬람을 받아들이면서 동유럽과 발칸이 이슬람의 영향을 받기 시작 하였다.[26] 그러나 16세기 모스크바 공국은 러시아정교회를 세우면서 이 지역의 이슬람화를 밀어냈다. 1492년 스페인도 이슬람 토호국 그라나다 를 밀어내고 그 자리에 로마카톨릭이 들어서면서 이슬람화를 막았다.[27] 15세기 오스만투르크가 발칸을 점령하면서 오늘날 알바니아와 코소보가 이슬람 국가가 되었다. 그러나 1683년 오스만투르크는 오스트리아 비엔 나(Vienna)에서 패하면서 서유럽의 이슬람화를 하지 못하였다. 영국이 2016년 6월 23일에 유럽연합(EU)에 탈퇴(Brexit)하자 이슬람 터키는 EU에 가입하기가 더 어려운 환경이 되었다.[28] 더구나 미국의 트럼프 대 통령이 취임 일주일 만에 서명한 반이민 행정명령은 7개 이슬람권 국가 국민의 미국 비자발급과 입국을 최소 90일간 금지하는 것이다.[29] 이는 전세계에 있는 무슬림 중 20%에 해당된다.

이와 같이 우리는 영적 싸움 현장이 되어 버린 유럽의 무슬림에게로 선교를 위해 희생적인 헌신과 기도 생활, 전도와 교회 개척과 제자 양육 에 대한 열성적인 유전인자(DNA)를 갖고 있는 한인선교사가 다가가야 한다. 한번도 이슬람국가와 경쟁관계(십자군, 식민지 등)에 있지 않았었으며 친절하며 권위를 존중하며 관계적이고 공동체적인 경향을 갖고 있으며 아시아 문화와 가까운 한인교회와 한인선교사가 이 유럽의 무슬림을 우리의 이웃이요 형제로 다가가자. 무슬림도 하나님의 형상대로 만드셨다(창 1:26~27). 하나님은 아브라함의 아들 이스마엘도 축복하셨다(창 17:20). 이렇게 하나님은 한인 선교사를 유럽으로 보내어 일터에서 다치고, 상처 받고, 차별 받는 무슬림들을 돌보도록 하셨다. 이에 유럽으로 들어 온 무슬림을 제자로 삼아 전세계 무슬림들에게 파송하는 일에 유럽의 한인선교사와 디아스포라 한인교회, 파송교회, 파송단체가 함께 힘을 모으자. 그리고 유럽을 다시 복음으로 회복시킬 구체적인 로드 맵을 만들어 보자.

註 27) Wikipedia, "Islam in Europe", 2017.01.03.
　　　https://en.wikipedia.org/wiki/Islam_in_Europe.
　28) 전경웅, "무슬림 이민자와의 공존은 불가능", 미래한국, 2016.07.20,
　　　http://www.futurekorea.co.kr/news/articleView.html?idxno=31933
　29) 연합뉴스, "트럼프 취임 보름, 우려가 현실로…美우선주의에 지구촌 '발칵, 2017.2.3,
　　　http://www.yonhapnews.co.kr/international/2017/02/01/0619000000AKR201
　　　70201117800009.HTML?template=2087

제6부

아프리카

16. 아프리카 선교 역사에 나타난 이슬람 연구

이 상 석 선교사[1]

서론

1,900년도의 전체 아프리카 인구는 기독교 인구보다 무슬림 인구가 3배나 많았으나 2010년 전체 아프리카 인구에서 기독교 인구가 무슬림 인구를 넘어섰다. 무슬림 인구도 증가하였지만 기독교 인구는 약 110년 선교 사역 동안 5배나 증가한 것이다. 이것은 아프리카에서의 놀라운 복음의 부흥 역사이다. 그럼에도 불구하고 현재 아프리카 인구 분포는 기독교와 무슬림 인구가 비슷한 비율을 보여주고 있다. 지역별 아프리카의 기독교와 이슬람의 분포를 보면 북아프리카 6% 〉94%, 서아프리카 43% 〉57%, 중앙아프리카 90% 〉10%, 동아프리카 76% 〉24%, 남아프리카 98% 〉2% 이다.

1. 아프리카의 이슬람 세력 확장 역사

북아프리카는 유럽보다 먼저 기독교 복음이 전해졌고, 아프리카의 기독교 전파의 첫 역사는 사도행전 8장26-40절에 기록된 바와 같이 에티오피아 내시이다. 당시 메로에(Meroe: 쿠시 왕국의 도시)의 간다게(Candace: 여왕조 이름)왕을 시중들던 국왕의 재무관리를 담당하던 내시관원이었다. 예루살렘에 왔다가 병거를 타고 돌아가는 길에 광야에서 빌립 집사를 만나 복음을 듣고 세례를 받게 된다.이 내시가 에티오피아

註 1) 김미영 선교사와 함께 1995년 GMS 파송, 공항동 대성교회 주 후원, 케냐 선교사, 타이타(Taita) 부족에서 제자훈련과 교회개척 그리고 유치원 사역, 현재 전도중심적 제자훈련에 집중.

아디스아바바 근처에 초대교회를 세웠다고 한다. 330년 에티오피아는 왕(King Ezana the Great of the Kingdom of Axum: 100~940년)을 비롯하여 많은 백성들이 복음을 받아들여 기독교를 국교로 공인한 나라가 되었다고 한다.

A. 북아프리카의 이슬람 전성시대와 십자군 전쟁

이슬람 세력은 635년에 다메섹을 정복하고, 636년에 안디옥을 정복, 638년에 페르시아 제국을 멸망시켰고 애굽은 쉽게 그들의 손아귀에 들어간다. 그리하여 북아프리카는 이슬람의 식민지가 되었다. 이슬람의 선재 공격 목표는 항상 기독교가 번창하는 요충지를 먼저 공격하였다. 이것은 저들의 전략이었다. 온건정책과 탄압정책을 같이 동반하여 자발적 강제적 복종이 되도록 하였고 경제적인 탄압으로 이슬람 관습 안에 들어오게 하였다.

B. 무역과 노예 무역(1,400년)으로 이슬람 세력확장

전쟁을 통한 이슬람 세력의 확장으로 북 아프리카를 손에 넣은 이슬람 세력은 이제 무역을 통하여 이슬람 세력을 확장하는 정책을 서부 아프리카와 사하라 이남 아프리카에 펼치는데 1,400년 동안의 아프리카인 노예 매매 무역이 계속된다. 아랍 상인들은 아프리카 흑인 노예무역을 가장 먼저 시작하였고 개선하여 계속하였고 나중에 이슬람으로 개종한 아프리카 본토 유지들이 지원하였고 도왔다. 이슬람 정복은 제도화되고 체계적이며 종교적으로 명령된 노예제도의 탄생을 가져왔다. 대서양 횡단 노예무역은 많은 기록과 함께 알려져 왔는데 사하라와 홍해와 인도양을 건너는 1,400년 동안의 이슬람 노예 무역에 대하여 침묵하고 있다.

이집트에서 이슬람 파티미드(Fatimid Caliphate)가 권력을 잡았을 때 그들은 수 만 명의 아프리카인 군대 노예들을 살해하였고 완전히 새로운 군대를 만들었다. 이러한 노예들 가운데 일부는 10살에 군대에 징집되었다. 페르시아에서 이집트, 모로코까지 노예군대는 3만 ~25만 명까지 되는 것이 보통이었다. 이슬람 노예무역은 홍해 해변에서 사하라 사막을 넘어서 동아프리카에서 인도양을 건너서 행하여졌다. 사하라를 횡단하는 노예무역은 6개의 주요 노예 루트를 따라 행하여졌다. 우리가 보다 더 정확한 기록을 가지고 있는 19C 에만 120만 명의 노예들이 사하라를 건너 중동으로 갔고, 45만 명은 홍해로 내려왔으며, 44만2천 명이 동아프리카 해변항구 몸바사 포트 지저스(Port Jesus)에서 떠났다

C. 동부 아프리카와 이슬람 세력의 지정학적 특성

동부아프리카와 아라비아 이슬람 세력은 홍해와 아덴만 그리고 인도양을 사이에 두고 오래 전부터 교역을 해 온 관계라서 이슬람 세력이 아프리카에 특히 북부와 동부 아프리카에 이슬람 세력을 확장하는데 지정학적으로 가까워서 그 파급 효과가 빨랐다. 동부 아프리카에 이슬람 세력의 확장은 이민전략이 숨겨져 있다. 아라비아에서의 권력쟁탈의 전쟁이 계속 일어나고 이에 따른 아라비아 난민들이 아프리카로 계속 반복적으로 이주를 하면서 아프리카인들은 이들을 받아줌으로 아랍인들의 이슬람 신앙이 전해졌다

a. 에티오피아로 이슬람 세력의 이주(613- 615년)

동부아프리카에 처음 이슬람 세력들이 들어온 역사적인 사건은 이슬람 창시자 무함마드가 메카에서 핍박을 받고 있을 때(메카의 카바 신전

순례객들의 수입을 얻었던 부족원로들의 탄압), 613년 무함마드는 이슬람교도들 중의 한 그룹에게 아라비아 홍해를 건너 아비시안(Abyssian; the Kingdom of Axum 지금의 에티오피아)으로 이주하도록 명령한다. 그 당시 에티오피아 왕은 그리스도인이었고 그들을 받아들이고 보호해 주었다. 2년 후에는 더 많은 사람들이 에티오피아로 이주를 하였다. 에 디오피아 악숨 왕국은 콥틱 정교회를 고수했고 이슬람 종교를 받아들이지 않았다. 자그웨 왕국 때도 이슬람 종교를 받아들이지 않았다. 14C 이후 암하라 왕국 때 이슬람 종교를 받아들였다.

b. 소말리아와 동 아프리카 해안으로 이주(622~771년)

동아프리카에 이주를 통하여 이슬람 세력을 확장시킨 곳은 지정학적으로 가까운 곳에 위치한 소말리아 동아프리카 해안지역이다. 무함마드가 메디나로 이주 하던 해(622년) 부터 시작하여 무함마드 사후에도 권력 다툼으로 인한 이슬람 피난민들의 149년 동안 주기적인 이주가 전개되었다.

750년에 아바시드(Abbasid) 혁명은 이슬람 세계의 권력 구조를 뒤집어 놓았다. 승리한 Abbasids는 Omayyads를 복수하자 도망을 치는데 왕자 중 한 사람 압둘 라하만 (Abdul Rahman I)은 스페인으로 탈출하여 Omayyad Emirate(751년)를 설립한다. 다른 Omayyads는 남쪽으로 동 아프리카 인도양 바다 노선을 따라 도망하여 소말리아와 케냐의 해안을 따라 내륙으로 이주한다.

c. 탄자니아와 동 아프리카 해안으로 이주(10C)

이슬람 세계의 정치 구도는 시아파와 수니파(Shia-Sunni)의 분열에서 유래된다. 바티다의 Abbasids(이라크 바그다드)의 권위에 도전하는 파티미츠(Fatimids ; Shia 파의 한 그룹)는 이집트와 헤자즈(Hejaz)를 지나 북 아프리카 사막으로 진군한. 10C 이슬람 세력은 파키스탄까지 동쪽으로 확장한다. 파티마 (Fatimids) 시아파에서 갈라져 나온 극단주의자 그룹 중 하나 인 카라마티안스(Karamatians)는 예멘에서 일어났다. 이들은 북쪽으로 이동하여 그들은 930 년에 메카의 도시를 되찾고 카바(Ka'aba)에서 검은 돌('Hijr e Aswad')을 빼내어 바스라와 바레인으로 옮겼다가 952년 Abbasids에 의해 메카로 돌아온다. 예멘과 헤자즈 사람들(Yemen and the Hejaz)이 핍박을 인하여 흩어지는데 동아프리카 인도양 해안을 따라서 이주했고 먼 남쪽 탄자니아 파테 섬((Pate Island)까지 이주하였다

2. 서구의 아프리카 선교와 이슬람 세력과의 충돌

A. 서부 아프리카의 포르투갈의 진출과 카톨릭 선교

중세시대 포르투갈은 항해기술을 연구하여 15C 중엽 서부 아프리카를 탐험한다. 포르투갈은 세네갈에서 후추, 코트디부아르에서 상아, 가나에서 황금을 사고 세숫대야, 팔찌, 술, 직물을 아프리카 사람들과 교환하였다. 포르투갈은 노예 해안 베넹과 나이지리아에서 노예를 사서 황금 해안 가나 사람들에게 주고 황금과 바꾸는 무역을 하였다. 그 당시 인간 노예는 중간 상품으로 취급하였다. 포르투갈은 인간 노예를 콩고와 앙골라에까지 가서 노예를 사서 가나의 황금과 바꾸었다. 포르투갈 사람들은 가나 제국에서 더 이상 황금이 나지 않자 아프리카 노예를 유럽에 팔기

시작하였고 포르투갈은 노예를 농경 인력으로 사용하였다.

B. 포르투갈의 쇠퇴와 이슬람 오만 왕국의 동아프리카 해안 재점령

사이프 술탄이 죽고 아들 중 한 명 마지드(Majid Ibn Sa'id)은 동아프리카 해안을 계승했으며 투와이니(Thuwaini Ibn Sa'id)는 무스캇(Muscat)과 오만(Oman)을 지켰다

마지드는 새로운 도시 탄자니아의 다레살람을 그의 왕국의 수도로 설립했다. 교묘한 외교를 통해 그는 영국과 유럽의 다른 많은 국가들과 함께 아시아의 많은 지역을 지배한다. 그의 통치 기간 동안 이슬람교는 동아프리카에서 큰 영향력 나타낸다.

C. 서구 선교사들의 동남아프리카 식민지 선교와 노예해방 인권 운동

18C에 서구 선교사들이 서부 아프리카에 먼저 활동하기 시작하였다. 영국과 유럽 그리고 미국에서 온 서구 선교사들이 서부 아프리카에 복음을 전하였다. 영국에서는 침례교선교회 (1772년), 런던선교회(1795년), 아프리카와 동방선교회(1799년), 성서공회(1809년)등의 선교회가 설립되었다. 1795년 영국이 이 지역을 점령한 후에는 런던 선교회에서 집중적으로 선교사를 보냈는데, 모팻(R. Moffat), 리빙스턴(D. Livingston, 1813-1873년) 선교사로 시작하여 선교사들이 아프리카로 파송이 계속된다.

D. 유럽 국가들의 아프리카 식민지배와 항거

아프리카는 식민지 쟁탈전의 터였다. 강대국들의 강제 통치로 부족어와 경제 공용어와 아랍어를 사용하던 아프리카 사람들은 영국 그리고 프

랑스와 이탈리아 독일 그리고 포르투갈과 스페인 벨기에 등의 식민 통치를 받으면서 공용어를 배우게 된다. 식민통치를 받지 않은 나라는 동부 아프리카 에티오피아(아비시니아)와 서부아프리카 라이베리아 이다.

E. 동부 아프리카 이슬람 세력 확장을 위한 지원과 연합

오일 달러의 강세로 중동 아프리카 국가가 부자 나라가 되고 전 세계 이슬람 연합전선을 폈다. 걸프(gulf) 지역의 석유 부자 나라들로부터의 동아프리카 여러 나라의 이슬람 확장을 위하여 여러 학교와 병원설립 지원을 통하여 차세대 이슬람 확장의 발판을 놓았다. 차세대 이슬람 세력들이 정부 관료 요직에 들어가도록 후원하고 동아프리카 해안지역에서 Hajj순례에 참가를 도와주고 있다. 또한 이슬람 세력의 사회적 소외를 막기 위해 이슬람 개인 법률(샤리아)은 대부분의 동아프리카 국가에서 적용하려고 힘쓰고 있다.

아프리카 각국에는 수많은 이슬람 단체가 연합하고 있다. 현재 아프리카 55개국 중 이슬람협의회기구(Organisation of Islamic Cooperation: OIC)에 가입된(2017.5.16.기준) 나라는 27개국(생략)이다. 아프리카에 있는 이슬람 세력들은 국가와 부족의 경계를 뛰어넘어 서로 협력하며 포교하며 테러와 경제적인 물자까지 공유하며 세력을 확장하고 있다.

3 아프리카 선교 상황

아프리카에 활동하고 있는 외국인 선교사들의 숫자는 약 12,660명

(한국 선교사 포함)이고 아프리카 현지 선교사들은 17,000명이 활동하고 있다. 특히 나이지리아에서는 선교단체에 소속된 2,900명의 현지 선교사들이 국내외에서 활동하고 있다. 동남아 선교의 붐과 공산국가 선교의 붐으로 아프리카 선교는 지금 선교사 부족 현상을 거듭하고 있다. 특히 아랍과 프랑스어를 사용하는 아프리카 이슬람 국가들과 서부 아프리카에 선교사 부족 현상이 심각하다. 오랜 내전으로 인한 중앙 아프리카와 이슬람과 기독교의 마지노선인 사하라 라인 내륙에도 선교사들이 너무 부족하다. 6천 만 명의 신실한 기독교인을 제외하고 우리가 선교해야 할 대상은 이슬람 2억 9천 5백만 명과 토속종교인 64만 명과 힌두교 64만 명이 있다. 아프리카의 미전도 종족은 55개 국가 가운데 1,215 종족으로 나타나 있다(1994년). 아프리카에 복음을 전해야 할 곳은 사막화 되었거나 사막화 현상이 진행 되는 곳 즉 이슬람 사회 중심의 국가들과 부족들이다. 아프리카 지도를 놓고 보면 하얀 사막지역으로 나타난다.

북아프리카와 유럽 그리고 아시아로 들어간 이슬람 세력은 강력한 무력으로 세계를 점령하려는 방법을 많이 사용하였다. 물론 북아프리카와 서아프리카에서도 포교와 무역을 통해 이슬람 세력을 확장하였지만 결국에 가서는 무력과 노예무역과 전쟁으로 굴복시켰다. 그런데 동아프리카로 온 이슬람 세력은 무력으로 하지 않고 포교와 교육과 무역과 문화 형성으로 이슬람 세력을 확장시키려고 노력했다. 물론 동아프리카에서도 이슬람 세력은 무역과 노예 매매 등 무력 통치 방법을 사용하였지만 다른 지역과 비교할 때 온건전략을 사용하였다. 사실 이슬람의 온건전략이 무력전략보다 더 강력하다. 우리는 온건전략에 맞서 영적 전쟁에 승리해야 할 것이다. 최근 이슬람 세력들이 온건전략을 사용하지 않고 과격한 무력 전략을 최근 아프리카와 유럽에 강력하게 사용하고 있는 이유가 있다. (생략) 이렇게 빈번한 테러 이유는 이슬람 세력을 무력으로 과시하고 샤리아 법을 국가에 적용하여 모슬렘 국가로 만들려는 단계적인 투쟁 전략인 것이다. 그러나 이러한 테러 전략은 이슬람 안에서 반성의 목소리와 함께 잔악한 이슬람 세력에서 기독교로 개종하는 계기가 되기도 한다.

4. 결론

이슬람의 진을 파하는 복음적 선교방법은 무엇인가? 예수님의 방법으로 가서 제자 삼는 방법이다. 제자훈련은 예배당에서만 하는 것이 아니라 삶 가운데서 전도 현장에서 나타나야 한다.

일등을 하고 열심히 뛰어도 규칙대로 경주하지 아니하면 면류관을 받을 수 없다. 복음을 주님의 뜻과 주님의 방법과 명령을 따라 성령의 다스림을 받아 9가지 성령의 열매를 맺으면서 선교를 계속해야 한다. 이슬람 세력의 무자비한 비인간적 확장 방식이 아니라 서구식으로 군림하는 물질적 식민지 선교가 아니라 겸손하고 섬기는 자세로 예수가 그리스도라는 것을 사랑으로 전하여야 할 것이다.

일부다처제도에 의한 폭발적인 무슬림인구 증가에 대하여 우리는 하나님의 창조명령에 순종하여 건강한 일부일처제도 가정과 하나님의 창조명령에 순응한 생육하고, 번성하고, 충만하고, 다스리는 창조문화 명령에 순종하여 생물학적 기독교 인구의 심각한 감소현상을 막아야 한다.

참고 도서

1) 강병도, 호크마 종합주석 5 사도행전, (서울: 기독지혜사, 1992), p.196.

2) 류창경 역, (Lester Sumrall), Where was God When Pagan Religious Began?(이방종교에 대한 기독교적 접근), (1991)

3) 신서균 역, (J. Herbert Kane), A Concise History of the Christian World Mission(세계선교역사), (기독교문서선교회, 1993).

3) 유부웅, 기독교는 아프리카를 구원하고 있는가?, (서울: 아세아선교회/미션월드, 1992),

4) 이현모 역, (Tetsunao Yamamori), Penetrating Missions' Final Frontier(미전도종족 이렇게 접근하라), (죠이선교회, 1994).

5) 조남민 역, (James G. McCarthy), The Gospel According to Rome(가톨릭에도 복음이 있는가?), (한인성경선교회, 2006).

6) Caleb Chul-Soo Kim, Islam among the Swahil in East Africa, 2004.

7) Laurenti Magesa, African Religion ? The Moral Traditions of Abundant life, 1997.

8) Quran English Translation of meaning and Commentary

9) Samuel P. Schlorff, Disciple in Islamic Society, North Africa Mission, 1981.

선교 논문
1) 강승삼, 아프리카 선교현황과 선교전략, (검색일: 2016.6.14)
2) 임종표, "지금도" 선교지에 교회 개척이 필요한가?, 2015

제7부

동남 아시아

17. 동남아 이슬람 사역에 대한 상황화 이해
(자와 이슬람의 1800년대 상황화 사역을 중심으로)

최종국 선교사[1]

들어가는 말

1800년대 자와 이슬람을 중심하여 일어났던 상황화 사역을 살펴봄으로 전방개척 선교와 내부자 운동에 대한 역사적 이해를 돕고자 한다.

1. 이슬람과 기독교 전파에 대한 이해

동남아 지역의 상황화적 접근의 선교에 대하여 이해하기 위해서는 영국과 네덜란드의 정치적 관계가 요동치던 1800-1824년의 약 25년 기간을 통하여 살펴볼 필요가 있다. 이 시기에는 후에 싱가폴 건국의 아버지가 된 라플스가 자와 지역의 총독으로 있으면서 추진하였던 자와 부족의 문화와 관습에 있어서 주종관계 변화에 대한 도전 및 사회제도의 개혁 시도 등 많은 영향을 미치게 된 요인이 되었다. 또한 이 시기는 요한 웨슬레로부터 시작된 영국의 부흥운동과 북미주를 중심한 부흥운동과 더불어 나폴레옹으로부터 시작된 유럽의 격변기에 놓여 있었던 시대로 정치와 종교의 격변이 온 세계를 흔들던 시대라고 볼 수 있다.

1799년 12월 31일 네덜란드 (Belanda, Dutch)에 의해서 VOC에 의한 지역통치가 종료되고 각 지역의 자치적 통치체계를 갖추며 네덜란드의 총독(Letnan-Gubnur Jenderal)에 의해 다스려지는 Nederlandsch-

---

註 1) 총신 신대원과 선교대학원 및 리폼드 신학교(D.Min in ICS)를 졸업하였다. 1993년 GMS 인도네시아 선교사로 파송을 받아 현재 말레이시아에서 신학교 사역과 한인사역을 섬기고 있다.

Indie (Hindia-Belanda)의 시대가 되었다. 이 네덜란드 정부는 1811년 영국에 의해 밀려나게 되지만 1816년 나폴레옹 전쟁이 끝나자 런던조약에 따라 다시금 회복하게 된다. 이전에는 VOC 체제 아래서 로마 카톨릭 중심으로 진행되던 기독교 선교 이었기에 기독교와 이슬람의 상호 존중의 구조를 유지하려는 정책으로 진행이 되어 왔다면 이제 Hindia-Belanda의 시대가 열리면서 네덜란드 교회의 칼빈주의 개혁교회 선교가 이루어지게 됨과 동시에 영국 교회의 선교가 시작되면서 선교의 부흥기를 열어가게 되었다.

이 기간의 정치적 변화는 1814년과 1824년 영국에서 조인된 조약들을 통하여 네덜란드와 영국 그리고 프랑스 혁명 이후의 격동의 시기를 보여주고 있다.

자와 이슬람을 향한 기독교 선교의 한 전략에는 특정 마을과 가족을 집단화 하여 개종을 추구하려는 시도가 18세기에 시도되었고, 오늘날 전방개척 선교와 내부자 운동을 이해하는 역사적 단초를 제공하고 있다.

2. 자와 이슬람에 대한 기독교 선교(1800년대)

A. 자와 부족의 끄자웬(Kejawen)에 대한 이해

자와인들의 신앙과 풍습 속에는 이슬람의 가르침과 힌두, 불교적 정령신앙이 함께 그들의 삶에 포용되어 수피즘과 전통문화를 중시하는 무슬림 사회를 만든 것이다. 때문에 이슬람 선교 초기의 전략은 전통적으로 지켜오던 생활관습은 그대로 유지하면서 알라에 대한 믿음과 무함마드의 가르침을 적용하고자 하는 방식으로 진행이 되었다. 그러한 이슬람 상인들의 선교 방법과 더불어 초기 수피 이슬람의 역할이 만들어 낸 것이 끄자웬, 또는 아방안(Abangan)으로 불리는 자와 이슬람인 것이다.

자와 민속이슬람 신앙의 기초에는 이슬람과 기독교 신앙에 대하여 상황화 신학이 가능하게 한 몇 가지 중요한 요소를 갖고 있다.

a. Kebatinan(끄바티난), 내면세계에 대한 추구이다.

이는 자와인의 수피즘적 내면세계에 대한 이해로써 Al Ghazali 교수는 "수피즘과 힌두교의 신비주의에 바탕을 둔 본질적 자아실현을 추구하는 것"으로써 신과의 합일을 추구하는 내면의 소리에 귀를 기울이는 것이라고 하였다.[2]

b. Ratu Adil(라뚜 아딜), 메시아 기대 사상이다.

'정의의 왕'(Ratu Adil)으로 표현되는 이슬람의 '마흐디'(메시아)에 대한 기대 사상으로써 불교, 이슬람 사상이 혼합되어 종말에 자와 민족을 구원할 메시아가 출현하여 정의의 사회를 구현할 것이라는 믿음이다.

c. Kenduri(끈두리), 샤머니즘적 마을 공동체이다.

내면세계를 중시하는 이들은 또한 외적인 생활의 관습과 전통을 소중하게 여긴다. 일상 생활과 연결하여 초자연적 세계를 추구하는 때문에 지역적으로 신성한 지역을 찾아 나서며, 일상의 삶에 무당(Dukun)의 주술과 부적 등이 연결되어 있다. 출생과 종교적 의식 등 마을 공동체의 각종 제의적 의식(Kenduri)은 두꾼(Dukun)이나 이맘(Imam) 등 종교적

註 2) Hamka, *Perkembabgan Kebatinan di Indonesia*, Jakarta, Bulan Bintang, 1971, p.83

지도자의 집례를 따라 온 마을의 사람들이 참여하게 된다.

B. 자와 지역의 빠울루스 또는 사드락 운동을 통해서 본 선교적 이슈

자와 부족 사회와 19세기 이슬람 선교를 이해하기 위한 전환점 (turning-points)이 된 중요한 사건이 '자와 전쟁 (Perang Jawa. 1825-1830)' 이다.[3]

이전에는 이슬람이나 기독교 정체성을 가진 그룹들이 상호 관용을 중심으로 공존을 유지하고자 하는 가운데 있었으나 자와 전쟁에서 패배하게 된 이슬람 공동체는 정체성에 대한 혼란스러운 시기를 맞이하게 되면서 활발하게 전개되는 기독교 선교의 물결을 맞이하게 된 것이다.[4]

자와 전쟁이 끼친 또 다른 중요한 영향은 동남아 지역에서 이슬람에 대한 이해의 시각을 바꾸는 계기가 되었다는 점이다. 네덜란드 식민정부에 반기를 들고 일어난 이슬람의 잔학성을 경험한 동남아 지역은 이슬람 신앙이 갖는 폭력적인 실상을 경험하게 된 것이다.

이는 1856년 9월 5일에 네덜란드 성서공회(Lembaga Alkitab Belanda, LAB)가 네덜란드 식민정부의 총독(Gubernur Jenderal)에게 수마트라 북부의 바탁부족 선교부(Batakmission in RMG: Rheinische Missions-Gesellschaft)의 건의문(Harapan) 7번의 내용에 다음과 같이 포함되어 있다.

"이슬람은 이미 그 본성을 드러냈다. 그 예로써 온화한 성품으로 잘

註 3) M. C. Ricklefs, *Polarising Javanese Society*, NUS, Singapore, 2007. p.12
   4) Philip van Akkeren, *Dewi Sri dan Kristus ? Sebuah Kajian tentang Gereja Pribumi di Jawa Timur*, Jakarta, BPK Gunung Mulia, 1995. p.56-7.

알려진 자와 부족이 자와 전쟁(Perang Diponegoro)에서 보여준 변화이다. 수마트라의 역사나 다른 모든 지역과는 달리 정부에 반기를 들고 일어서서 수많은 인명과 재산을 파괴한 잔학성을 드러낸 것이다."5)

C. 비 자와인의 전방개척 사역

1815년에 이르기까지 인도네시아 지역의 기독교는 바타비아 통치와 관련된 유럽인 또는 말루꾸 제도 등에 자리 잡은 기독교 지역의 사역에 치중하고 있었으며 자와 지역에 있는 자와 부족이나 순다 부족 등 이슬람 부족을 향한 선교는 이루어지지 않고 있었다.

인도네시아 개신교단 (GPI)과 유럽의 식민정부가 이슬람을 향한 선교를 금기시 하고 있는 상황에서 개인적으로 복음을 증거 하는 움직임이 일어나게 되었으며 그러한 이슬람 선교를 향한 흐름에 있어서 수라바야 지역에서 사역을 한 시계 수리공이었으나 사역자로 헌신한 Emde 를 비롯하여, 1830년대 Ngoro 지역의 Coolen, 1850년대 자와 동부지역에서 사역을 한 Anthing 등의 활동을 통하여 이슬람 사역에 헌신한 현지 사역자들이 사역을 시작하여 1840년대에 Paulus Tosari, 1853년 Tunggul Wulung, 1855년 Sadrach 등 자와 이슬람을 향한 이들의 사역이 열매를 맺었다.

처음 전방개척 선교와 내부자 운동의 특성을 갖고 사역을 시작한 Coolen은 네덜란드인 아버지와 자와인 어머니 사이에서 태어났다. 어머니는 자와의 전통을 따라 성장한 때문에 자와의 음악과 춤, 인형극

註 5) Jan S. Aritonang, *Sejarah Perjumpaan Kristen dan Islam di Indonesia*, Jakarta, BPK Gunung Mulia, 2010, p.110-1.

(wayang)에 재능을 갖고 있었다. Coolen 은 수라바야에서 약 60Km 떨어진 정글에 Ngoro 마을을 개척하고 사람들을 받아들여 가난한 사람들이 정착을 하여 살 수 있도록 도와주었다. 그는 이슬람 사원을 짓는 것도 허용하는 등 개방된 자세로 주민들을 받아들여 자와 전통의 종교의식을 따르는 동시에 기독교적 가르침을 주었다. 주일이면 자기 집에서 모여 자와 전통 음악인 가믈란에 맞춘 시의 형태로 기도하고 성경을 읽고 나면 하루 종일 gamelan 음악과 인형극을 즐기면서 주기도문을 비롯하여 간단한 성경구절들을 반복하여 암송하는 일을 하였다.

  Coolen의 방식이 자와 전통적 삶과 조화를 이룬 접근인 반면에 Emde의 방식은 유럽 기독교적 삶의 모습을 추구하였다. 세례를 받게 하고, 머리를 짧게 잘랐으며, 치마 같은 싸롱이 아닌 바지를 입게 하는 등 자와 전통과 구별이 되게 하였다.

  네덜란드 식민정부의 NZG 선교부는 정부의 허가를 받아 1817년에 자와에 처음으로 사역자인 Jellesma를 파송하였다. 그는 자와에 이미 세워져 있는 자와 전통의 기독교의 모습을 접하게 되었고, 자와 기독교는 원주민 개종자들 스스로에 의해 성장해 가야 할 필요성을 느끼고 당시 다른 모습을 갖고 있던 Emde 와 Coolen의 중간적 입장에서 중재를 시도하였으며 수천의 개종자들에게 세례를 베풀었다.[6]

  1870년에 이르기까지 네덜란드 식민정부는 바타비아 주변의 순다 부족 또는 Banten 지역 등 강한 이슬람 지역에 대한 복음 전파를 허용하지 않았다. 1873년 F. L. Anthing 이 처음으로 허락을 받아 집중 교육 방식

註 6) Van den End, *Ragi Carita* 1, p.199-205.

으로 바타비아 주변 지역에 대한 복음 전도의 기회를 갖게 되었다. Anthing은 이들 강한 이슬람 지역에서 유럽인이나 같은 부족 및 관습을 갖지 않은 사람에 의한 복음전도가 어렵다는 사실을 경험하게 되면서 같은 부족의 그리스도인에 의하여 복음이 전해져야 한다는 것을 깨닫는다. 그래서 1877년까지 약 30여명의 가능성이 있는 젊은 청년들을 대상으로 사역자 훈련과정을 통하여 읽고 쓰기 및 계산법, 전도법 등을 포함하여 성경학교 과정을 실시하였다.

Johannes Emde, C.L. Coolen, Ny. Philips-Stevens, Ny. Van Oostrom-Philips, Mr. F.L. Anthing 등을 통하여 많은 자와 부족의 사람들이 복음을 듣게 되었다. 이들은 내면적 가치(kebatinan)와 전통(adat)을 중시하는 구도자들의 추구에 적절하게 복음에 대한 이해를 돕는 단기 집중의 과정을 통하여 이슬람 환경의 삶에서 분리된 기회들을 추구하였다.[7] 이렇게 세워진 지도자가 Ibrahim Tunggul Wulung 그리고 Kiai Sadrach 등이며, 이러한 방식으로 바타비아 주변의 Tanah Tinggi(Tangerang), Ciater, Cikuyu(Banten) 등 여러 지역에 확산이 되었다.[8]

D. 자와인에 의한 내부자 운동

자와 전쟁의 패배는 자와 이슬람 사회에 큰 충격이 되었고, 1843년부터 6년간에 걸친 자와 지역의 대기근은 1849-50년 스마랑 지역에서만 약 80.000명이 굶어 죽을 정도였으며[9], 궁핍한 생활을 벗어나 보려고

註 7) Van den End, *Ragi Carita* 1, p.198.
8) Jan S. Aritonang, *Sejarah Perjumpaan Kristen dan Islam di Indonesia*, Jakarta, BPK Gunung Mulia, 2010, p.91-2.
9) M. C. Ricklefs, 2007. p.22.

고향을 떠나 새로운 마을을 찾아가려는 사람들이 많아지는 등 어려운 상황에서 자연스럽게 종말의 정의의 왕(Ratu Adil)으로써 구세주에 대한 신앙이 퍼져가게 되었다.[10] 실의에 빠진 농민들은 신통력을 가진 종교 지도자(Kiyai)들을 찾게 되었고, 자와 부족 출신의 전방개척 방식의 사역자들은 신비주의적 혼합주의 방식을 통하여 복음 사역에 헌신한 Ibrahim Tunggul Wulung, Paulus Tosari, Kyai Sadrach 등이며, 오늘날까지 이들의 사역 접근 방법이 활용이 되고 있다. 이들은 단기 집중의 복음에 대한 캠프와 같은 프로그램을 활용하였으며, 필요한 경우에는 마을의 모든 사람들을 포함하는 진행이나, 아니면 분리된 마을을 새롭게 시작하는 방안을 사용하였다. 무슬림에 대한 이해와 그들의 공동체성에 적절한 대응을 통하여 복음의 핵심을 전달하는 것에 집중하고자 했다.[11]

a. Ibrahim Tunggul Wulung

자와의 Jepara 근교의 Juwana 마을에서 무슬림으로 태어난 그의 본명은 Ngabdullah이다. 1840년 경 생활고에 지쳐서 새로운 마을을 찾아 고향을 등지게 되면서 이름을 바꾸고 Kediri에 정착하게 되었다. 구도자의 삶을 추구하던 그는 NZG 사역자들인 Coolen, Emde 그리고 Jellesma를 만나면서 복음을 접하게 된 이후로 전도자의 삶을 살았다.

당시 NZG 선교회에 자와 지부가 그에 관해 다음과 같이 보고했다.

"그의 나이가 60이 넘었음에도 그의 부족을 향한 복음 전도의 열망과 의욕은 넘쳐흐르고 있다. 그는 도시와 도시, 그리고 마을과 마을들을 맨발로 걸어 다니며 복음을 전하는데, 누구에게서도 조금의 돈이나 도움을

註 10) 양승윤, 동남아의 이슬람, 외국어대 출판부, 2007. p. 165.
　　11) Jan S. Aritonang, *Sejarah Perjumpaan Kristen dan Islam di Indonesia*, Jakarta, BPK Gunung Mulia, 2010, p.85-86.
　　12) Hoekema, p.66.

받지 않는다."12)

그의 사역에 감명을 받은 Jellesma 는 1857년 7월 6일 Wulung과 그의 아내에게 세례를 주고 세례명으로 Ibrahim을 주었다. 그 후 그는 고향으로 돌아와 Bondo(Banyutowo) 마을을 개간하고, 이어서 Tagalombo 마을을 개간 하고 마을의 개척자요 촌장이면서 복음을 전하는 설교자가 되었다. 그러나 그의 복음의 내용 (Ratu Adil Isa Rohallah, 정의의 왕이신 하나님의 영 이싸(예수))는 이슬람의 형식과 구약성경의 내용을 바탕으로 하고 있으나 한 마디로 평가한다면 "단지 무함마드를 예수로 바꾼 것" 이라고 할 수 있었으며 "자와 이슬람에 적절하게 가르치는 그의 열정은 매우 얕은 기독교적 이해로 인해 흡사 'Hindu-Buddha'가 혼합된 가르침 같았다"고 Poensen이 평가 하였다.13)

단편적 복음이해와 혼합 종교적 이해에 기초한 그의 신비주의적 성경이해와 적용은 자신을 교주화 하는 위험에 빠져서 흡사 유능한 주술사 (dukun)와 같이 비춰졌고, 기독교적 기도의 방식은 마치 마술을 행하는 것처럼 실행이 되었으며, 수많은 사람들이 그의 가르침을 따랐다. 그의 사역 추종자 그룹인 'Jemaat-Jowo'는 네덜란드 선교부의 'Kristen-Londo' 그룹이나 다른 어떤 기독교 그룹보다 큰 세력을 형성하였으나, Wulung 자신이 유럽의 선교사들이나 선교부, 다른 사역자들 누구에게도 순종하지 못하는 결과를 낳았다.

그의 부족한 복음에 대한 이해로 인해 이슬람과 기독교를 동일시하게 되었고, 그의 추종자들에게는 무함마드에 대한 어떤 부정적인 견해를 금지하였다. 그는 '무함마드 역시 복음서에서 존경받았으며, 기독교에서

註 13) Guillot p.45.

말하는 정의의 왕, 자와의 구세주(Messiah Jawa)'라는 개념을 통하여 자와 민족을 구원할 종말의 메시아라고 가르쳤기에 자와 전쟁에서 패배한 이후 실의에 빠져 있던 많은 자와 무슬림들의 존경을 받았다.[14]

Guillot은 그에 대하여 다음과 같이 평가하였다.

"Ibrahim Wulung이나 Coolen은 배움이 부족한 '현장 사역자' (orang lapangan)들이었다. 그와는 달리 Paulus Tosari나 Kyai Sadrach은 지적인 측면에서 더욱 준비된 사역자들이었다."[15]

b. Kiai Sadrach

자와 전쟁에서 패배하고 Ibrahim Wulung의 자와 이슬람의 신비주의적 종말사상이 점차 퍼져가고 있을 1835년 Jepara 근교에서 Sadrach (본명. Radin)이 자와 전통을 따르는 이슬람 마을(Islam abangan 또는 Islam Kejawen)에서 태어났다.

경건한 신앙과 진리를 추구하며 이슬람 종교학교(pesantren)들을 찾아다니며 구도자의 길을 걷던 중 Abas 종교학교의 이름을 갖게 되고 Pak Kurmen alias Sis Kanoman을 만나게 된다. Kurman 은 Ibrahim Tunggul Wulung과의 논쟁에서 패한 경험이 있던 사람인데 그가 Ibrahim Wulung에게 Radin을 제자로 삼도록 소개를 시켜 주었다.

1861년 이후 전도자의 삶을 살던 Radin Abas는 스승 Wulung 의 제안을 따라 바타비아에서 F.L. Anthing을 만나서 Indische Kerk의 목사

註 14) Jan S. *Aritonang*, 2010, p.94-96.
　15) Guillot p.45. Jan S. *Aritonang*, 2010에서 재인용.

로부터 세례를 받고 세례명으로 Sadrach을 받게 되었다. 세례를 받은 후 자와 동부로 돌아와 여러 지역에 다니며 복음을 전하던 중 1870년 Karangjoso 마을에 기독교 공동체를 설립하고 Ibrahim Wulung 이 사용하던 방식을 통하여 매일 토론과 논쟁을 갖는 가운데 점차 마을을 변화시켜 나갔다. 그의 위세와 명성은 자와 전쟁을 이끌었던 Diponegoro 를 넘어서서 수많은 추종자들에게 추앙을 받았다.

Sadrach의 사역에 대한 Steenbrink의 평가는 다음과 같았다.

"기독교 단체 같기는 하였지만, 이슬람 사원처럼 지은 교회 건물과 목회자를 이맘(Imam)이라고 부르고, 예배 전에 이슬람 사원에서 울리는 북을 울리며, 세례식이 끝나면 잔치(slamatan)를 하는 등 운영과 조직은 흡사 이슬람 학교(pesantren Islam) 같았다." 규율과 제도에 의해 조직이 관리되며 성장하였고, 새로이 'Surapranata' 라는 이름을 붙였다. 이는 '마흐디' (메시아) 대망의 신앙을 표현하는 의미가 있으며, Sadrach은 자신을 'Raden Mas Ngabehi Surapranata' 라고 부르며 그리스도 또는 정의의 왕이라고 고백하기 까지 하였다.[16] 여기에는 1881년 Sudan 에서 발생한 '마흐디 운동' (The Mahdi movement)의 영향도 있었다. 무함마드 아흐마드(Muhammad Ahmad)는 자신을 '마흐디' (Mahdi, the Islamic messiah, 이슬람의 구세주)로 행세하였다.[17]

Sadrach의 복음에 대한 이해에 대하여 Hoekema는 "사드락에게 있어서 복음은 삶의 규범일 뿐이었다. 마치 삶에 대한 교훈과 가르침이며

註 16) Steenbrink, *Kawan dalam Pertikaian*, p.154.
  17) M. C. *Ricklefs*, 2007. p.79.

자와인으로써, 이슬람 신도로써 해서는 안 될 것과 금기사항을 의미했다."[18] 그는 네덜란드 교단 선교부(NGZV)를 비롯하여 여러 선교부와 첨예한 갈등을 빚게 되었으며, 이는 네덜란드 본국에도 보고가 되었다. 그에 관하여 Lion Cachet은 "사드락과 그를 따르는 그리스도인들은 아직 바른 그리스도인의 삶이나 가르침 그리고 실천이 없이 잘못된 사드락의 인도와 영향을 받아 잘못된 우상을 섬기고 있는 것이기에 교회로부터 추방을 해야 마땅합니다."라고 보고하였다.

교단 선교부의 통제를 벗어난 그는 1894년 '인도네시아 사도교단'(Gereja Kerasulan yang di Indonesia)을 세우고 독자적인 세례와 성례 등을 시행하였으며 1924년 죽음을 맞이하기 까지 자신을 사도로 호칭하며 절대적인 영향을 끼쳤다. 그를 따르던 기독교인 추종자들은 "그는 그리스도인의 가르침에 있어서 자와인의 심금을 울리는 능력이 있었으며, 특별한 성령의 은사를 갖고 있었다"고 평했다.

3. 전방개척 선교와 내부자 운동의 이슈

A. 신학적 이해의 필요성 ; Hendrik Kraemer를 중심으로

Hendrik Kraemer(1888-1965)는 Leiden University에서 Snouck Hurgronje 교수의 지도하에 자와 이슬람 문서에 관한 연구로 박사 학위를 받은 직후인 1921년 네덜란드 성서공회로부터 자와 언어로 성경을 개역하는 일을 돕기 위하여 인도네시아로 파송을 받았다.

그는 성경을 개역하는 일과 더불어 이슬람을 향한 기독교 선교의 자

註 18) Hoekema, p.74-5.

세와 방향, 특히 신학적 이해에 대하여 인도네시아 교회와 청년 선교 단체에 큰 영향을 끼쳤다. 그는 복음 전파에 대한 교회의 자립의지를 고취시키며 평신도 신학과 이슬람 선교에 대한 이해를 고취시켰다.

그는 1928년에 저술한 'The Religion of Islam'을 통하여 자와의 'Kejawen' 이슬람이 코란과 하디스의 가르침 뿐 아니라 국가 요소적 가르침이 혼합되어 있음을 지적하였다.

1938년 인도의 Tambaram-Madras에서 개최된 'International Missionary Conferance'에서 발표한 "The Christian Message in a non Christian World"에서 참된 기독교회의 가르침으로써 종교적 믿음과 국가 권력적 의미를 구분하여야 함을 강조함과 아울러 교회 밖, 특히 이슬람 안에는 구원이 없음을 지적함으로 당시 많은 선교단체들에게 경각심을 깨우쳤다. 그가 1938년에 저술한 'De Islam als Godsdienstig en als Zendings probleem'(이슬람에 있어서 종교적 문제와 선교적 문제)에서 다음과 같이 지적하였다.

"이슬람은 그 가르침을 진실하게 따르고자 하는 이들에게 조차도 빈약한 종교이다. 다른 종교들에 비하여 우월감을 갖도록 하며 차원이 다른 구조를 갖고 있는 것 같아도 실은 이슬람의 원래 가르침을 갖고 있지 못하다."며 이슬람은 알라의 소망을 따라서 항상 승리하며 결코 패할 수 없다는 가르침으로 너무 쉽게 죄에 대한 뉘우침이 없는 용서와 추종자들에 대한 보호와 특권을 강조하는 'Kejawen'(자와 민속이슬람)들의 죄인식이 너무 부족함을 지적하였다.[19]

註 19) Jan S. *Aritonang*, 2010, p.199-204.

B. 정치적 이슈 ; 빤짜실라(Panca Sila)를 중심으로

네덜란드 식민정부의 통치하에 자와에서 일어난 사드락 운동으로 대표되는 모습은 자와 내에서 기독교와 이슬람의 혼합적인 모습을 낳았으며, 상호간에 서로 다름 보다는 유사성에 바탕을 둔 시각을 갖게 함으로 각 마을에서 첨예한 갈등을 빚는 요소를 없애는 결과를 낳게 되었다.[20] 이러한 자와인들의 특성은 인도네시아 독립과 더불어 중요한 건국 이념으로 표방되는 빤짜실라에 신에 대한 믿음의 요소가 자리할 수 있는 배경에도 적지 않은 영향을 미쳤다.

1945년 6월 22일 인도네시아 국가 건설의 목표와 이념을 담은 자카르타 헌장(Piagam Jakarta)을 따라 8월 17일 독립을 선포한 인도네시아 독립준비위원회(PPKI)는 그 다음날인 8월 18일에 "무슬림들에게는 이슬람법을 적용한다"는 헌법 전문의 내용을 삭제하는 대신에 "유일신에 대한 믿음"(Ketuhanan yang Maha Esa)라는 문구를 넣게 되었다.

이것은 인도네시아 독립 이후 다양한 섬들과 부족을 통합하는 가장 중요한 지침이 되었으며 이는 자와 부족의 끄자웬 이슬람에 대한 대안이기도 하였다.

인도네시아와 말레이시아는 정치적 구조의 변화를 시작하고 있다. 이러한 긴장성은 인도네시아 교회로 하여금 아직은 성장의 기회를 제공하고 있다고 볼 수 있으며, 자와 이슬람의 삶 속에는 Priayi(지도자) 계층에 대한 존중의 자세를 갖고 있다. 이는 종교적 지도자의 역할을 의미하나 Abangan 무슬림 사회에서 자연스럽게 마을의 정치와 교육 등 다방면에

註 20) Jan S. *Aritonang*, 2010, p.100.

서 지식층을 대변하는 개념으로 확장이 되어졌다.[21]

각 지역에서 학교와 지역개발 사역을 감당하고 있는 GMS 선교사들의 전략적이며 효과적인 접촉점을 갖게 할 수 있을 것이다. 이를 위하여 각 지부의 사역을 적절하게 집중화 한다면 지역 사회를 향한 지도력을 인정받게 될 것이다.

C. 선교 역사적 이슈

최근 인도네시아에 내부자 운동이 다시금 이슈화 되는 상황을 이해하기 위해서는 1970년대에 일어나게 된 방글라데시의 선교방법에 대한 고찰이 선행될 필요가 있다. 필 파샬을 포함하여 당시 선교사들은 방글라데시의 내부자 운동에 주목하였고, 비록 그들이 직접적인 내부자 운동가들은 아니었을지라도 선교적 관점을 갖고 주목하였다.

1980년대에 들어와 OMF를 중심한 선교사들은 인도네시아에서 내부자 운동의 방식을 채용하여 사역에 적용을 하게 되는데, 그들의 초점은 순다 부족 선교에 있었다.

자와 섬에 있는 자와 부족은 이미 상황화적 선교 방법이 1800년대부터 진행이 되어 왔으며 효과적인 열매를 맺음에도 불구하고, 같은 섬에 살고 있는 순다 부족은 선교적 접근이 여전히 어려운 상황이었다. 순다 부족 선교를 시도하고자 하는 OMF 사역자들에 의하여 강한 이슬람 토양의 순다 부족을 접근하기 위한 하나의 전략으로 내부자 운동을 채용하게 되었고, 나름대로 긍정적 결과와 평가에 근거하여 이후 다른 부족으로 그러한 방식의 선교전략을 확장하며 시도하고 있는 것이다.

註 21) Suripan Sadi Hutomo, *Sinkretisme Jawa-Islam*, Bentang, Yogykarta Indonesia, 2001, p. 10-11.

이처럼 하나의 선교 접근적 전략으로 사용하는 내부자 운동의 원리를 지나치게 확대하여 교회론과 신앙행위의 상황화를 확대 채용하는 문제점 등을 노출하게 되어서 교단적 배경을 가진 GMS 선교사들의 저항감을 낳게 하는 요인이 되고 있다.

D. 사역 현장의 이슈 ; 탄 강산(Tan, Kang-San)의 새로운 비전을 중심으로

탄 강산(Tan, Kang-San)은 Mission Studies (May, 2014)에 발표한 '종교 간의 전방 개척해야 할 것에 대하여(The Inter-Religious Frontier): '불교도이자 그리스도인' 의 기여 '라는 글에서 '내(內)종교화'와 하나님에 대한 새로운 비전 (In-religionization and a New Vision of God)에 대하여 "21세기 기독교 선교에서의 마지막 최전방은 종교 간의 조우이다. 기독교 선교에 있어서 가장 큰 과업은 문화화(비기독교적 문화에 기독교 가르침을 적응시키기)에 대한 도전이 아니라 '내(內)종교화'의 도전일 것이다. 내(內)종교화라는 과업은 전 지구적 기독교 공동체로부터 신학적 목회적 지지를 받는 복음적인 '이중 소속' 을 가진 사람들이 공동체에 의해 가장 잘 성취되며, 결국 그들에게 맡겨질 것이다. ... 복음주의 그리스도인들이 이중적 종교 정체성(두 개의 종교 신앙을 복합적으로 유지하는 것)이 가능할 뿐만 아니라 이러한 '자기이해' 가 복음주의에 필수적이 될 것으로 나는 주장한다." 라고 말하며, "복음주의 진영이 아시아 종교 공동체에서 의미심장한 복음의 진보를 보고자 한다면 비록 어렵고 논쟁이 되기는 하겠지만 '내부종교화(in-religionization)' 가 생동감 있는 선교적 접근 방법으로 채용되어야 한다."며 (Bosch, David. 1991. Transforming Mission. Maryknoll: Orbis Books.)의 글을 인용한다.22)

인도네시아 교회는 어떤 면에서는 사드락 운동이 보여주었듯 신비주의적이고 종말적 복음을 강조하는 교회가 성장을 주도하고 있다. 이러한 역사적 토양과 현재 인도네시아 교회 성장의 흐름 위에 이슬람 선교를 위한 전방개척과 내부자 운동의 모습이 자리하고 있다.

1840년대 자와 지역의 기근으로 인한 어려운 상황을 배경으로 전개되었던 상황화 사역의 모습이 1997년 인도네시아를 비롯하여 아시아 지역에서 'IMF(국제통화기금) 시절'의 경제적 어려움을 배경으로 전략적 사역을 강화하고 있다.

전방개척 내부자 운동에서 도전하는 교회론에 대한 도전과 선교 접근 방법인 상황화의 문제는 이런 맥락에서 접근하고 있다고 보인다.

그에 반하여 '리폼드 신학교'를 중심한 스테반 통 목사님은 칼빈주의 개혁 신학을 강하게 주장하며 균형을 잡고자 그의 평생을 헌신 하였으며, 지금 그의 노년에 이르기까지 인도네시아 교회를 향한 외로운 외침에 한국 교회와 GMS 선교가 함께 하지 못했음에 대하여는 앞으로 충분한 반성을 필요로 한다고 본다.

이러한 흐름 속에서 한국교회와 선교사들은 과연 어떤 역할을 할 것인가?

註 22) Tan, Kang-San. 2010. "*Dual Belonging: A Missiological Critique and Appreciation from an Asian Evangelical Perspective*". Mission Studies Vol. 27, no. 1.

나가는 말

말레이시아의 무슬림들을 대상으로 결코 적지 않은 열매가 있는 한 유능한 현장의 사역자는 그 무엇을 평가하기 이전에 자신을 먼저 점검하기를 원한다.

"나는 내가 잘 아는 성경말씀을 나눌 뿐이고, 오직 내가 믿는 예수 그리스도만을 말해줍니다. 그리고 나의 말을 듣고 관심을 갖고 질문을 하는 사람이 있으면 때로는 성경말씀을 더 소개하고, 때로는 그가 잘 아는 코란을 갖고 이야기하기도 합니다.

그러나 그가 질문하기 전에 내가 먼저 코란의 내용에 대하여 이야기하는 법은 없습니다.

왜냐하면 나는 코란을 증거하는 자가 아니기 때문입니다. 그렇다고 내가 믿지도 않는 코란을 갖고 다른 사람과 진리를 이야기 할 필요를 느끼지도 않기 때문입니다.

나는 내가 믿는 예수님, 그리고 내가 아는 성경말씀이면 충분합니다."
그리고 그의 고민을 듣는다.

"복음을 듣고 주님께 나아오는 그들을 돌봐 줄 교회가 준비되어야 하는데... 우리가 준비되지 못함으로 그들이 그냥 다시 돌아가게 한다면 그 책임을 어떻게 감당할 것입니까?"그의 고민 앞에서 나는 마음이 무겁다.

"우리 한국교회는 아니 GMS 선교사들은 어떤 생각을 갖고 있는지 함께 진지한 고민을 해야만 할 것입니다."

18. 동남아 이슬람 전파와 그 특징 :
인도네시아와 말레이시아

정희찬1)

1. 서론

필자는 이 글에서 인도네시아와 말레이시아 이슬람을 이해하는 데 초점을 둔다.

그리고 동남아 이슬람을 대상으로 한 기독교 선교에 대해 역사 속에 이슬람과 기독교의 상호관계와 선교를 위한 전략과 결과, 등을 참고하여 앞으로 동남아 이슬람을 위한 선교의 방향을 제시하는 연구가 별도로 이루어져야 할 것이다.

2. 동남아에 이슬람 전파

1) 이슬람의 문을 여는 단계

8세기 초에 인도와 아랍 무슬림 상인들이 무역을 하면서 이슬람을 전파함으로 13세기 말에 이슬람이 확장되었다. 이들은 주로 현지 지도자들과의 결혼을 하며, 경제적 혜택을 주어, 평화적으로 이슬람을 전파하였다. 마자빠힛 왕국의 혼란한 시기에 이슬람 세력이 확장되었는데, 명나라 무슬림 정화(鄭和; Zheong He; 원래 이름은 마삼보)장군이 1405-1430년 사이 자바와 말라카에 몇 차례 오면서 이슬람 세력이 자리를 잡게 됨으로 많은 왕국들이 이슬람 신앙으로 개종하게 되었다.

註 1) 총신 신학대학원 (M. Div), 총신 선교대학원 (Th. M), Malaysia Putra University (Ph.D), GMS 파송 2001~현재, 말레이시아 Mines Healing Church 담임 목사

2) 이슬람의 확장을 이루는 단계

이슬람 전파는 수마트라의 뻐를락(1292)와 빠사이(1295), 아쩨(1400)에 처음으로 전파되었다. 그리고 말라카 왕국(1400-1511)이 1405년에 건국되어, 이슬람이 1414년에 전파되어 왕과 온 백성이 이슬람으로 개종하면서, 말라카 왕국을 거점으로 하여 말레이시아 뻬락(1450), 빠항(1450)에 전파되었다. 이어서 이슬람은 인도네시아 전역과 동 말레이시아, 필리핀까지 확산되었다. 1511년 말라카가 포르투갈에 의해 점령되고 난 후, 흩어진 무슬림에 의하여 이슬람이 동남아에 더 확산되는 계기가 되었다. 15세기에 말라카 왕국을 통하여 이슬람의 전성기가 되면서 말라카는 동남아시아의 메카로 불리게 되었다.

3) 이슬람이 유럽 식민지 국가에 억압 받는 단계

동남아 이슬람의 중심이었던 말라카의 번영은 유럽에서 향신료와 같은 물건의 교역권 확보와 가톨릭의 확장을 위해 온 포르투갈의 침공으로 1511년에 몰락하였다.

이어서 개혁교단을 내세우는 네덜란드는 1602년부터 1945년, 제2차 세계 대전이 끝날 때까지 인도네시아를 식민지 통치를 하였다. 그들은 네덜란드 동인도회사(VOC)를 세워 향신료 무역을 독점하였다. 일본 지배가 끝 날 때 네덜란드는 다시 인도네시아를 점령하려고 시도하였으나, 유엔의 중재로 인도네시아는 1949년 12월 27일로 독립하였다.

4) 국가 독립으로 이슬람이 활성화되는 단계

인도네시아에서 네덜란드 식민지 통치에 대항하기 위하여 19세기에 많은 조직들(회교 연합, 학생, 공원, 인도네시아 대학생 모임, 공산당 등)이 생기게 되었다. 1927년 7월 수카르노(Soekarno), 사르토노(Dr. Sartono)가 중심이 되어 '인도네시아 국가주의 당(Indonesia Nationalist Party, PNI)을 설립하였다. 1931년 4월에 PNI가 해체되면서 독립과 민족주의를 목표로 세운 새로운 당인 "인도네시아 당(Parti Indonesia)'이 사르토노(Sartono)에 의해 구성되었다. 그 후 일본이 패망하면서 1945년 8월 17일 독립을 선포하면서 국가 이념을 빤짜실라(Pancasilah)2)의 핵심으로 이루게 되었다. 1949년 12월 27일 네덜란드가 지배권을 인도네시아에게 양도하여 주권 연합 공화국이 되면서 1950년 UN의 회원국이 되었다.

말레이시아 반도는 1945년 일본이 항복을 한 후 영국이 다시 식민지 정치를 하다가 1948년 말라야 연방이 설립되었다. 1957년 8월 31일 영국으로부터 완전히 독립하게 되었으며, 1963년 말라야 연방은 사바, 사라왁, 싱가포르와 연합하여 말레이시아가 되었다. 그렇지만 1965년 싱가포르는 정부와 마찰로 연방에서 탈퇴하게 되어 말라야 연방과 사바, 사라왁으로 구성된 말레이시아가 되었다. 동 말레이시아 사바 주는 1877년부터 1878년 사이 브루나이와 술루의 술탄이 통치권을 영국에 양도하여 영국령 북 보르네오가 되었지만, 사라왁 주는 영국 모험가인 제임스 부룩(James Brooke)이 1842년 브루나이 술탄으로부터 사라왁 주를 양도받아 1946년까지 3대로 사라왁 왕국을 다스린 백인 왕조가 되었다.

註 2) 빤짜실라는 인도네시아 헌법의 이념이자 인도네시아씩 민주주의의 원칙인 인도네시아의 모든 것 그 자체이다. 빤짜(Panca)는 산스크리트어로 다섯 이란 뜻이고 실라(Sila)는 이념이란 뜻이다.

말레이시아는 현재 헌법에 '이슬람 국가(Islamic State)'로 선포하고 있으며, 다른 종교에 대해 예배의 자유를 부여하고 있다. 그렇지만 이슬람에 대한 선교와 개종 등을 철저하게 제도적으로 막고 있으면서 이슬람전파방법으로 결혼과 경제 혜택 등 부미뿌뜨라 정책을 통하여 말레이족과 원주민(natives)을 대상으로 다양한 경제적 혜택을 부여함으로 중국계들과 경제적 간격이 많이 줄어들었다. 그러나 중국계와 말레이 종족의 갈등이 심화되고 있으며, 1969년 5월 13일 종족간의 대 폭동이 일어나수많은 사람들이 죽었다. 지금도 여전히 그 갈등이 유지되고 있으나 서로 조심하고 긴장 가운데 생활하고 있다.

3. 동남아 이슬람의 특징

동남아시아에 이슬람이 전파 되어질 때, 이슬람 근본주의를 강조하기 보다는 현지의 문화와 전통적 민속신앙과 신비주의를 수용함으로 이슬람이 평화적으로 정착되었다. 그러다가 이슬람 부흥운동이 일어날 때, 이슬람 근본주의 교육을 통하여 이슬람 교리가 중요시되었으며, 오늘날 국제적 상황에 맞추어 현대성을 인정하면서 동시에 이슬람의 근본주의를 유지하며 현대주의 이슬람이 함께 공존하고 있다.

1) 혼합주의 이슬람
이슬람이 처음에 전파될 때, 동남아시아에는 불교나 힌두교 및 토착신앙의 바탕을 두고 있었기 때문에 이슬람 전파자는 상황화를 수용하여, 토착적인 건축방법에 따라 이슬람 사원을 세우며, 토착 전통과 이슬람 전통을 혼합하였다. 그래서 이슬람 가운데 나타나는 혼합주의적 요소로 인하여, 무슬림에게 요구되는 종교적 의무는 제한적으로 적용되었다.

최근, 2017년 6월 16일자(화) FMT 신문에 인도네시아 유목민 종족인 오랑 림바(Orang Rimba)는 최근 대략 3,500명의 사람들 중에 200명이 이슬람으로 개종하였고, 이슬람 NGO 단체와 사회 복지 기관이 그들을 돌보고 있다고 한다. 그들에게 주민등록증을 만들어 주고, 필요한 것을 공급해 주지만, 그들이 믿고 있는 정통 신앙에 대하여 그대로 인정해주면서 이슬람으로만 개종시킨다는 것이다. 지금도 이슬람 전파를 위하여 현지 정통신앙을 인정하면서 개종시키는 이슬람 전파방법을 사용하고 있으며, 혼합적인 이슬람을 허용하고 있다.

필자가 인도네시아 스마랑 지역에 위치한 무슬림 마을에서 침술사역을 한 적이 있었는데, 그 때 화려한 옷을 입은 여자 중풍환자가 치료 받으려 왔는데, 그 마을의 무당이었다. 이처럼 인도네시아의 많은 지역이 혼합주의 이슬람의 형태를 갖고 있다.

2014년 말레이시아 비행기(MH370)가 239명을 태우고 사라졌을 때, 정부는 가족을 잃은 사람들을 위로하기 위해 무슬림 무당(Shaman, 말레이어로는 Bomoh)을 불러 잃어버린 비행기를 찾도록 했다. 무당의 왕이라 불리는 이브라임(Ibrahim Mat Zain)은 야자열매와 잎으로 만든 바구니를 사용해서 쿠알라룸푸르 국제공항에서 미신 의식을 행했다. 그리고 2017년 김정남이 피살당했을 때 또한 쿠알라룸푸르 병원 밖에서 두 지팡이를 들고 말레이시아가 북한의 핵무기로부터 보호되도록 기도문을 외우면서 의식을 행했다. 이처럼, 이슬람이 강한 인도네시아와 말레이시아에 아직 혼합주의 이슬람이 동남아무슬림들의 깊은 뿌리에 자리를 잡고 있다.

2) 신비주의 이슬람

인도네시아는 이슬람의 신비주의 혹은 수피즘에 의해 전파되면서 인도
네시아 무슬림 가운데 신비주의 이슬람이 깊이 자리를 잡고 있다. 인도
네시아는 쿠란과 하디스로의 회귀를 주창하는 무하마디야
[3](Muhamadiyah)와 나흐다툴 울라마(Nahdatul Ulamah)만 정통 이슬
람 단체로 인정하고 있다. 최근 수피종파의 총괄적이며, '진정한 이슬
람'이라고 주장하는 아흐마디야 단체는 종교적·정치적·사회적 문제
를 야기했다. 그래서 정통 이슬람 단체는 이들을 이단으로 간주하고 아
흐마디야의 활동을 불법화시켰다. 2005년 인도네시아 울라마 위원회가
이미 추종자가 20만 명에 달하고 그 수가 성장하는 이 단체를 이단으로
간주하고 척결해도 좋다는 결정을 내렸다.

횃불 트리니티 한국이슬람 연구소장 김아영 교수에 따르면, 말레이시아
의 무슬림들은 대부분 수니-샤피이(Sunni-Shafii) 파이며 수피즘의 신
비주의에도 상당히 몰두해 있다는 것이다. 15세기이후 말레이 반도의 이
슬람 화에는 13세기에 확산된 수피즘에 영향을 받은 수피 인도 무슬림
상인들이 많은 공헌을 하였는데 이를 통하여 말레이의 토착 관행과 문화
가 이슬람 속으로 융합되어 민속 이슬람적인 경향을 띠게 되었다고 한
다. 말레이시아는 수피 의례 중의 하나인 디끼르(dhikr, 암송)는 말레이
무슬림들 사이에서 대중화되었다. 인도네시아와 말레이시아에는 이슬람

註 3) 무하마디야는 유신론적 합일신학의 하나이며, 알리(Ali)를 무함마드와 동일시하거나
알라의 유출이라 주장하는 마흐디 운동으로 본다. 파키스탄의 마흐디 운동은 이슬람
에 한 약속된 메시야가 있는데 그것이 바로 마흐디라는 것이고 첫 마흐디가 인도에
태어난 하즈라 미즈라 굴람 아흐마드(Hazrat Mirza Ghulam Ahmad 1835-1908)
으로 이해한다. 그는 알라의 계시가 무함마드 이후에 불가능하다고 주장하면서도 무
함마드를 마지막 율법 계시자로 자신을 그 율법을 오염에서 정화시키는 선지자로 칭
하였다.

부흥을 통하여 근본주의 이슬람을 추구하고 있지만 수피즘은 무슬림들의 신념과 관행에 잠재되어 있어서, 여전히 계속해서 동남아 무슬림들의 생활에 영향을 끼치고 있다.

3) 근본주의 이슬람

인도네시아 조코 위도도(일명 '조코위') 대통령은 2014년에 수도 자카르타 주지사로 뿌르나마(Basuki Tjahaja Purnama, 애칭 '아혹')를 이슬람 강경단체 이슬람수호전선(FPI)의 반대에도 중국계 기독교인을 처음 임명하였다. 그런 후 2016년까지 아혹 지지율이 59%로 재선이 확실시되었으나, 비록 첫 투표에서 근소한 차로 아혹이 1위를 했지만, 두 번째 투표 1, 2위의 경합에서 안타깝게도 2017년 주지사 재선에 실패하고 말았다. 그 이유는 아혹이 유대인과 기독교도를 지도자로 삼아선 안 된다는 내용이 담긴 이슬람 경전 코란(코란 5장 51절)을 모독했다는 것이다. 아혹이 공식적으로 자기 발언에 대해 사과를 한 다음날 최고의 권위를 가진 이슬람 신학자 협의회인 인도네시아 울라마 협의회(MUI)가 모임을 갖고 아혹이 실제로 신성모독을 했으며 기소되어야 한다는 입장을 발표하면서 시위 사태로 불거지게 되었다. 선거 이후 인도네시아 자카르타 지방법원은 신성모독 혐의로 기소된 아혹을 징역 2년을 선고하고 법정구속을 했다. 최근의 이러한 움직임들에 대해 전문가들은 인도네시아가 온건한 이슬람과 민주주의 국가라는 정체성을 포기할 수도 있는 갈림길에 서 있다고 경고하고 있다.

이슬람 부흥운동이 여러 이슬람 국가에서 시작되었지만 말레이시아만큼 빠르고 자발적으로 이슬람 운동이 확산된 것은 매우 드물다. 이슬람 부

흥운동은 대학생들이 최전선에 서서 대중적 운동으로 발전시켰다. 1969
년 인종폭동 직후 말라야 대학교 말레이 학생들이 주도적으로 '말레이의
권리 찾기'에서부터 말레이인의 빈곤함, 언어적 갈등, 말레이시아의 타
락 등에 대한 문제제기를 하면서 반정부 운동을 일으켰다. 이 때 안와르
이브라임은 국립 말라야 대학교(UM)에서 공부를 하면서, 이슬람교 청년
운동을 주도하였다. 안와르와 그의 동료들은 타국의 이슬람 부흥운동 지
도자들의 책들을 함께 탐독하며 번역하면서, 사회변혁의 원리로 '삶의
방식으로서의 이슬람'을 본격적으로 연구했다. 1971년 이슬람 학생운동
조직인 ABIM(Angkatan Belia Islam Malaysia, 말레이시아 청년 무슬
림 운동)을 세워 이슬람 부흥 운동을 시작했는데, 후에 그 이슬람 단체는
닥콰 사람들('dakwah people')로 불리기 시작했는데, '닥콰'는 원래' 선
교 사업에 초대하다'는 의미이지만 말레이시아에서는 '무슬림을 더 나
은 무슬림으로 만들다'라는 의미를 강조 하였다.

ABIM의 주도로 시작된 이슬람 부흥운동이 3세대로 구분할 수 있는데,
제1세대는 이슬람 부흥 운동은 이슬람 국가의 수립을 목표가 아닌 개개
인의 양심을 회복하고 사회에 대한 비판적이고 진보적인 시각을 기르는
것에 초점을 둔 보수주의적이며 온건한 운동이었다.

그리고 제2세대 닥콰운동은 1970년대 중·후반 귀국한 영국 유학생들은
과격한 노선으로 선회하면서 이집트의 무슬림 형제단과 파키스탄의 자
마아티 이 이슬라미 계열의 급진 사상가들의 영향을 받아 급진적 이슬람
운동을 본격화하였다. 그러면서 그들은 이슬람 국가의 건립을 목표로 세
워 추진하였다. 1986년 당시 말라야 대학교의 닥콰 운동은 이슬람 공화

국(IR), 다룰 아르캄(Darul Argam), 자마아드 타블리히(Jamaat Tabligh), 그리고 ABIM 등이 있었다.

말레이시아 이슬람 부흥운동은 학생들을 중심으로 일어났지만, 보수적이고 온건한 민족주의 이슬람을 표방하는 정부가 1957년 영국으로부터 독립된 후 한 번도 여당이 바뀐 적이 없었으나, 파키스탄이나 이란처럼 전체 국가가 이슬람의 법에 적용되는 것이 아니라 무슬림들만 샤리아법에 적용되고, 비 무슬림들은 샤리아 법에 적용이 되지 않는 이슬람 국가로 유지되고 있다.

4) 현대주의(Modernism) 이슬람

최근 무슬림 세계에서 근본주의적 이슬람 국가가 성립하고 과격한 이슬람 테러조직이 출현하는 상황에서 이슬람과 민주주의는 양립할 수 없다는 평가가 나오고 있지만, 이슬람 개혁을 주창했던 이슬람 근대주의자들은 이슬람과 현대성은 공존할 수 있으며, 이슬람의 원리는 현대성의 원리와 정확히 일치한다고 주장한다. 그 대표적인 무슬림 학자 아프가니스탄 출신의 알-아프가니(Al-Afghani)와 이집트 출신 무함마드 압두(Muhammad Abduh)는 꾸란과 하디스에 담겨진 이슬람 정신은 근본적으로 합리주의이며, 인간과 자연에 대한 합리적이고 실용적 지식의 추구를 무슬림의 종교적 의무로 규정하고 있다는 점에서 서구적 현대성과 그 맥을 같이 한다고 주장한다.

하워드(Howard Federspiel)에 따르면, 19세기 후반 오토만 제국 때, 이슬람 현대주의가 중요하게 움직이기 시작하면서 1940년 즈음에 이슬람

사회에 광범위한 영향을 끼쳤고, 현대주의 이슬람은 20세기 초부터 현재까지 동남아시아의 중요한 종교적 운동이 되었다고 한다. (2002, p.371-372)

이슬람 근대주의의 이념을 가진 무슬림 단체는 인도네시아의 무하마디아(Muhammadiyah), 이슬람대학생(HMI), 재생운동(Gerakan Pembaruan), 말레이시아의 까움 무다(Kaum Muda: '젊은 집단'이라는 뜻)와 이슬람 정당으로 인도네시아의 마슈미(Masjumi) 등이 조직적인 활동을 통해 신문과 잡지, 책, 강연을 통해 활동을 하고 있다.

인도네시아에서는 수카르노와 수하르토 정부가 빤짜실라를 국가이념의 토대로 삼아 종교적 색채를 강조하지 않는 '세속적' 현대화와 발전정책을 추진하였으며, 말레이시아에서는 1980년대 이후 마하티르 총리가 추진한 정부 주도의 이슬람 화 정책에 이슬람 근대주의의 이념이 뚜렷이 반영되었다. 특히 "Vision 2020"에서 2020년까지 말레이시아를 선진산업국가의 대열에 올려놓겠다는 국가발전 전략을 제시함으로 말레이시아가 가장 현대적인 무슬림 국가로 만들겠다는 야심을 공표하였다. 그리고 '신 말레이(New Malays)'의 개념은 형식주의, 의식주의, 숙명주의, 게으름, 순종주의와 같은 말레이의 전통적인 태도에 반대해서 경쟁할 능력이 있고, 교육받고, 정직하며, 규율과 신용이 있는 유능한 말레이로 만들겠다는 현대사회의 말레이를 추구한 것이다.

말레이시아는 현대적 이슬람 금융을 활성화하여 이슬람 경제원리, 즉 이자를 금지하는 이슬람법을 적용한 이슬람 은행, 이슬람 보험, 이슬람 채권 등이 1980년 이후 도입되어 시행되고 있다. 최근에는 할랄 인증제를 무슬림 세계시장을 목표로 하는 수출 지향적 식품산업 발전의 중요한 수단으로 인식하고 정부가 체계적으로 지원하여 말레이시아를 글로벌 할랄 허브로 만든다는 구상을 갖고 있다. 철저한 관료제적 관리, 첨단 과학 기술의 활용, 등이 현대주의 이슬람의 모습이다.

인도네시아에서 이슬람 근대주의를 표방하는 무하마디아 내부에서 1970년대 이후 출현한 재생운동과 신근대주의 운동은 서구적 현대성에 대해 보다 적극적이고 전면적인 수용을 강조하였다. 현대주의 이슬람은 개인의 영적이고 사적인 삶에 주로 연관된 것이며, 개인과 사회, 사적인 영역과 공적인 영역, 영적인 것과 세속적인 것을 함께 아우르는 총체적인 삶의 방식으로 이해되어서는 안 된다는 것이다. 재생운동과 신근대주의 운동은 자유주의적 개인주의, 다원주의, 관용이 이슬람 경전의 원래의 정신과 부합하는 가치관인 것으로 파악하고, 타 종교와의 대화를 강조함으로써, 인도네시아와 같이 다종족 · 다종교로 구성된 현대 시민사회에서 이슬람과 민주주의적 공존을 모색하는 '시민적 이슬람'을 주창하지만 이슬람 근본주의자들과 상반되는 입장이기에 여전히 서로 대립하고 있다.

5) 급진주의 이슬람

유럽에 거주하는 디아스포라 무슬림 지식인을 중심으로 살라피-지하디즘(Salfi-Jihadism)이라고 불리는 급진적 이슬람 이념이 태동되어 최근에 동남아에 영향을 미치기 시작하였는데 특히 필리핀과 인도네시아에서 이를 주창하는 이슬람 단체들이 조직되었다. 급진적 이슬람 단체는 인도네시아에서 1998년 수하르토 정권의 붕괴 직후 발생한 중국계 학살, 술라웨시 섬과 몰루카 섬에서의 무슬림-기독교 간의 분쟁, 도시의 퇴폐적 공간(디스코텍, 나이트 바, 카페 등)에 대한 공격에 깊이 연루되었으며, 미국 2001년 9·11 사태 이후 발리에서 서구인을 대상으로 한 테러 행위를 주도하였다.(오명석, 2011, p.208)

말레이시아, 필리핀, 인도네시아, 태국 등에는 많은 테러 그룹들이 있으며, 아프간 전쟁이 끝나면서 아프간의 알 카에다 요원들이 대거 동남아로 이동하여 서로 협력하고 있다. 동남아 테러그룹들은 이슬람국가(IS)에 충성을 맹세하였으며, 이들 단체의 선동으로 동남아 국가에서 많은 청년들은 IS에 가담하여 이라크와 시리아에서 칼리프 국가를 건설하려는 전쟁에 동참하고 있으며, 인도네시아와 말레이시아 등, 이슬람 국가들 가운데 여전히 이슬람 테러의 위험을 갖고 있다.

필리핀 민다나오 섬은 이슬람국가(IS)를 추종하는 반군의 활동이 활발한 지역으로 정부군과 반군 간에 산발적인 국지전이 계속돼왔다. 그러다가 2017년 5월 23일 두테르테 대통령은 민다나오 지역에 계엄령을 선포하였다. 필자가 뉴스를 통해서 들은 것은 인도네시아, 말레이시아, 싱가포르 등에서 IS에 가입하여 정부군 대상으로 싸우고 있다는 것이다. 아마도 그들은 무력으로 이슬람 국가를 동남아에 건립하려고 시도하는 것 같다. 아무튼 IS는 더 이상 이라크와 시리아의 이슈만이 아니라 이미 동남아시아의 큰 이슈가 되었다.

4. 결론

동남아 거주자들은 생존과 번영을 위하여 역사 속에서 자신들이 선택할 수 있는 범위에서 최선을 위해 선택한 것이 이슬람이다. 사람이 환경을 통하여 변화되는 것처럼, 동남아 이슬람은 인도에서 이미 불교와 힌두교 문화에 적응된 이슬람이 동남아에 전파되었기에 더 쉽게 현지 거주자들에게 침투가 가능했고 상황에 따라 계속 변화되어 졌다. 비록 동남아 이슬람은 아랍과 중동의 이슬람 영향력을 받고 있지만 나름대로 동남아 역사 속에 세워진 이슬람이기에 그 나름대로 특징이 있으며, 또한 앞으로 그 상황에 따라 계속 변화하게 될 것이다.

한편, 동남아 이슬람의 변천과정이 혼합주의 이슬람에서 신비주의(수피즘) 이슬람으로, 신비주의 이슬람에서 근본주의 이슬람으로, 근본주의 이슬람에서 현대주의 이슬람으로 혹은, 급진주의 이슬람으로 이어지고 있는 것 같이 보인다. 물론 큰 변화의 흐름은 동남아 전체적으로 있지만, 동남아 이슬람 전체 특징이 부분적으로 모든 거주자들에게 남아 있다고 볼 수 있다. 비록 개인별 · 지역별로 · 단체별로 · 종족별로 · 국가별로, 이슬람의 특징을 다르게 나타난다고 할지라도 모든 이슬람의 특징들이 어느 정도 통합적으로 각 개인과 지역, 단체, 종족, 국가 가운데 공유하고 있다.

무슬림에게 전도하기 위해 그들이 믿고 있는 이슬람을 잘 이해하는 것도 중요하지만 더 중요한 것은 그들 각자가 갖고 있는 믿음체계, 가치관, 세계관을 이해하는 것이다. 예수님을 통한 구원의 복음은 어떠한 무슬림이라 할지라도 그들의 부족을 채워주기에 최상일 것이다. 혼합주의 이슬람에게는 절대 진리를, 신비주의 이슬람에게는 성령의 교통하심을, 근본주의 이슬람에게는 하나님의 말씀이신 예수님을, 현대주의 이슬람에게는 온 우주의 창조자이시며 통치자이신 하나님의 지혜를, 급진주의 이슬람에게는 세상과 죄인을 구원하시기위해 죽으신 급진주의 예수님을 전파함으로 구원의 길로 인도해야 할 것이다.

한 사람의 구원에 초점을 맞추어 복음을 전할 때, 놀라운 구원의 역사가 동남아시아에 일어날 것으로 믿는다.

참고 서적

공일주, 2014, 언어와 해석학적 관점에서 꾸란의 아랍어 의미와 해석, 아랍과 이슬람 세계, 중동아프리카연구소제1권 창간호, pp. 233-234
김성운, 2014, 이슬람 종파와 분파, 한국선교 KMQ 계간 vol.14 No2. 겨울 호 통권 52호, pp. 21-35

김아영, 2011, 말레이 이슬람의 민속 이슬람적 특징에 관한 소고, Torch Trinity Center for Islamic Studies Journal, Muslim-Christian Encounter, pp.37-65

김아영, 2011, 말레이시아 이슬람의 특성과 그것이 기독교-이슬람 관계에 미치는 영향에 대한 연구, Torch Trinity Center for Islamic Studies Journal, Muslim-Christian Encounter, pp. 109-147

김형준, 2009, 인도네시아의 이슬람 급진주의: 역사적 전개과정과 이념적 · 실천적 특성, 동남아시아연구 19권 2호, pp. 57-91

김형준, 2013, 이슬람 부흥의 전개와 영향: 인도네시아의 사례, 동남아시아연구 23권 3호: pp. 181-215

김형준, 2016, 동남아의 이슬람문화와 인도네시아, 한-아세안센터 열린 강좌 시리즈어성호, 2012, 변화하는 인도네시아와 교회의 역할, 한국 선교사 다문화 포럼 제2회, pp. 117-124

오명석, 2011, 동남아 이슬람의 쟁점: 이슬람과 현대성, 아시아리뷰 제1권 제1호, 창간호, pp. 197-226

이동주, 2016, 이슬람 수피즘 연구(1), kr.christianitydaily.com

하호성, 인도네시아 종교 현황, 인도네시아 선교 40주년 기념 집, 자카르타: 인니한인선교사 협의회, pp.16-24

홍영화, 2012, 인도네시아 아방안 이슬람 이해와 선교적 방안 연구, 한국 선교사 다문화 포럼 제2회, pp. 73-82

Federspiel, Howard M., 2002, Modernist Islam in Southeast Asia: A New Examination, The Muslim World, Volume 92, Fall, pp. 371-386

Geertz, Clifford, 1976, The Religion of Java, Chicago: The University of Chicago Press

Speri, Alice, 2014, The Malaysian Government Used a Shaman Ritual to Find That Missing Plane, March 14, 2014, new.vice.com

19. 현실과 형태 : 필리핀 무슬림에 대한 한국선교

이승준 선교사[1]

I. 들어가는 말

필리핀 무슬림들은 필리핀 전체 인구 중에 약 8-10%의 소수민족이며 필리핀 무슬림의 약 94%가 필리핀 남부지역인 민다나오에 집중되어 있다.[2] 현재 민다나오 인구 약 2천 7백만 명 중에 약 24% 정도가 무슬림들이다.[3] 이들은 다문화와 다중언어를 가지고 있으며 말레이문화의 뿌리와 패턴을 지니고 있다.[4] 이슬람 아랍 상인들과 선교사들이 인접한 말레이 군도(인도네시아, 구보르네오, 부르나이, 말레지아)로부터 11세기부터 13세기 사이에 술루와 서부 민다나오에 무역목적으로 왕래하면서 이슬람 종교가 전파되었고 13개 종족들이 집단 개종을 하면서 이슬람 신앙을 받아들였다. 마귄다나오, 마라나오, 따우숙 3개의 주요 종족들과 나머지 10개의 소수종족들로 구성된 필리핀 무슬림들은 13개의 미전도 종족으로 분류된다. 자기의 고유한 언어, 지역 그리고 전통적인 사회구조를 유지하고 있고 이슬람 이전의 정령숭배 신앙들과 정통 이슬람이 혼합된 소위 민속 무슬림들이다.[5] 이들은 민다나오와 술루 그리고 팔라완에 집중적으로 분포되어 있지만, 마닐라와 세부 등의 도시지역들로 교육과 일자리를 찾아 이주하면서 무슬림 공동체를 확장해 가고 있다.

註 1) GMS 선교사로 필리핀 민다나오에서 23년째 사역하고 있으며 아시아 무슬림 연구소 (ACIS)와 GMS필리핀 선교전략 연구소장으로 섬기고 있다.
2) 2017년도 필리핀 인구는 1억 5백만명이다. Philippine Population(2017).
3) 필리핀 정부NSO는 필리핀 무슬림 인구를 5-6%로 통계를 집계하지만 필리핀 무슬림들과 개신교 선교학자들은 8-10% 라고 제안한다. National Commission on Muslim(NCMF)는 2012년 필리핀 무슬림 인구를 10.7%로 발표하였다.
www.ncmf.gov.ph; and Sorza, 2004.
http://www.islamonline.net/English/News/2004-10/25/article04.shtml
4) Tuggy, 1971, 21-22; and Gowing, 1979. Majul, 1973, 364.
5) Unreached People Groups of the Philippines Prayer Guide. 1999.

1990년 중반부터 극소수의 한국선교사들이 필리핀 민다나오에서 무슬림 사역을 시작하였고 현재 70여 유닛의 민다나오 주재 한국선교사들 중에 약 10% 정도의 4개의 한국선교단체의 여섯 가정이 전문적으로 무슬림 사역을 하고 있다.[6] 통계적으로, 전체 101 유닛의 GMS 필리핀 선교사들 중에 약 3% 미만이 직간접적으로 무슬림 사역에 연관 되어 있으며 약 15% 정도의 민다나오 주재 GMS 선교사들이 무슬림 사역에 종사한다.

필자는 민다나오에서 무슬림 사역에 종사하면서 민다나오에 있는 한국선교단체의 무슬림 사역의 현실과 형태를 이해하기 위해 여섯 개의 무슬림 사역들을 선정하여 수년에 걸쳐 지속적으로 연구와 조사를 해왔다. 필자는 그들의 목표들, 전략들, 사역들, 성과들, 그리고 갈등과 장애물들을 상세하게 검토하여 중요한 패턴들과 동향들을 평가함으로 필리핀 무슬림 사역에 대한 효과적인 모델개발을 시도 해보려고 한다. 아울러 필자는 필리핀 무슬림 사역의 발전을 위하여 한국선교에 대한 제안도 하려고 한다.

II. 한국 선교단체의 무슬림 사역들의 현황과 동향

민다나오를 중심으로 필리핀 무슬림 사역에 아주 깊게 참여하고 있는 한국 선교단체들의 여섯 개의 무슬림 사역은 CCM, EMS, HIT, MMM1, MMM2, UMM이다. 현재 MMM2는 한국선교사의 철수로 무슬림 사역

註 6) 본 통계는 2017년 6월 민다나오 선교사 협의회(민선협)의 선교사 현황을 참조하여 민선협 회원(51유닛: 47부부, 4독신)과 비회원을 합한 것으로서 민다나오 거주 선교사는 135명(70 유닛/65부부, 5독신)이다. Korean Missionary Association, 2017.

이 잠정적으로 중단되었다. 전체적으로, 이 연구에 동참한 한국 선교단체들이 섬기는 무슬림 공동체들은 바자오(Badjao), 마귄다나오(Maguindanao), 사마(Sama), 깔라간(Kalagan), 따우숙(Tausug), 마라나오(Maranao) 무슬림 종족들이다.

1. 교회 개척 방법 및 상황화된 교회와 복음 전도방법

한국선교단체들은 무슬림 공동체의 독특한 상황에 맞는 다양한 교회 개척 접근방법을 사용하고 있다. 하지만 여전히 상호신뢰관계와 우정을 키우고 개인전도와 성경공부를 구축해가는 교회개척의 전 단계의 노력들이 많이 필요하다. UMM과 CCM의 교회개척사역은 주목할 만 한다. CCM은 디고스(Digos) 무슬림 마을안에서 교회를 개척하지 않고 무슬림 개종자들(MBBs)을 환영하는 비사야어권(Visaya어를 사용하는 비무슬림)교회로 참석하도록 유도하였다. 왜냐하면 그들이 비사야 언어와 문화에 아주 익숙하며 서로간에는 약간의 상호 문화적 차이만 있기 때문이다. 반면에, UMM은 적극적인 교회개척사역을 하는데, 특별히 무슬림 공동체 안에 교회를 세우는데 초점을 맞추었다. UMM은 무슬림 개종자들(MBBs)의 직계가족과 친구들을 중심으로 가정 교회를 세우고 있다. 이러한 기반으로, 점차적으로 이들은 다른 지역에서 동일 무슬림 종족사역을 확대해 가는데 있어서 중요한 선교자원으로 동원되고 있다. 또한 UMM 은 다른 무슬림 공동체에 현지선교사들을 파송하였고 무슬림 개종자들의 교회들이 "모 교회와 자매교회의 교회 양육 관계 스타일"의 원칙을 따르도록 권장하고 있다.

상황화(C)스펙트럼을 보면, 응답자들은 그들의 목표에 따라 C-1에서 C-6의 공동체들을 소망한다. CCM의 C-1, 사마 무슬림(Sama)들을 위한 EMS의 C-1, UMM의 C-2, 그리고 CCM의 약한 이슬람 신앙을 가진 바자오의 C2-C3의 공동체가 존재한 반면에 나머지의 선교단체들은 그들의 목표 도달을 소망할 뿐 여전히 과정단계에 머물고 있다. MMM2의 목표는 깔라간 무슬림 부족들을 위하여 C-4가 발달되기 바라고 마귄다나오(Maguindanao) 지역과 같은 무슬림 밀집 지역에서는 C-5가 세워지기를 바란다. EMS는 시라완(Sirawan)지역의 깔라간 무슬림과 이나와얀(Inawayan) 지역의 따우숙 무슬림 사역을 위하여 C-4 나 C-5를 모색하고 있다. 반면에 HIT은 강한 이슬람 신앙을 가진 따우숙 무슬림 집중지역의 사역의 특성을 고려하여 과도기에 맞춰 C-6를 목표로 한다.

한국선교단체들은 각각의 무슬림 공동체의 상황에 맞는 고유한 복음전도방법을 채택하고 있다. 일부는 전달 메시지가 예비 회심자의 삶의 경험에 더 어울리도록 성육신 또는 상황화된 요소를 강조했다. 또한 대부분의 사역의 경우에 일대일 개인 전도가 선호되었고 성경 공부가 뒤따랐다. EMS와 UMM은 무슬림 상황화에 맞는 수정된 연대기 성경공부교재를 활용하였다. MMM1은 "예수 영화"를 상영하였다. MMM2는 무슬림들에게 상황화된 전도폭발 교재를 사용하였고 UMM은 궁극적으로 예수를 따르도록 결심하게 하는 성경 공부 시리즈교재를 통하여 제자훈련을 강조하였다. CCM은 대중 전도와 선지자 연구를 통한 일대일 종교간의 대화를 통한 독특한 복음전도 방법을 사용하기도 하였다.

2. 무슬림 공동체의 필요를 채우는 전략

모든 사역에 채택된 우선 전략은 무슬림 공동체에 진입하고 주민과 지도자들과 함께 친분을 쌓기 위하여 공동체에 필요한 지역개발사역을 하는 것이었다. 또한 복음을 나누기 위한 분위기와 기회를 만드는 방법으로 지역주민들과 우호관계를 쌓는 것이 강조되었다. 각 선교단체가 지역 공동체에 대한 연구, 관찰 및 검증을 통하여 공동체의 필요에 대한 관심을 끌었던 것이거나 공동체의 필요에 대한 주민과 지도자들의 의견전달에 입각하여 사역지에 적합한 것으로 간주되는 의료, 교육 그리고 생계지원의 고유한 종합패키지사역을 개발하였다.

CCM은 유아 교육, 성인 문맹 퇴치와 직물 및 봉제와 같은 지역사회개발프로젝트에 초점을 맞추었다. EMS 은 스포츠 사역, 청소년들을 위한 컴퓨터 교육, 의료 사역, 교육 사역, 농업과 축산기술 훈련으로 인한 생계지원과 현지 사역자들을 위한 훈련사역을 감당했다. HIT은 중점적으로 유치원과 의료 사역을 하고 있다. 뿐만 아니라 MMM1은 무슬림 시골지역에는 초등학교, 도시에는 무슬림 학생들을 전적으로 후원하는 기숙사형 기술중고등학교와 전문대학을 운영하고 있다. 다른 한편으로, UMM은 청소년을 위한 공부방과 농업과 축산기술을 훈련을 통한 생계지원프로젝트, 그 외에 유치원과 의료 사역을 하고 있다. 마지막으로, MMM2는 컴퓨터 교육, 농업 교육, 의료 사역, 그리고 생계지원프로젝트를 포함하는 많은 지역개발사역을 하고 있다.

교육사역은 선교단체들이 주민들의 신뢰를 얻을 수 있도록 하는 아주 중요한 역할을 한다. 따라서 무슬림 공동체들은 교육사역을 위하여 편의와 장소를 제공하는 것을 볼 수 있다. 특별히 유치원 사역은 어린이들에게 정규교육을 받게 하려 하는 무슬림 공동체의 보편적인 바램 때문에 인기 있는 전략으로 입증되었다. 이러한 열망은 이맘(종교지도자)이 마드라샤(Madrasah-이슬람 교육을 시키는 학교)를 선교단체에 의해 운영되는 유치원으로 사용하도록 허용하는 경우에서 알 수 있다. 사역하는 무슬림 공동체 안에 학습센터(공부방) 운영을 선택한 UMM을 제외하고, 다른 선교단체들은 유치원 사역을 무슬림 공동체에 진입하기 위한 사역으로 시작하였다.

EMS의 시라완(Sirawan) 무슬림 지역에서는 무료로 주민센터를 사용하도록 허락하여 컴퓨터 교육사역을 장려하고 있다. 마찬가지로, 무슬림 마을의 열악한 보건시설과 혜택은 절대적 필요를 채워주는 의료사역이 무슬림 공동체에서 환대를 받도록 한다. 선교단체들은 해외 의료팀과 의료용품 공급에 의존하여 비정기적으로 무료 의료사역을 실시하고 있다. 무슬림 지도자들은 주민센터 공무원들과 보건소 직원들이 의료선교사역을 돕도록 전적인 편의를 제공하고 지방공무원, 지방경찰들 그리고 시민단체들은 의료팀에 대한 신변안전을 보장해준다.

CCM, UMM, EMS, 그리고 MMM2 는 지역개발사역을 위하여 생계유지훈련과 지원사역을 하고 있다. 특별히, EMS와 UMM은 한국의 체계적인 자연농법을 교육하기 위하여 훈련센터를 개원하여 운영하였다. 다른 한편으로, MMM2는 한국의 자연농법과 축산기술에 대한 세미나들을 무슬림들만이 아니라 전국적으로 확대하여 정부기관과 연계하여 사역을 확장하였다. 대체로 지역개발사역 뿐만 아니라, 기독교 공동체와 무슬림 공동체를 연결하는 혁신적인 사역방법들은 더 우호적인 반응을 만들었다. 크리스마스 발표회 때에 무슬림들을 현지교회에 초청하여 섬기고 한국 문화콘서트를 통하여 교류하고 선교단체가 주최하는 정기적인 스포츠 경기(농구경기)를 통하여 우호적인 관계를 형성할 뿐 아니라 결국 이들이 기독교 가치들을 눈에 볼 수 있게 되었다.

3. 무슬림 사역의 독특한 상황

한국 선교단체들이 사역 중에 신학적, 역사적, 사회학적, 문화와 상황적, 그리고 실제적 갈등 요소와 장벽들을 겪고 있는데, 그럼에도 불구하고 선교단체들은 극복방안과 해결책을 모색하고 있다. 이 섹션에서는 응답자들이 성공적인 사역을 위해 선행되어야 할 개인전도, 리더십과 경영 스타일 그리고 언어능력에 대해서 다루고자 한다.

복음전도 면에서, 한국 선교단체들이 실시한 두 가지 차원이 있는데, 공동체 안에 스며들어 공동체 소속이 되는 것과 성육신적 삶의 스타일을 적용한 전도이다. CCM, EMS, UMM, 그리고 MMM2 는 공동체에서 함께 사는 삶의 중요성을 강조했으며 CCM, EMS, 그리고 MMM2 는 현지인 사역자들을 무슬림 공동체에 거주할 수 있도록 하였다. UMM은 무슬림 공동체 안에서 한국 선교사와 현지인 사역자들이 거주할 수 있는 기반을 마련하였다. 일부 사역들은 무슬림들과 기독교인들 사이에 존재하는 장벽을 무너뜨리기 위해 성육신적 삶의 스타일의 원리를 적용하고 있다. 따라서 거주사역은 복음선포와 븍음전도를 위해서 꼭 필요한 부분으로 강조될 뿐만 아니라 좋은 상호신뢰관계와 진솔한 우정을 구축하고 육성케 하는 기회를 만들게 하였다. 이러한 사역자들의 수고와 헌신은 무슬림들로 하여금 선교단체를 신뢰케 하며 점차적으로 자신들을 위해 수고하며 애쓰는 사역자들을 가족으로 받아들이게 하였다.

리더십의 관점에서, 외국 선교사들은 현지인 사역자들을 직접 진두지휘한다. 사역비를 현지에서 조달하는 것은 극히 적고 대부분은 해외원조에 의지하고 있다. 하지만 일부 CCM 사역의 디고스(Digos)와 사랑가니(Sarangani)주에서는 선교사역을 위하여 현지지역의 사역자 리더들에 의해서 현지 사역단체들을 시작한 경우는 예외이다. 각 선교단체는 현지리더쉽을 강화하여 해외인적과 재정자원의 의존도를 점차 벗어나는 준비와 대책을 강구해야 한다. 또한 응답자들은 현지 사역자들과 무슬림 개종자들(MBBs)이 독립적으로 사역을 감당해 가고 현지 사역자에 의해서 사역의 지속성을 갖도록 점차 현지 지도력을 개발할 필요성을 느끼고 있다. 일반적으로 필리핀 사역자들은 매우 헌신적이지만, 일부는 개인적인 이득을 위해서 선교단체와 연결하여 사역을 하기도 하며 여전히 해외 재정에 의존하는 경향이 있다. 또한 일부 현지 사역자들은 무슬림 마을에서 사역하는 것을 기피하고 동원, 훈련 그리고 모금활동을 위하여 국내외적으로 활동하는 것을 선호하기도 한다.

언어소통 면에서, 효과적인 사역을 위하여 무슬림 종족의 언어를 배우는 것이 모든 사역 중에서 우선순위로 고려되었다. 현재, 응답자들은 사역에 필요한 언어구사능력에 있어서 각각 다른 수준에 있으며 일부 선교사들은 시부아노(Cebuano)를 할 수 있지만 그들이 현지 무슬림 언어로 소통하는 능력은 아주 부족하다. 마찬가지로, 많은 필리핀 사역자들은 무슬림 언어를 유창하게 하지 못하며 심지어 무슬림 종족 언어를 배우는 것에 불필요성과 거부감을 가지고 있다. 왜냐하면 무슬림들도 공용어인 따갈로그어 혹은 시부아노를 사용하기 때문이다. 그럼에도 불구하고, 장기적 측면에서 사역자들이 마음의 언어인 무슬림 종족 언어를 습득함으로 상호관계를 증진하고 효과적인 사역의 뿌리를 내려야 할 것이다.

4. 무슬림 사역의 수고에 의한 성공요인

필자는 응답자들이 각 사역들의 목표달성에 긍정적으로 기여한 요인들이 무엇인가를 확인하기 위해서 인터뷰를 시도했다. 현재 필리핀 무슬림 사역의 초기 단계를 감안 할 때, 필자는 현재로서는 그들의 사역의 성공을 1) 개종과 교회 설립을 위한 공헌에 대한 사역의 수고 그리고 2) 이러한 수고에 대한 무슬림 공동체의 반응들에서 평가하는 것이 바람직하다고 생각한다. 민다나오에서 사역하는 한국 선교단체들의 무슬림 사역의 성공은 무슬림 공동체의 진정한 필요에 부합했느냐를 통해 가늠 할 수 있다. 따라서 효과적인 사역들은 무슬림 공동체가 실제적으로 필요로 하는 것에 부합해야 한다.[7]

무슬림들의 절실한 개인적, 사회적인 문제들을 제대로 돕기 위하여 무슬림 공동체의 절실한 필요(Felt Need)에 적합한 사역을 하는 것이 중요하다.[8] 한국선교단체들은 무슬림들의 당면한 개인적이고 사회적인 문

註 7) Vander Werff, 1977, 166.
　　8) Goldsmith, 1982, 105.

제에 깊게 관여하고 개인적인 목표와 열망을 성취할 수 있도록 구체적으로 도왔다. 이러한 사역들은 교육, 보건, 경제적 기회들과 같은 기본적인 필요에 부응하도록 했으며 실제적인 사역을 통한 도움은 주민들의 기술과 농업의 능력을 향상시켜 직장을 얻고 각자의 생계를 지원할 기회들을 증진시키는데 까지 확장되었다. 또한 일부 선교단체들은 지역개발사역으로 마을에 도로와 다리를 놓아줌으로 고립되고 소외된 무슬림 공동체들의 불편을 해소해 주었다.

기독교 신앙의 가장 설득력 있는 본은 사랑과 봉사를 나타내는 삶이다.[9] 실제로 눈에 보이는 사랑과 봉사를 통해서 사역들에 대한 무슬림들의 의심과 두려움을 극복하게 하고 결과적으로 복음에 열리고 회심으로 인도하도록 한다. 다양한 무슬림 사역들의 노력에 대한 응답의 측면에서 보면, 일반적으로 증가했는데, 만남과 우정과 성경공부를 위해 더 많은 지역들을 섬기게 되고 더 많은 무슬림들과 접촉했던 것으로 조사되었다. 선교단체들은 자녀들과 학생들 그리고 20대와 30대 사이에 있는 청장년, 여성들, 직장인들, 세속교육을 받은 사람들, 실업자들 그리고 가난한 사람들이 더 쉽게 다양한 사역과 복음전도에 반응하였음을 인지했다. 특히 CCM, EMS, 그리고 UMM의 사역의 경우에 어린이들, 여성들, 그리고 실업자들이 가장 잘 반응하는 경험을 했다. HIT 는 빈곤생활을 하고 접근하기 어려운 지역사회의 사람들에게 집중했다. MMM1의 경우에, 사역들에 잘 반응을 보였던 사람들은 도움을 꼭 필요한 사람들인 가난한 사람들과 그 외로 세속교육을 잘 받고 자란 사람들이었다. 다른 한편으로, MMM2는 글을 아는 사람과 세속 교육을 받은 사람들이 더 기꺼이

註 9) Elder, Undated.

다가왔다고 보고한다. 모든 선교단체들은 이혼한 가족들에게 성공적인 사역을 하였다.

무슬림들의 정령숭배신앙에 대한 강한 집착이 무슬림 공동체의 사역에 대한 긍정적 반응에 도움을 준다. 복음전도사역에 있어서 기도의 능력은 무슬림들도 인정하고 있다. MMM1과 MMM2는 복음의 높은 수용성의 중요한 요소로써 병자를 위한 기도의 역할을 언급했다. 선교사들이 기도한 이후에 병자들이 치유되었을 때에, 가족들은 그리스도의 능력을 더욱 더 믿게 되었다. 어떤 경우에는, 이러한 것이 회심하고 세례를 받는 것을 결정하는데 중요하게 작용했다. 또한 CCM과 UMM도 예수 그리스도의 능력을 보이기 위한 방법으로 기도사역에 집중했다. 그들은 의료사역을 할 때에, 하나님의 사랑과 긍휼을 표현하는 공개기도도 거부하지 않고 받아들였다. 기도사역은 많은 부분에 있어서 한국선교단체의 친절한 의도를 표현하고 복음의 능력을 제시하였다.

5. 종합 평가를 통한 맞춤형 모델의 모색과 제언

현재 한국 선교단체들의 무슬림 사역들은 씨앗을 파종하는 단계를 넘어 파종된 씨앗의 순을 바라보는 단계로 본다. 사역의 특성상 무슬림 사역에 대한 한국선교를 일률적으로 평가할 수는 없지만 대체로 효과적이고 긍정적인 열매들을 맺어 가고 있다. 그들의 목표와 전략들이 분명하게 설정되어 있고 그 목표와 전략들이 각각 사역하는 무슬림 공동체의 독특한 특색에 맞고 신학적, 역사적, 사회적, 문화적 그리고 실질적인 상황들에 대응하면서 체계화 되고 있다. 따라서 목표들과 전략들은 특정한 공동체에 효과적인 사역요구들을 충족시키기 위하여 잘 특성화되어야 한다. 실수를 줄이고 성공적인 사역을 촉진하기 위하여 전략들은 환경과 상황에 따라 적절하게 변화되어야 한다. 따라서 사역의 획일화를 지양하고 총체적 사역(Holistic)이 우선전략이 되어야 한다.

무슬림 공동체에 쉽게 진입하도록 하는 것은 한국선교단체의 사역들에서 중요한 면을 여전히 차지하고 있는 의료사역 때문이다. 대부분의 사역들은 주로 기초교육의 모든 레벨들에 있는-유치원, 초등학교 그리고 고등학교-교육사역을 감당하고 있다. 또한 컴퓨터교육, 성인문맹퇴치와 한국 자연농법의 기술훈련과 같은 교육에 관련된 사역도 감당했다. 학습센터, 유치원, 공부방에 대한 구조투자는 사역하는 무슬림 공동체의 교육요구를 받아들이도록 설계되었다. 그러나 헌신이 부족한 교사와 현지인 동역자들을 고용함으로써 교육사역이 어려움을 겪고 있기도 하다.

복음에 대한 접근 측면에서, 무슬림 집중지역인 농촌공동체보다는 상대적으로 세속화의 영향을 받고 있는 도시 무슬림 공동체의 접근이 용이하며 기독교인들이 집중된 지역이 무슬림 밀집지역보다 진입이 수월하다. 무슬림 밀집공동체들은 복음에 대해서 거부하는 경향이 있다. 빈민지역 무슬림들이 더욱 긍정적인 반응을 보이는 것으로 나타났다. 상대적으로 무슬림 여성들과 청소년 그리고 세속 교육을 받은 사람들의 복음의 수용성이 높았기 때문에 필리핀 무슬림 사역의 우선순위는 이러한 대상들을 향한 우선적인 선택을 강조해야 한다.

한국 선교사들을 무슬림 공동체에서 받아들이는 특별한 장점 중의 하나는 한국과 필리핀 무슬림들 사이에 뿌리 깊은 편견을 가져오게 할 도화선이 될 수 있는 역사적 적대감이 없다는 것이다. 또한 양자는 인간유대관계, 부드러운 대인관계 그리고 공동체 형성을 가치로 여기는 동양문화에 속한 공통점 때문이다. 최근에는 한류의 깊은 영향으로 한국문화와 언어에 대한 열망이 선교에 긍정적인 영향을 미치고 있다.

무슬림 사역에 대한 열망과 무슬림 공동체의 외부인에 대한 경직된 상태를 완화하기 위한 한국 선교사들의 열정 때문에 일부 선교사들은 선교기금을 배분하고 할당하는데 매우 신중치 못했다. 결과적으로 이것은 공동체 지도자들뿐만 아니라 필리핀 사역자들과 무슬림 개종자들(MMBs)에게도 엄청난 돈을 가지고 있다는 부정적인 이미지를 갖게 했다. 또한 이것은 한국선교사들을 리더쉽의 위치에 놓는 사역구조를 만들었고 필리핀 사역자들이 수동적이고 의존적인 주종관계를 형성하게 하였다. 긴 안목으로 보면, 효과적으로 장애물들을 줄이기 위한 적절한 조치가 필요하다. 특별히 주의할 것은 해외자금자원에 완전히 의존하는 것을 단계적으로 줄이고 안정적으로 현지에서 재정을 충당해야 한다. 서구 선교단체와 같이 현지 사역자가 중심이 되는 무슬림 사역으로 전환이 필요하며 한 걸음 더 나아가 장기적으로 현지지역교회와 연계된 사역의 지속성이 필요하다.

거주사역과 개인전도는 필수이며 사역의 우선순위보다 기독교의 사랑이 베어 나와 전달되도록 인내와 신뢰 그리고 헌신의 성육신이 필요하다. 무슬림 개종자(MBB)들을 통한 동일종족을 위한 효과적인 복음전도가 목표가 되어 실행되어야 한다. 뿐만 아니라 현지인 사역자들은 사역하는 무슬림들 언어를 반드시 습득해야 한다.

 존 마크 테리(John Mark Terry)가 정리한 복음주의 무슬림 전도방법에 비추어,[10] 한국선교단체의 사역을 분석하여 필리핀 무슬림 상황에 맞는 옷을 입어 보는 것도 좋을 듯하다. 민다나오의 뿌리 깊은 무슬림-기독교 갈등과 분쟁의 역사를 감안할 때, 민다나오 지역에서 대립모델을 사용할 때는 주의를 요한다. 종교간의 모독을 일으키고 분쟁(폭력)을 자극시키는 위험은 각각의 선교사역에서 안전문제와 직결되기 때문이다. 오히려 대화모델을 통하여 상호 편견과 오해를 불식시키는 노력이 필요하다. 공공시설(기관) 모델은 사역진입의 용이성과 교육과 의료혜택 그리고 지역개발이라는 필요를 채워주는 장점이 있는 반면에 고비용이라는 부담감이 있기 때문에 숙고할 필요가 있다. 그리고 전통 복음주의 모델은 지나친 서구 스타일의 복음전도 방식 때문에 효과가 미미한데, 오히려 무슬림들이 공감할 수 있는 문화적, 종교적 형태로 복음을 제시하기 위한 가능한 수단을 사용하는 상황화 모델이 성육신적 모델과 동반하여 적용되는 것이 바람직하다.

註 10) Terry, 1996, 168-173; and Register, 1979, 11-12.

III. 나가는 말

1990년 중반에 시작된 필리핀 무슬림에 대한 한국선교는 충분한 사역
연구와 조사 그리고 준비기간이 선행되면서 교육, 의료, 그리고 지역개
발사역들의 다양한 사역들을 통하여 무슬림 공동체에 안착하였고 한 걸
음 더 나아가 공동체의 인정을 받는 단계까지 발전하였다. 각 공동체에
신학적, 역사적, 사회적, 문화적 그리고 실질적인 갈등과 장애물들이 있
음에도 불구하고 노력에 부응하는 적절한 성과들이 나타나고 있다. 선교
단체들은 사역 대상과 지역에 대한 세밀한 공감과 총체적 사역(Holistic)
에 기반을 둔 다양한 전략들을 통하여 상황화 교회들을 세우기 위한 궁
극적인 목표에 도달하려고 노력하고 있다.

필자는 한국선교단체들이 신학적인 조명, 역사적 관점과 사회문화적
이고 실제적인 분석에 근거한 예리하고 상황화된 전략들을 지속적으로
개발하기를 독려한다. 또한 한국선교단체들이 협력사역의 필요성을 인
식하고 불필요한 중복투자와 경쟁을 피하고 정보공유와 사역의 건전한
발전을 위하여 네트워크와 파트너쉽을 구축하기를 바란다. 한국선교단
체의 정기모임과 사역자 훈련공동프로그램이 시급히 요구된다. 마지막
으로 기독교와 무슬림 공동체 간의 화해를 위한 혼신의 노력이 지속되어
야 한다. 무슬림들을 사역의 대상으로만 바라보지 말고 그리스도의 사랑
과 긍휼을 경험하도록 인내와 집중적인 관심을 가지고 그들을 진심으로
사랑하며 지속적인 상호신뢰와 유대를 쌓고 증진하는 일이 필요하다. 한
국선교의 꽃봉오리가 활짝 피는 봄날을 간절히 고대한다.

참고 문헌

Elder, J. Undated. The Biblical approach to Muslims. Hong Kong: Christian Communications Limited.

Goldsmith, Martin. 1982. Islam and Christian witness. London: Hodder Christian Paperbacks.

Gowing, Peter G. 1979. Muslim Filipinos ? heritage and horizon. Quezon City: New Day Publisher.

Korean Missionary Association. 2017.

Majul, Cesar Abid. 1973. Muslims in the Philippines. Quezon City: University of the Philippine Press.

National Commission on Muslim(NCMF). www.ncmf.gov.ph.

Philippine Population(2017), http:worldometers.info/world-population/philippines-population.

Register, Ray G. Jr. 1979. Dialogue and interfaith witness with Muslims. Fort Washington: Worldwide Evangelical Crusade.

Sorza, Rexcel. 2004. Filipino Muslims: Fight Islamophobia in Ramadan. In http://www.islamonline.net/English/News/2004-10/25/article04.shtml

Terry, John Mark. 1996. Approaches to the evangelization of Muslims. Evangelical Missions Quarterly 32, No. 2.Tuggy,

Tuggy, Arthur Leonard and Oliver, Ralph. 1972. Seeing the Church in the Philippines. Manila: OMF.

Unreached People Groups of the Philippines Prayer Guide. 1999.

Vander Werff, Lyle. 1977. Christian mission to Muslims. Pasadena: William Carey Library.

제8부

서남 아시아

20. 방글라데시 이슬람선교의 현 상황과 전망

이 모 세[1]

1. 방국의 사역 비전과 현황

개신교 선교사의 아버지인 윌리암 케리가 1793년에 이곳 뱅갈어 지역
에 와서 개신교 선교의 첫 걸을 내딛었다. 그러나 그는 복음을 수용하기
어려운 뱅갈 무슬림보다는 힌두 뱅갈인을 대상으로 복음을 전했고 결국
뱅갈어로 번역된 첫 번째 성경의 언러로 뱅갈 힌두교의 언어를 사용하였
다[2] 그 이후 이곳 땅에 설립된 침례교로 소수 무슬림들이 개종하여 교회
로 들어온 얼마 안되는 사례가 있었으나 대부분 힌두교대상으로만 복음
을 전했다. 게다가 다수 무슬림을 두려워한 현지 기독교인들은 무슬림들
의 개종에 대해서 의심의 눈초리를 보냈고 그들이 무슬림으로부터 당한
상처가 많아서 개종한 무슬림들을 그다지 환영하지 않았다. 인도가 영국
에서 독립했을 때 방글라데시는 당시 동파키스탄 이름으로 이슬람국가
로 1952년에 독립하게 된다.

그 이후에도 기존의 침례교에 소수 무슬림들이 복음을 받아들여서 교
회에는 다녔으나 그들의 이슬람 사회에서는 재 진입할 수 없는 상태가
되어서 타 무슬림들에게 복음이 확산되지 못했다. 게다가 기존의 기독교
인들은 무슬림들에게 복음을 전할 용기와 필요성을 갖추지 못했다. 이런
상황속에서 방글라데시라는 이름으로 1972년에 파키스탄으로부터 독립
하고 난 이후 무슬림을 향한 기존의 전도방식에 대한 문제를 깨닫게 된

註 1) 현지에서 오래 된 사역자
2) 윌리암케리가 번역한 뱅갈어성경은 하나님을 이숄이라는 힌두교신을 빌려서 사용해
서 후에 무슬림들이 다신교를 심하게 거부하여서 이 성경 읽기를 주저했다. 역주

일부 서양 선교사들중 밀튼 쿡(WV) 과 필파샬(SIM)같은 분들이 1980년
도부터 무슬림들이 이해하기 쉽고 회심이후에도 이슬람사회안에 남아서
복음을 지속적으로 전달하기 위해서는 지금까지의 빼기식의 전도사역방
식보다는 남기기식의 전도사역방식으로 택해야 한다는 결론을 내리고
외국 선교사들이 성경이 허락하는 범위내에서 이슬람의 종교와 문화를
일부 받아들여서 만든 이슬람권 상황화 선교사역의 이론과 실제를 이곳
에서 정립하였다. 그러자 지난 수십년동안 수십만명의 무슬림회심자들
이 생겼고 이들은 여러 그룹으로 나누어서 이슬람사회내에서 존재하고
있다. 이들을 통해서 지금도 수많은 무슬림에게 복음이 전파되고 있다.

지금도 이런 전도방식에 무슬림들은 반응하는가? 최근에 만난 한명의
현지 전도자에 의하면 지방 곳곳에서 다니면서 상황화식으로 무슬림들에
게 복음을 전할 때 수십명 수백명이 받아들인다고 한다. 물론 무슬림들에
게 더 나은 전도방식을 지속적으로 연구하고 시행해보고 발표해야 하겠
지만 지금으로서는 여러 가지 상황화전도법(낙타전도법, 천국가는 지름
길 전도법)[3]이 세계 여러 이슬람국가에서 효율적으로 사용되고 있다.

그 다음 이슈는 무슬림들이 복음을 믿고 나서 양육과 그들이 속한 교
회의 형태이다.
복음을 수용한 무슬림회심자들은 그들만의 그룹에 속하기도 하고 여
전히 외국인이 주도하는 그룹에 속하기도 하지만 상황화 정도에 따라서

註 3) 낙타전도법은 미국 남침례 선교부에서 개발하였고 천국가는 지름길은 미국의
Common Ground 팀에서 개발한 꾸란을 이용한 전도법이다. 낙타 전도법은 바로 예
수님이 누구인지를 설명해주는 전도방식으로 한번밖에 만나지 못할 것 같거나 꾸란
에 대한 지식이 얕은 자에게 적합하나 천국가는 지름길은 그 반대이다. 역주

서로 다른 그룹에 속하여 생존과 사역을 감당하고 있다. 이런 개종자그룹들은 시간이 지나면서 어떤 형태로 변화하고 있는가? 한 개종자 그룹의 리더가 인도에서 신학교를 마치고 난 이후 그는 자신의 그룹이름까지 변경하면서 점차로 긴장이 심한 무슬림 사역을 포기하였다. 한편 내부자 운동을 했던 한 현지그룹의 리더도 서양에서 지속적인 재정후원을 받다가 후원이 중단되자 그와 함께 회심자 셀그룹을 돌봤던 중간리더들이 전부 타 교단으로 넘어가면서 거의 와해되기까지 했다.[4]

물론 기독교교단중 한두곳에서 단독으로 별도의 무슬림 전도사역을 시도했고 별도의 예배를 보았지만 시간이 지나면서 무슬림전도사역이 약화되었다고 한다.

이처럼 무슬림회심자 리더들과 사역이 시간이 지나면서 긍정적인 변화를 보이지 못한 이유는 여러 가지가 있으나 그 이유를 현지인들안에서 찾기 전에 그들을 처음부터 도왔던 외국인 선교사들에 의해서 보다 더 세심한 도움과 지도를 하지 못했다는 아쉬움을 남기게 된다. 물론 일부 무슬림회심자들은 기독교기관에 남아서 독립적으로 그들만의 사역을 시도하고 있든지 아니면 자신들의 노력과 외부의 지원을 묶어서 성실하게 사역하는 것도 사실이다. 그러나 이들의 미래도 어떻게 될지는 장담하기 어렵다. 이슬람 상황화전도로 나름 열매를 보여주고 있는 이슬람 선교상황도 사실은 재정후원의 문제로 적지 않은 변질된 모습을 보여주고 있다. 이슬람선교와 재정후원사이의 관계가 어떻게 설정되어야 하는지는 여전히 이곳 선교사들 사이에 핫한 이슈이다.

註 4) 여기서 언급한 두 단체는 역자가 직접 목격한 사례이다. 단지 그들의 보안을 위해서 단체명을 언급하지 않았다. 역주

2. 사역 이슈 문제점 제기

1) 재정지원과 직업기회가 함께 하는 복음전파 : 앞에서 언급했듯이 대부분의 무슬림회심자 리더들은 여전히 외국 기독교 교단이나 단체나 개인들의 후원에 의존하고 있다. 왜냐하면 무슬림이 복음을 받아들일 경우 기존의 이슬람사회에 남아서 예수를 믿는 자의 정체성을 유지하기가 힘들기 때문이다. 또한 대부분의 무슬림회심자들은 사회 중하류층 출신이기도 하고 상류층 출신이라고 하더라도 복음을 수용한 이후 그들의 기존 이슬람사회로부터 추방되어 별도의 외부지원없이는 생존하기 힘들다. 그래서 거의 모든 무슬림회심자들은 외국선교사나 기존의 기독교단체의 재정적 후원에 의존한다. 아예 이곳에서는 복음수용과 생계유지를 동시에 제공하지 않으면 무슬림회심자들을 만들어낼 수 없다는 푸념하는 선교사도 있다. 무슬림들이 복음을 받아들인 이후에 그들 스스로 힘으로 생계를 유지할 수 있는 회심자들을 어떻게 만들어낼 것인가? 대부분의 MBB[5] 리더들은 현재 유사한 사역을 하는 기독교 엔지오의 직원으로 일하고 있거나 아니면 외부에서 후원받아서 영적사역에만 집중하고 있다. 이런 이들은 자신들이 속한 곳으로부터 양육과 예배를 드리고 있다. 그러나 나머지 일반 직업전선에 머물고 있는 MBB들도 있는데 이들은 어느 단체나 자마트에도 속하지 않고 있어서 양육을 받지 않고 있다. 이곳 현지 MBB들은 생존수단을 주는 자에게 영적으로도 속하는 습관을 갖고 있다. 게다가 한국선교사들은 본인이 직접 전도하기 보다는 이미 만들어진 MBB들을 선발(혹은 채용)해서 급여를 주면서 (아니면 간접적

註 5) MBB(Muslim Backgroud Believer:무슬림 배경의 신자라는 의미로 기존의 크리스챤이라는 단어가 무슬림들에게 핍박의 대상으로 여겨지면서 일부 무슬림회심자들과 선교사들이 무슬림배경의 성도를 지칭하는 호칭으로 만들어냈다. :역주

인 지원을 주면서)사역을 시작하는 것이 대세이다. 그러다보니 자립적인 MBB성도들을 만들어내기 더욱 어렵다.

이 문제를 해결하기 위해서 다양한 시도가 행해지고 있다. 자세한 내용은 다음과에서 설명하겠지만 지금 이곳에서 벌어지는 이슬람사역의 최고 이슈중 하나라고 할 수 있다.

2) MBB들을 위한 체계적이고 장기간적인 인격적인 양육시스템이 없다는 것이다. 현재 이곳에는 무슬림들이 복음을 받아들일 경우 양육할 수 있는 시스템이라곤 복음의 아주 기초적인 것만을 가르치는 3-4개밖에 존재하지 않는다.

3) 현지MBB 들 중 누구를 리더로 세워야 하느냐도 큰 이슈이다. 대부분 현지 한국선교사 들은 신학교를 나오고 자신의 편만을 드는 현지인들을 리더로 세우는 경향이 있다. 허나 현지성도들로부터 인정받지 못한 현지 리더십은 필드에 뿌리를 내릴 수 없다.

이처럼 MBB들의 양육과 현지 리더를 세우는 일은 중요한 이슈이다. 그리고 이런 중요한 슈에 현지인들과 외국인사이의 역할이 어떻게 되어야 하는가도 동반하는 중요한 문제이다. 즉 이 분야에서 현지 회심자(리더)와 외국인 사역자간의 상호 보완적인 역할이 필요할 것이다. 이런 문제가 최근에 가장 핫한 이슈로 나타나고 있다.

3) 그들만을 위한 적절한 교회를 세워서 이슬람사회내에서 생존하고 성장하는 것이 가능한가?

무슬림들은 태어나서부터 공동체중심의 사회에서 성장해왔기 때문에 복음을 받은 이후 그들은 당연히 자신들이 속할 공동체를 찾는다. 그러나 불행하게도 기존의 교회는 무슬림회심자들을 배척하거나 수용한다고 하더라도 그들이 속한 이슬람사회에서 무슬림회심자들이 기존의 교회에 다니는 것을 목격했을 때 거의 그들의 거주지에서 머무지 못할 정도의 핍박이 발생한다. 그래서 그동안 무슬림회심자만들을 위한 셀모임, 가정교회등을 개척되고 운영되어 왔다. 그럼에도 여전히 이 나라의 무슬림회심자들의 반 이상이 그들만의 모임에도 정기적으로 참석하지 않는다고 한다.[6] 그들이 참석하지 않는 이유중 주목해야 할 내용은 존경할만하고 배울만한 현지리더가 없기 때문이라고 한다. 그만큼 리더가 부족하고 기존의 리더의 질도 높지 않다는 반증이다.

3. 사역 전략적 방향 제안

1) 자립적인 MBB들을 만들어내는 전략

앞에서 언급했듯이 이슬람 선교에 관여하는 모든 기관과 개인들은 다양한 방법을 시도하고 있다. 이슬람의 강력한 기독교에 대한 저항력을 인해 복음을 받아들인 무슬림들은 생존의 터를 잃어버리기에 그 터를 제공하면서 양육을 시켜왔다. 그러나 그 지원이 중단되는 순간 그들은 또 다른 후원처를 찾기에 혈안이 된다. 그래서 발제자는 처음부터 이 문제를 발견하고 우리와 동역이 가능한 자립성향이 강한 MBB 리더를 찾아

註 6) 집필자가 직접 알고 있는 무슬림회심자중 약 30%정도가 어떤 모임에도 정기적으로 참석하지 않는다. 역주

왔다. 그리고 그들이 이미 생존을 위해서 시작한 그들만의 비즈니스에 주목했다. 그들의 기존 비즈니스를 통해서 접촉하는 이들에게 복음을 전하고 교회를 세우는 방식을 알려주었다.

두 번째 해결방식은 아예 처음부터 지원이 필요없는 부유층을 상대로 복음을 전하는 것이다. 발제자도 유사한 결정을 해서 부유층을 상대로 전도해서 맺힌 소수 열매를 맺히기는 했다. 그들은 대부분 자신들의 직업이나 사업에 분주해서 양육을 위한 시간을 내기가 쉽지 않아 양육에 상당한 시간이 걸리지만 재정후원을 해줄 필요가 처음부터 존재하지 않아서 그런 유혹이 들어갈 여지가 없다. 그러나 대부분 부유층들은 기존 이슬람을 버릴 때 받을 손실이 너무 커서 쉽게 복음을 수용하지 않으려고 한다. 또한 그들은 기존의 MBB들은 낮은 사회적 신분이어서 그런지 기존의 MBB 모임에 참여하려고 하지 않는다.

셋째로 일반 무슬림을 상대로 전도나 양육시에 직업이나 재정지원이 없다는 분명한 사전 조건이 필요하다. 그래서 전도나 양육시에 이런 목적으로 오는 현지 무슬림들을 차단해야 한다. 그런 면에서 전도의 최종적인 열매(세례를 포함해서)는 현지 제자들이 취하도록 해주는 것이 가장 바람직하다.[7] 외국인이 직접 개입할 경우 그들은 물질적인 혜택을 기대하게 해준다. 그러므로 무슬림들의 전도나 양육시에 외국인이 혼자서 진행하는 것은 결코 바람직 하지 않다. 반드시 현지인이 포함된 팀으로 운영하는 것이 최선이다. 물론 이런 팀내에서 현지동역자의 자유스러운 의견개

註 7) 외국인이 직접 개입하지 않아야 혹시 핍박이나 조사가 진행될 때 어려움에 봉착하지 않게 된다. 현지인 세례나 안수는 현지인 리더나 아니면 한국에서 방문하시는 한국 목사들에게 맡겨왔다. : 역주.

진과 수용이 전제되어야 한다. 그래야 가능한 실수를 줄일 수 있다.

넷째로 앞에서 언급했듯이 외국인이나 현지인이나 리더의 모범이 필요하다. 리더들은 후원에 의존하면서 일반 성도나 초신자에게 자생과 자립을 강조해도 소용이 없을 뿐만 아니라 우리가 전하는 복음도 의심받게 된다. 바울이 사도행전에서 가끔 천막 짜는 사업을 통해서 자신의 팀의 필요를 가끔 감당했듯이[8] 외국, 현지 리더들도 전부 이런 자세를 실제로 갖추도록 해야 한다. 그래서 발제자는 자신이 직접 비즈니스에 참여한 적이 있으며 나의 현지제자들에게도 동일한 요구를 하고 있다. 그들도 비즈니스 훈련을 받게 해서 직접 비즈니스에 관여하도록 인도해서 후에 자립적인 삶을 대비하고 있다.

2) 현지성도들도 존경하고 성숙한 제자로 키우기 위한 양육전략

외국인 일방적인 리더선정과 양육은 많은 실수를 일으킨다. 특별히 양육은 대상자들의 깊은 상처와 죄문제까지 건드려야 하는 세심한 작업이 동반되어서 외국인들은 자주 한계를 느끼게 된다. 앞에서 언급했듯이 외국인이 일방적인 리더선정을 중단하고 이미 기존의 현지 성도로부터 존경을 받고 있는 리더들을 찾아내야 한다. 자신이 비록 전도하고 양육한다고 해서 반드시 현지성도들의 존경을 받을 수 없는 경우 리더로 세워서는 안 된다. 양육시에도 항상 주변 현지인으로부터 양육대상자들의 실제 상태를 충분히 들어서 참고하면서 시행해야 한다. 양육과정을 진행하면 외국인의 독특한 역할을 찾을 수 있다. 현지성도들의 약점을

註 8) 행전 18:3 참조

누구보다 더 잘 파악하고 어떤 내용으로 가르쳐야 할지와 가르치는 내용에 대해서는 외국인이 더 많은 정보를 갖고 있다. 그렇지만 한계도 반드시 인정해야 한다. 외국인은 아무리 현지언어와 문화에 익숙해도 그들의 실제 삶의 변화유무를 파악하지 않고 바로 교실에서 양육하는 방식으로는 불가능하고 공동체 삶과 사역을 통해서 현장에서 교육하는 방식도 포함시켜야 한다.

제자훈련교재 내용도 해외에서 쓰는 것을 그대로 번역해서 사용하는 것은 재고해야 한다. 특별히 선진국에서 제작된 교재내에는 그들만의 배경과 문화와 양식이 포함되어 있다. 그래서 여러차례에 걸쳐서 교재내용을 지속적으로 수정해서 사용해야 한다. 그러기 위해서는 양육대상자들이 투명하게 교재내용에 대해서 불만스런 점들을 자유스럽게 말할 수 있도록 자유스런 분위기를 만들어내야 한다.

특별히 무슬림들은 자신들의 은밀한 죄와 약점을 여러 사람 앞에서 특히 동일한 민족들 앞에서 밝히는 일은 자존심을 심각히 손상시키는 일이라고 여긴다. 그래서 소그룹식의 양육은 별로 효과가 없다. 그러므로 1대1일 양육이 제일 적합하다. 깊은 나눔이 필요 없는 영역은 소그룹내지 공동체 훈련을 포함시키는 것이 좋다. 그러나 1대1 양육을 위해서는 서로에 대한 깊은 신뢰가 전제되어야 하기에 이런 전제가 조성되도록 사전 준비를 충분히 해야 한다. .

3) 이곳의 이슬람사회에서 생존하고 성장할 수 있는 형태의 교회개척 전략.

앞에서 언급했듯이 현재 기독교의 모든 문화와 방식에 대해서 거부감을 갖고 있는 이슬람권에서 한국과 선진국형태의 교회(건물, 조직, 예배방식등)는 지속가능하지 않다. 지금까지 그래왔듯이 마치 중국내에 핍박이 심할 시기에 생존과 성장의 방식으로 취해왔던 지하교회 방식이 지금으로는 최선이다. 도시는 그나마 소그룹으로 모이는 것이 가능하다. 허나 지방은 서로를 그마저 쉽지 않다. 실례로 발제자랑 연결해서 사역하는 한 지방 MBB그룹은 자체 계 조직 같은 것을 만들어서 계 모임같이 모이고 있다. 그들이 모였을 때는 먼저 성경과 일치하는 꾸란 구절을 읽고 나서 성경구절을 통해서 메시지를 전한다. 또 어떤 곳에서는 자신의 집을 오픈해서 모이기도 하고 학교나 사무실에서 모이기도 한다.

전도할 목적의 모임은 순수하게 교제중심으로 자연스런 대화를 유도하는 방식으로 하고 기존의 MBB 성도들만을 위한 모임과 예배를 별도로 봐야 한다. 또한 전국의 MBB 들의 네트웍이나 교제권을 만들어주거나 기존의 네트웍에 참여하도록 해서 그들만의 활동이 일어나도록 해주어야 한다. 거기에서 그들이 소그룹으로 남아 있어서 해결할 수 없는 문제들을 공동적으로 대처할 수 있게 되고 자신의 신앙적 정체성을 유지할 수 있는 동력을 얻게 된다.

4. 사역자 역할과 준비사항(외국인과 한국인 포함)

1) 한국선교사가 이슬람권에 와서도 이슬람사역에 전폭적으로 헌신하지 않는 이유

지금 이곳에 들어와 있는 한국 선교사들중에 무슬림사역에 올인하는 이는 많지 않다. 파송한 한국교회나 파송단체가 이슬람 사역에 대한 이해가 부족하거나 이미 결정된 사역에 참여해야 하기에 하지 못하는 경우도 많다. 또 우리들이 배운 보수적인신학과 사고방식이 이슬람에게 자연스럽게 접근하는 것을 스스로 막고 있다. 그리고 사전에 이슬람을 직접 접한 적이 없어서 이슬람의 문화와 방식이 매우 이단적으로 보여서 수용 자체를 금하게 하기도 한다. 그럼에도 불구하고 예전과는 다르게 이슬람 국가 곳곳에서 이슬람에게 더욱 다가가는 한국 선교사들의 수는 늘어나고 있다. 그들을 지원해줄 수 있는 방식은 많지 않지만 스스로 헤쳐나가고 있다. 이제는 그들을 불러내서 격려하고 소통하고 나누고 지지해주고 새로운 정보들을 알려주는 네트웍이 필요하다.

2) 전도와 양육에 외국인과 현지 회심자들의 성경적인 역할을 찾아야 한다.

사도행전과 서신서들을 자세히 살펴보면 바울과 전도팀이 개척된 교회의 리더들을 직접 선발해서 양육했다는 기록은 없다. 단지 디모데전서 3장에 보면 어떤 이들을 리더로 세워야 하는지에 대한 가이드라인만 있을 뿐이다. 초대교회의 리더들도 아마도 형성된 교회 성도들이 스스로 이런 가이드라인에 근거하고 리더들의 점검과 확증으로 세워진 듯하다. 그럼에도 불구하고 요즈음 선교지나 해외에서 신학을 마쳤다고 해서 무조건 리더로 세운다고 하더라도 이슬람권 같은 곳에서는 그들을 중심으로 제대로 된 이슬람 사역을 못 할 수 있다. 그리고 전도현장도 자세히 살펴보면 바울의 전도팀만 관여한 것이 아니라 전도지역의 현지인들도 함께 참여하고 있는 장면을 사도행전 곳곳에서 찾을 수 있다.[9] 즉 전도와 양육시에 외국인과 현지인들이 공동적으로 각자의 장점인 역할을 잘 보여주고 나타내주도록 하는 공동 시스템이 필요로 한다.

결론 : 우리의 나가야 할 길

이슬람교는 자신들의 종교근원을 유대교와 기독교와 같이 두고 있다. 이슬람교는 성경 구약의 많은 내용을 공유하고 있고 신약의 일부 내용을 공유하고 있다. 그러므로 이런 공통된 내용들을 잘 이해시켜 나가면 무슬림들에게 복음을 이해시킬 수 있는 다리를 놓을 수 있다.

그럼에도 불구하고 이슬람교는 기독교처럼 신앙의 배타성을 강하게 갖고 있어서 곳곳에서 갈등을 피할 수가 없다. 그렇다고 이슬람권에 태어나서 성장하는 영혼들을 나 몰라라 하는 것도 성경적이 아니다. 게다가 한국교회는 이제 숫적인 선교성장을 지양해야 하는 상황에서 이제부터라도 이슬람권을 향한 질적으로 양호한 한국 선교사들을 키워내야 한다. 그렇게 하기 위해서는 무엇보다 더 전문적이고 장기간적인 계획과 방향과 투자가 필요하다. 그래서 필요하다면 이 분야에 위원을 구성해서 이슬람권의 성경적인 복음화를 위해서 타 국가의 동료 선교사들과 현지 MBB리더들과 얼굴을 맞대고 기도하며 연구하며 실행해봐야 한다.

그리고 필드에서는 선교사가 직접 이슬람과 대면해서 그들을 이해하고 직접 복음도 전해보는 경험이 필요하다. 이런 경험없이 필드에서 현지인들을 양육하거나 제자를 삼을 수 없을 뿐 아니라 차세대 이슬람 선교사들도 제대로 키울 수 없다.

이슬람 선교권은 성경말씀에 근거하여 지속적으로 새로운 시도를 해봐야 한다. 기독교의 복음에 대한 오해와 편견이 가득한 무슬림이고 복

註 9) 행전 17:7, 15, 18:24-28, 19:30, 20:17등 참조

음을 강력히 저항하는 이슬람권이어서 주님이 새롭게 주시는 지혜로 그들만을 위한 전도, 양육, 그들을 위한 적합한 교회양식등에 관련해서 효율적인 방식을 지속적으로 찾아나서야 한다. 기존 방식이나 한국적 방식만을 고집하면 이슬람권에서 바람직한 열매를 기대하기 어렵다.

21. 파키스탄 이슬람의 역사적 관점과 하나님 나라 완성을 위한 전략적 대응

이 재환[1]

들어가는 말

파키스탄 이슬람은 역사적 관점으로 볼 때, 그 이론과 실제가 약간의 차이나 모순이 존재하여서 이해할 수 없는 부분들이 있다. 예를 들면, 무자비한 테러를 이슬람의 지하드로 보기도 하고 여성의 인권은 무시되어 교육조차 받을 수 없는 열등한 존재로 취급되어지기도 한다. 이러한 이론과 실제의 차이는 파키스탄 선교에 전략적으로 사용되어지기도 한다. 본인은 파키스탄 이슬람연구와 지금까지의 파키스탄 사역연구를 살펴보고 앞으로의 선교에 대한 전략적 대응을 고민해보고자 한다.

많은 이슬람 선교 사역자들은 성경(Text)과 이슬람(context)에 대해서 고민한다. 비록 이슬람선교가 그 열매가 많지 않고 더디다 할지라도, 성경의 일부분을 가지고 와서 전체 성경에서 말하는 것처럼 해석해서, 하나님의 나라의 완성을 그릇되게 이해하고 전략을 세워서 무분별하게 선교를 해서는 안 될 것이다. 그래서 상황화(contextualization)를 통한 이슬람의 선교전략은 전통적인 성경 해석학(hermeneutical circle)안에서 이루어져야 한다.

파키스탄의 영국으로부터 분리 독립 역사를 보면, 파키스탄 이슬람선교는 전략적으로 한국교회사에게서 배울 수 있는 부분들이 있다. 파키스탄은 지역적으로, 역사적으로, 복음의 열악한 환경을 극복한 한국과 같은

註 1) GMS 파키스탄 선교사(2007년 9월 20일 파송)

아시아 문화권의 독립 국가이다. 또한 인도와 분리과정에서 많은 어려움을 겪었고 지금도 여러 다양한 분쟁들에 휘말려 있다. 이러한 파키스탄의 이슬람의 역사적 배경과 현실을 바라보면서, 성경의 전통적해석의 테두리 안에서 '선교의 역사적 관점' 이라는 돋보기를 가지고 이 글을 풀어 나가려고 한다.

1. 파키스탄(Islamic Republic of Pakistan)의 일반적 이슬람역사

한국은 1948년 8월 15일 일본으로부터 독립을 이루었다. 1950년 정치 이념의 차이로 6.25 한국전쟁을 겪었고 나라는 남북한으로 나뉘어졌다. 파키스탄의 영국으로부터의 독립기념일은 1947년 8월 14일이다. 인도의 같은 해 8월 15일보다 하루가 빠르게 의도적으로 지정이 되었다. 파키스탄이 인도에 속해 있었을 당시, 무슬림들은 대다수가 힌두교도들이었던 나라에서 소수종교인들이 겪는 여러 가지 차별 대우를 경험했고, 이슬람국가로 분리 독립한 이후, 지금은 파키스탄의 97%가 무슬림인 이슬람국가가 세워지게 되었다.

한국은 정치적인 이념차이로 남북이 분단되었고, 파키스탄은 종교적인 차이로 인해 분리 독립을 경험했다. 이유는 다르지만, 양국은 국가가 분열되는 아픔을 가지고 있다. 70년이 흐른 지금, 인도나 파키스탄에 많지는 않지만 흩어진 이산가족들이나 친척들이 여전히 존재한다. 파키스탄의 종교적 독립의 의미는 힌두교도들로부터 받아야만 했던 불평등과 박해로부터 신앙의 자유와 삶의 평등을 이루는 것이었다. 파키스탄은 '이슬람' 이라는 강한 종교적 결속력을 바탕으로 한 나라이다. 그러나 이 땅에도, 약 3%에 해당하는 소수종교인들이 있다. 기독교인들이나 힌두교도들 같이 다수의 무슬림들의 박해와 불평등을 겪으면서 이 땅에 주인으로 살아가고 있다.

'파키스탄' 이라는 나라의 이름은 먼저, 파키스탄인 Chaudhri Rehmat Ali (A.D. 1897-1951)가 다른 동료 캠브리지 대학 학생들과 함께 '무슬림들의 분리 독립된 조국' 이라는 의미로, 당시 인도지역중, 해당 각 지역들의 영문 첫 글자들을 합성하여 만들어낸 이름이다. 지역들의 첫 영문자들을 합성하여 만든 지역들은 Punjab, Afgania, Kashmir, Indus, Sindh and Balochistan이다(PAKISTAN). 현지 우루드(Urdu) 언어로는 파키스탄은 "거룩한 땅(Holy Land)"라는 의미로 사용 되고 표기된다.

파키스탄의 일반적 이슬람의 유입과정을 살펴보자. 동쪽으로는 막강한 페르시아 왕국이 존재하고, 서쪽에는 비쟌틴 제국이 끊임없는 전쟁으로 인해서 세력이 약화되어가던 시기에, 이슬람교의 창시자인 무함마드 (A.D. 570-632)가 아라비아의 메카(Makka)에서 태어났다. 그 당시의 아라비아에서 메카는, 카바(Ka'aba)신전을 중심으로 여러 다른 종교적인 숭배들이 행해오던 도시였다. 610년부터 하라(Hara)산 동굴에서 무하마드는 천사 가브리엘을 통한 꾸란(Qur'an)의 계시를 받았다. 622년에 무함마드는 정치적 박해를 피해서 메카에서 메디나(Madina)로 이주 (Hijrat-이슬람의 원년으로 삼는다.)하였다. 그리고 632년 무함마드의 죽음 때까지 이슬람은 아라비아지역에 퍼지게 된다. 당시의 무슬림들에 대한 공격과 전쟁 그리고 상업과 무역 등을 통해서 이슬람은 아라비아의 메디나를 중심으로 동서로 빠르게 확산되어 갔다.

무함마드 당시, 아랍지역에서는 그리스도의 공동체와 유대교의 공동체들이 있었다. 아랍 반도의 대부분의 사람들은 다(多)신론적이고 농경과 상업을 주로 하는 반유목민들로 구성되어 있었다. 무함마드로부터 이슬람은 주로 말과 낙타를 사용하는 군대와 대상들을 따라 오늘날의 시리아, 아프가니스탄, 스페인 그리고 프랑스로 확산되어 갔다. 무함마드의 이슬람초기에 이슬람이 확산되는 과정에서 몇 가지들을 전략적으로 짚어보고자 한다.

첫째, 무함마드는 메디나에서 이슬람 공동체 움마(Umma)를 만들었다. 이 움마의 이상은 후에 샤리아법으로 구체화되었다. 알라 외에는 어느 신도 예배해서는 안 되고 개인과 공동체생활을 통해서 알라의 율법과 명령을 지켜야 한다고 가르쳤다. 이슬람의 확장은 이 공동체의 확장을 중심으로, 이념적이면서 군사적인 전쟁을 통해서, 메카를 중심으로 점점 주변 국가들로 확산되어 갔다.

둘째, 무함마드가 632년 사망한 후, 비록 분파를 초래하기도 하였지만, 그 공동체를 이끌어갈 칼리프(Caliph)를 세워서 리더십의 연속성과 정통성을 이어갔다.

셋째, 이슬람의 신적인 권위를 사용했다. 선지자 무함마드는 신으로부터 받은 최후의 계시, 최후의 최고의 선지자적 자격과 그의 인격적인 삶, 그리고 불굴의 의지로 이슬람을 전파했다.

마지막으로, 이슬람을 믿을 때 얻게 되는 실제적인 이익들이다. 예를 들면 이슬람으로부터 받을 수 있는 보호나 실제적인 도움들과 사회로 진출

할 수 있는 기회들이 보장되었다.

우리는 여기서 앞에서 언급한 네 가지들을 기억하면서 파키스탄에는 언제 이슬람이 전해졌는가를 살펴보자. 712년까지 이슬람은 중앙아시아, 이란 그리고 아프가니스탄을 지나 군대나 아랍무역상들을 따라서 인도, 스리랑카 그리고 동남아시아까지 전파되게 된다. 특히 실크로드(Silk Road)를 따라서 중국까지 전파되었다. 당시에 이슬람은 해상 무역로와 내륙의 육로를 통해서 무역과 함께 이슬람을 전파했다. 710년, 스리랑카 국왕이 다마스커스의 칼리프 왈리드에게 보내는 값비싼 선물과 노예들이, 현재의 파키스탄 신드주의 해안지역 카라치 인근의 Daibul 항 가까이에서 해적들에게 약탈을 당하게 되었다. 칼리프 왈리드는 당시의 파키스탄 신드주의 왕(Raja Dahir of Sindh)에게 반환을 요청하지만, 거절을 당하게 된다.

그래서 아랍제국의 동부의 통치자는 17세의 어린 자기 조카(Mohamamad Bin Qasim)를 중심으로 군대를 보내게 된다. 이들은 Daibul 항을 정복하고 신드주의 왕을 죽였다. 아랍제국의 군대는 계속해서 북진하며 Indus Valley를 따라서 물탄(Multan)지역을 비롯한 현재의 여러 파키스탄 지역들을 정벌하게 된다. 당시에는 이슬람화(Islamization)라기보다는 단순한 전쟁을 위한 군대를 파견하는 성격이었다. 처음에는 그 정벌된 지역들이 칼리프에게 속해있었지만, 871년부터 그 지역들은 현재의 파키스탄지역에 두 개의 독립된 이슬람 국가들이 되었다. 현재 파키스탄의 남쪽 신드(Sindh)지역은 200년 후까지 계속해서 아랍제국의 이슬람의 지배하에 놓이게 되었다. 현재의 파키스탄 지역에 이 당시로부터 이슬람이 상대적으로 더 확대된 배경이라고 볼 수 있다. 따라서 이슬람화(Islamization)는 9세기로 보는 것이 합당하다고 본다. 그리고 이후의 역사는 인도와의 분리 독립 때까지 인도의 역사에서 찾아볼 수 있기 때문에 파키스탄의 역사는 영국으로부터 분리 독립시기인 1947년으로 거슬러 올라가서 고찰할 것이다.

2. 파키스탄 이슬람역사의 사역적 관점상 지역적 특성

선교전략수립의 관점에서 **E-Scale**(Evangelist's Cultural Distance from Potential Convert)과 **P-Scale**(People Group's Cultural Distance from Nearest Church)을 가지고 살펴보자. 파키스탄 선교사들은 E0에서 E3로 나가야 한다. 그리고 회심자들은 P3에서 P0로 개종자들이 교회로 합류하기위해서 이동을 해야 한다. 이 말은 파키스탄 이슬람에서 크리스챤으로 개종하기 위해서는 아주 다른 문화로 이동을 해야 한다는 것이다. 그래서 같은 문화에서 자라난 현지의 사역자들을 세우고 사역하는 것이 훨씬 더 효과적이라고 생각한다. 구원의 확신을 가지고 개종을 했지만, BMB(believers of Muslim background)들은 전혀 다른 문화에 적응해야 하는 회심자이다. 전혀 다른 문화에서 온 회심자들을 받아들여야 하는 전혀 다른 기존의 현지 교회도 안전의 이유로 경계를 하게 된다. 문화적인 마찰이 일어나는 것은 당연하다. 선교사들은 어떻게 이러한 점들을 극복할 수 있도록 도울 수 있는지에 대해서 연구를 해야 한다.

국제 선교단체들은 1833년부터 파키스탄지역에서 선교활동을 시작하였다.[2] 이슬람사역관점을 논하기 전에 먼저 영국으로부터의 인도와의 분리 독립과정을 잠깐 짚어보자. 왜냐하면 사역적 관점이 독립이전과 이후에 많은 차이를 나타내고 있기 때문이다. 인도와 파키스탄은 한나라였다. 유럽의 대부분의 국가들은 자신들의 이익을 위해 식민지들을 정복하였고 그들을 노예처럼 취급했다. 영국도 인도인들을 무시하고 착취를 하고 심지어는 박해를 가했다. 2차 세계대전이 끝난 후, 인도는 영국으로부터 독립을 얻었다. 파키스탄은 영국으로부터 분리 독립 당시, 무슬림들과 힌두 간에 종교적인 대립으로 인해 또 다시 많은 피를 흘렸다.

파키스탄의 분리 독립운동의 지휘자였던 Quaid-i-Azam Mohammed Ali Jinnah(1876-1948)는 파키스탄의 분리 독립을 위해 현명하고, 성실하게 그리고 헌신적으로 리더십을 발휘해서 무슬림들을 지도했다. 그래서 그의 이름 앞에 'Quaid-i-Azam'(위대한 지도자)라는 칭호가 붙었다. 그는 1913년에 당시 인도의 무슬림 리그 당에 가입하였다가 탈당하게 된다. 그리고 무슬림들의 힌두교도들로부터 차별에 대하여 헌신적으로 해결하기 위해 노력하였다. 지나(Jinnah)는 무슬림들의 권리를 대변하기 위해 분리 독립을 지속적으로 주장했고, 그를 중심으로 무슬림들은 결속되었다. 결국 1947년 8월 15일 동서 파키스탄과 인디아가 영국으로부터 분리 독립되었다. 지나는 같은 해 9월 11일 과로와 스트레스들로 인한 질병으로 사망하였다. 그 만큼 독립에 헌신적이었던 것이다. 분리 독립 당시, 육백 만 명의 힌두교도들과 시크교도들이 피난민으로 인도로 옮겨가고 팔백 만 명의 무슬림들이 피난민으로 파키스탄으로 지역적인

註 2) Patrick Jonstone and Jason Mandryk, Operation World 21st Century Edition 파키스탄 편, 2001.

이동이 있었다. 피난민들을 실은 기차가 탈선하고 많은 사람들이 학살을 당했다. 인도의 북쪽 지역인 잠무 카시미르 지역의 힌두 지도자는 대다수(77%)가 무슬림들이 살고 있는 그 지역을 인도에 귀속하도록 결정했다. 따라서 인도와 파키스탄 사이에 지역갈등으로 인해서 전쟁이 일어났고, UN에서 중재에 들어가게 되었다. UN은 국민투표(plebiscite)를 통해서 국민들이 결정하도록 권고했지만 인도는 이를 받아들이기를 거부했다. 왜냐하면 이 지역의 다수는 무슬림들이기 때문이다. 그리고 이 지역은 파키스탄의 내륙을 북쪽 히말라야 산맥에서 남쪽 아라비아 해로 관통하여 흐르고 있는 인더스 강을 비롯한 5 대강의 수원(水原)이 시작한다. 물이나 전기 공급에 있어서 중요한 이 지역으로 인해 파키스탄과 인도사이에 지금도 많은 종교적인 갈등과 긴장이 빗어지고 있다. 파키스탄 사람들은 위대한 지도자들을 중심으로 많은 피를 흘리며 알라의 이름으로 결속한 무슬림들이 분리 독립을 이루었다고 믿고 있다. 그리고 지금도 이 독립을 통한 신앙의 자유를 지키기 위해서 어떠한 희생도 감수하겠다는 결의가 강하다. 끊임없는 인도와의 대립적이고 적대적인 관계는 파키스탄 무슬림들을 정치적으로 종교적으로 강한 리더십을 중심으로 더욱 강하게 결속시키는 역할을 한다.

파키스탄 서쪽으로는 아프가니스탄과 이란이 국경을 접하고 있다. 아프가니스탄은 정치적으로 역사적으로 파키스탄에게 많은 영향을 준다. 특히 탈레반들은 파키스탄 국경근처를 은신처로 활동하면서 파키스탄 내에서도 많은 영향력을 행사한다. 사회 계층적으로 이 곳 파키스탄은 인도와의 문화의 영향을 가지고 있다. 지금도 거의 모든 가정에서 인도 방송 채널을 통해서 드라마를 시청한다. 파키스탄에서 종교와 신분은 인도의 사회문화적인 배경에 굉장히 밀착되어 있다.

3. 파키스탄 이슬람사역 사역자와 사역내용의 역사적 관점으로 다시보기

모든 사람은 복음 앞에 평등하다. 이 말은 하나님 나라의 완성관점에서 파키스탄의 무슬림들도 복음을 듣고 구원을 받아야 할 대상이라는 것이다. 예수님은 죄인을 찾아 구원하려 이 땅에 오셨다고 하셨다. 2001년 미국 뉴욕에서 일어난 9.11테러 이후 파키스탄에서는 많은 무슬림들이 미국을 향해 손가락질 하며, 2800~3500명의 일반사람들이 죽었지만, 오히려 축제의 분위기였다. 이슬라마바드에서는 거리에서 만나는 서양 외국인들을 증오하는 눈빛들과 행동으로 인해 외국인들은 쉽게 공공 시장에 나갈 수조차 없었다. 1999년, 2000년 파키스탄 카라치에서 OM 단기선교사로 활동하였었다. 당시에는 사람들이 많이 모이는 시장이나 공원 등을 다니며 직접 전도지를 돌리며 전도 책자들을 팔았다. 물론 그 당시에도 가끔씩은 테러 사건들이 있었다. 시장에서 같이 전도하던 현지 팀원이 전도지를 팔다가 뺨을 맞기도 했지만, 낮에는 전도를 하고, 밤에는 기독교마을들을 중심으로 예수 영화를 상영하고 간증을 나누며 말씀을 전할 수 있었다. 그러나 2001년 9.11테러 사건 이후, 아프가니스탄에서 테러와의 전쟁을 시작으로 많은 변화들이 일어났다. 문화적으로 종교적으로 손님을 굉장히 따뜻하게 대접하는 이 나라 사람들에게 기독교인들은 특히 종교적인 벽이 더욱 두터워져 갔다. 시장이나 공원에서 전도팀이 전도하는 것은 이제는 선교단체들에서부터 스스로 안전을 이유로 자제를 하고 있다. 아이들과 여성들까지 테러에 이용하는 테러사건들이 계속적으로 일어나고 있다. 파키스탄의 현실은 정말 선교하기 힘든 상황으로 점점 흘러가고 있다. 교회가 테러를 당하고 공원에서 놀던 아이들과 여성들이 죽어 갔다. 이 땅 파키스탄에서 사역하면서 '하나님은 언제까지 이런 잔인한 테러들을 묵과하실 것인가?' 라는 안타깝고 반항적인 생각도 들었다.

주로 유럽의 영국이나 독일, 미국과 오스트레일리아, 뉴질랜드 등에서 선교사들이 파키스탄 선교에 헌신했었다. 주로 대 도시들을 중심으로 미션 컴파운드를 만들어서 학교와 병원을 통한 교육과 병원사역들을 이루어 갔다. 교회들이 세워지고 신학교들이 세워졌다. 의사들이나 간호사들, 교사와 신학교의 교수들이 파키스탄 선교에 헌신했다. 여러 다른 국적의 선교사들은 단기 순회선교사역들을 하면서 프로젝트성의 선교사역들을 하였었다. 그렇지만 그들의 대부분의 사역들은 기독교인들을 중심으로 하는 사역들이었다. 무슬림사역은 많은 시간들과 위험성을 요구한다. 수많은 무슬림 선교의 시도와 헌신들이 있었지만, 파키스탄의 테러와 관련된 특수한 지역적인 위치와 역사적인 배경들로 인해, 체계적인 선교의 이론화없이 눈물을 흘리며 돌아가야 하는 아쉬운 경우들이 많았다. 파키스탄 선교사역을 역사적으로 돌아보면, 너무 구심적으로 (centrifugal), 수동적으로 하지 않았나 하는 생각이 든다. 좀 더 가난하고 소외된 지역들을 찾아서 현지의 자원을 가지고 원심적으로 (centripetal), 적극적으로 나아가야 했다는 생각이 든다.

인도로부터 분리 독립과 계속적인 주변국들의 전쟁 그리고 인도와의 지속적인 충돌은 파키스탄의 선교 상황을 열악하게 이끌어가고 있다. 특히, 2001년 9.11 테러 사건 이후 아프가니스탄과 미국과의 전쟁, 파키스탄 내부에 존재하는 테러분자들과의 끝나지 않는 많은 무자비한 테러는 파키스탄의 선교환경을 예측할 수 없는 길로 흘러가게 하고 있다.

4. 파키스탄 이슬람사역의 역사적 고찰에 기초한 분석

파키스탄 이슬람사역 선교에 있어서 많은 방해물들이 생기면서 아주 제한적으로 무슬림들에게 접근할 수 있게 되었다. 무슬림들에게 다가가는 길은 법적으로 문화적으로 더욱 제한되었다. 특히 여성들에게는 더욱 힘들게 되었다. 방문전도나 우정전도 등 직접 만나서 선교를 할 수 없다면 간접적인 방법을 선택해야 할 것이다. 아니면 paradigm shifts를 통한 전체적인 점검과 변화를 가져와야 한다. 전도나 교회개척을 통한 방법에서 새로운 선교전략을 구상해야 한다. 파키스탄의 급진적인 무슬림들은 아직도 선교를 유럽이나 미국의 제국주의의 산물(The Hunting Dogs of Imperialism)로 보는 시각들이 지배적이다. 선교 전략에 있어서 이러한 세계관의 차이를 극복하기 위해서 전도자는 E0나 E1지역(같은 문화권)에서 자란 현지 사역자들을 세우는 것이 더욱 효율적이다. 그리고 P3나 P2지역의 개종자들을 잘 이해하고 지속적으로 문화적 적응을 도울 수 있는 현지 교회와 사역자들을 세워나가야 한다. 선교사들은 이것들을 감당해 낼 사명감이 투철한 현지의 리더십을 찾고, 개발할 수 있도록 도우는 역할을 해야 한다. 비록 적대감을 가진 무슬림들이지만, 진실된 복음 앞에서 마음이 열린다. 그래서 전도자는 먼저, 구원과 자유에 대한 개인적인 확신과 분명한 체험이 필요하다.

그러나 가난한 이슬람나라에 사람을 세우는 일은 쉽지 않다. 많은 아픔과 인내 그리고 사랑이 필요하다. 그럼에도 불구하고 실패하는 경우도 있다. 그렇기 때문에 이런 실패를 줄이기 위해서는 먼저 인재를 세우는 과정에 분명한 기준들을 만들어야 하며, 사역에 있어서 세부적인 합의를 이루어서, 지속적으로 그들의 개발을 돕고 성실한 관계들을 형성해 나가야 한다. 파키스탄에서 몇 가지 성공적인 사례들의 전략들을 살펴보자.

사례1) 파키스탄 라호르에서 약 8년 국제 학교 선교사역을 하고 있는 홍요셉선교사는 파키스탄의 기독교인들을 교육함에 있어서 덕과 재능을 가진 지도자들을 양성한다.[3]

사례2) 본인은 파키스탄의 북서변경주인 '빡뚠와'에서 2004년 설립한 'Faith Trust' 전도 팀을 운영 및 지원하고 있다. 리더인 깨스 자베드목사는 그 지역 출신으로 신학을 공부한 후 자기 고향으로 돌아가서 복음이 열악한 곳에서 목회와 전도사역을 감당하고 있다. 직접 카메라기자로서 직업을 가지고 지역교회 안에서 전도 팀을 성실하게 이끌고 있다. 사명감을 가지고 사역할 사역자들이 필요하다.

사례3) 파키스탄의 가장 큰 도시인 카라치도시의 선한 사마리아 병원 사역을 보자. 병원과 관련자들로부터 학업에 뛰어난 학생을 선발해서 의료 장학금을 지급한다. 그리고 의사가 된 후, 일정기간을 병원에 봉사를 하게 한다. 일정 기간이 지나면 병원의 의사는 자기의 진로를 스스로 결정하게 된다. 현지의 의료진을 후원 양육해서 병원의 사역자로 세우고

註 3) 홍 요셉, 요한나바드에서 학교하기, 파키스탄 라호르: Hope Time Printer, 2016, p 242.

있다. 현지의 우수한 인재를 찾고 다음 사역자로 세워야 한다.

사례4) 교회개척사역에 있어서는 구지란왈라 시의 'King's Way' 교회의 예를 볼 수 있다. 23년간 선교활동을 하다가 한국으로 돌아간 임 선교사님은 주일학교부터 체계적인 성경공부를 통해 인재를 양성하여 그 중에 신학의 소명과 사명을 가진 학생들을 선별했다. 그리고는 그들을 각 개척교회의 동역자들과 리더들로 세웠고, 후에 현지개척교회들의 후임 목회자로 세우고 떠나셨다. 교회 안에서 주일학교시절부터 잘 양육이 되어 져야 한다.

5. 파키스탄 이슬람사역에 대한 하나님나라 완성 관점에서 전망

먼저, 하나님의 나라(The kingdom of God)의 완성의 개념으로 볼 때, 하나님의 나라는 하나님의 방법과 뜻대로 회복되어야 한다고 생각한다. 하나님의 나라는 하나님의 백성이 돌아올 때 회복되어진다. 신앙적으로 종말론적인 기대감이나 소망이 점점 희미해가는 오늘날에 있어서 하나님 나라를 어떻게 이슬람사역에 접목하는가 하는 것은 아주 중요하다. 본인은 파키스탄 선교에 있어서 두 가지를 제시하고자 한다.

먼저, 네비우스의 선교정책 중 삼자원칙(Three-self Formula)은 한국에 아주 효과적이었다. 복음전파가 열악한 이슬람국가인 파키스탄에서, 이슬람의 상황화를 고려하여, 자가 재생산(Self-reproducing)을 연구해야 한다고 생각한다. 위에서의 성공적인 선교 사례들을 살펴보면, 대부분의 성공적인 사역들은 외부로부터 유입이 아닌 내부에서의 개발과 보냄에서 이루어진다. 파키스탄의 열악하고 위험한 지역에서 그리고 현지 교회와 기독교 학교에서 자가 재생산이 자체적으로 일어나고 있다는 것을 볼 수 있다. 특히, 사역자들은 내부자(Insider)로서 지역사회와 밀접하게 살고 있다는 것을 볼 수 있었다. 내부자들이 가진 헌신적이고 지혜로운 리더십은 현지인들에게 굉장히 큰 영향력을 가진다.

둘째는, 추수선교전략이 필요하다. 시편 126편 5절에서의 눈물로 씨를 뿌리는 것과 마태복음 13장의 씨 뿌리는 비유를 통해서 비록 이슬람권의 선교가 더디고 비효율적이라고 하더라도 우리는 계속해서 씨를 뿌려야 하는 것이다. 대부분의 파키스탄의 선교단체들은 신입선교사들에게 언어와 문화의 학습을 중요하게 생각한다. 중요성을 강조하여 파키스탄으로 들어온 후 2년간은 현지 언어를 공부하고 문화를 익히는데 초점을 맞춘다. 아쉬운 것은 **기도의 씨를 뿌리는 작업들에 대한 인식**이다. 현지 언어를 익히는 것이 중요하지만, 파키스탄의 상황을 보면 기도보다 중요하지는 않다고 생각한다. 기도를 예배로 생각하고 가장 중요하게 생활화하는 이슬람권에서는 기도의 역량개발이 절대적으로 개발되어져야 한다. 우리에게 영혼구원을 통한 하나님 나라의 완성에 대한 선교의 열정과 소망은 바로 이 기도를 통해서 나온다고 믿는다. 어떻게 개인적인 기도생활을 하며 기도회모임을 섬기고 인도할 수 있는가를 먼저 배우고 적용할 수 있어야 한다고 생각한다.

나가는 말

세계적으로 '이슬람 포비아'(Islammophobia)가 날로 확산되어지고 있다. 파키스탄이 선교하기가 쉽지 않은 환경이지만, 역사적 선교관점으로 보면, 지금이 바로 추수할 일꾼들이 함께 추수할 추수 때인 것이다.

파키스탄에서 무슬림들에게 전도하기 위해서는 파키스탄의 이슬람의 역사와 파키스탄의 역사를 이해하는 것이 중요하다. 그리고 파키스탄은 주변국들과의 관계로부터 이슬람의 흐름에 많은 영향을 주고받는다. 무함마드의 신적인 강력한 리더십과 이슬람의 움마 공동체의 결속은 파키스탄의 독립역사에서 가장 헌신적인 역할을 했던 무함마드 알리 지나(Jinnah)를 통해서 파키스탄 무슬림들이 얼마나 그를 따르게 하는가 하는 것을 봄으로 이해할 수 있다.

그래서 우리의 기도와 예수 그리스도의 십자가의 영혼사랑을 바탕으로 해서 현지의 신실하고 헌신적인 리더십을 길러낼 때 파키스탄 선교는 그 열매들을 볼 것이라고 생각한다.

참고문헌

J.M.테리, E.스미스, J.앤더슨 편저, 선교학 대전, 서울: 기독교 문서선교회, 2003.

이 만석, 베일 벗긴 이슬람, 서울: 4HIM, 2011.

이 만석, 무함마드의 계시는 왜 자꾸 바뀔까?, 서울: 4HIM, 2011.

이 만석, 이슬람의 알라는 기독교의 하나님인가?, 서울: 4HIM, 2011.

홍 요셉, 요한나바드에서 학교하기, 파키스탄 라호르: Hope Time Printer, 2016.

공 일주, 한국의 무슬림, 서울: CLC, 2017.

Donald Senior, Carroll Stuhlmueller, The Biblical Foundations for Mission, Orbis, 1983.

David J. Bosch, Transforming Mission, Orbis, 1991.

Charles Van Engen, Dean S. Gilliland, Paul Pierson Editors, The Good News of the Kingdom, Orbis, 1993.

Ralph D. Winter, Steven C. Hawthorne, Perspectives on the World Christian Movement, William Carey Library Pub, 1999.

Patrick Jonstone and Jason Mandryk, Operation World 21st Century Edition, 2001.

Michael Pocock, Gailyn Van Rheenen, Douglas Mcconnell, The Changing Face of World Missions, Baker Academic, 2005.

Peter Moss, Secondary Social Studies for Pakistan 1, Oxford University Press, 2010.

Peter Moss, Secondary Social Studies for Pakistan 2, Oxford University Press, 2010.

Peter Moss, Secondary Social Studies for Pakistan 3, Oxford University Press, 2010.

Dale Carnegie Training, Make Yourself unforgettable, Simon & Schuster, 2011.